„Leoninische Vereinbarungen“ und Ergebnisbeteiligungspflicht im deutschen und italienischen Gesellschaftsrecht

Studien zum vergleichenden und internationalen Recht -
Comparative and International Law Studies

Herausgeber: Bernd von Hoffmann, Erik Jayme
und Heinz-Peter Mansel

Band 162

PETER LANG
Frankfurt am Main · Berlin · Bern · Bruxelles · New York · Oxford · Wien

Henning Frase

„Leoninische Vereinbarungen" und Ergebnisbeteiligungspflicht im deutschen und italienischen Gesellschaftsrecht

Zum *patto leonino* des italienischen Rechts und möglichen Entsprechungen im deutschen Recht

PETER LANG
Internationaler Verlag der Wissenschaften

Bibliografische Information der Deutschen Nationalbibliothek
Die Deutsche Nationalbibliothek verzeichnet diese Publikation in der Deutschen Nationalbibliografie; detaillierte bibliografische Daten sind im Internet über http://dnb.d-nb.de abrufbar.

Zugl.: Augsburg, Univ., Diss., 2009

Gedruckt auf alterungsbeständigem,
säurefreiem Papier.

D 384
ISSN 0930-4746
ISBN 978-3-631-59641-8

www.peterlang.de

Vorwort

Den Einstieg ins italienische Recht und die Rechtsvergleichung ermöglichten mir zwei Semester in Ferrara und Genf, hier insbesondere die Vorlesung bei Professor *Dr. Thomas Kadner*, 2000/2001.
Im Juli 2004 entstand schließlich in Gesprächen mit Professor Dr. *Peter Kindler* die Idee für ein Werk über „Löwengesellschaften" in Italien - siehe Art. 2265 c.c. - und Deutschland. Nach einiger Arbeit, die einen längeren Aufenthalt in Mailand und Visiten in Florenz einschloss, konnte die Dissertation der Juristischen Fakultät der Universität Augsburg vorgelegt und angenommen werden. Die Disputation fand dort am 15. Juli 2009 mit den Professoren *Dr. Joachim Englisch*, *Dr. Michael Kort* und *Dr. Peter Kindler* statt.
Zunächst ist es natürlich mein Doktorvater Professor *Dr. Peter Kindler*, dem ich zu Dank für Inspiration und Betreuung verpflichtet bin. Das Zweitgutachten übernahm Professor *Dr. Christoph Becker*.
Stellvertretend für das Herausgebergremium danke ich Professor *Dr. Heinz-Peter Mansel*, Köln, für die Aufnahme in die Schriftenreihe „Studien zum vergleichenden und internationalen Recht", Peter-Lang-Verlag. Hier schließt sich der Kreis: Herr Professor *Mansel* hatte 2004 den Kontakt zu Professor *Kindler* vermittelt.
Weiterhin bin ich *Dr. Jan Sedemund* und *Dr. Philipp Gantenberg* zu Dank verpflichtet.
Last but not least hat meine Mutter, Frau Redakteurin *Ulrike Bajohr*, nicht nur das Korrekturlesen übernommen, sondern auch sonstige stete Unterstützung geleistet, ohne die dieses Buch wohl nicht entstanden wäre.

Bonn, im September 2009 *Henning Frase*

Inhaltsverzeichnis

Abkürzungsverzeichnis

ABGB	Allgemeines Bürgerliches Gesetzbuch (Österreich)
Abs.	Absatz
ADHGB	Allgemeines Deutsches Handelsgesetzbuch
AG	Aktiengesetz
ALR	Preußisches Allgemeines Landrecht
Art.	articolo, articoli; Artikel
BAG	Bundesarbeitsgericht
BB	Betriebs-Berater (Zeitschrift)
BFH	Bundesfinanzhof
BGBl.	Bundesgesetzblatt
BGH	Bundesgerichtshof
BKR	Bank-und Kapitalmarktrecht (Zeitschrift)
BStBl.	Bundessteuerblatt
c.c.	Codice civile
DStR	Deutsches Steuerrecht (Zeitschrift)
EuGH	Europäischer Gerichtshof
GbR	Gesellschaft bürgerlichen Rechts (BGB-Gesellschaft)
GC	Giurisprudenza commerciale (Zeitschrift)
GmbHR	GmbH-Rundschau (Zeitschrift)
GU	Gazzetta ufficiale
JR	Juristische Rundschau (Zeitschrift)
JuS	Juristische Schulung (Zeitschrift)
JZ	Juristen-Zeitung (Zeitschrift)
LG	Landgericht
N. Riv. dir. com.	Nuova Rivista di diritto commerciale (Zeitschrift)
NGCC	La Nuova Giurisprudenza Civile Commentata (Zeitschrift)
NJW	Neue Juristische Wochenschrift (Zeitschrift)
NJW-RR	Neue Juristische Wochenschrift – Rechtsprechungs-Report (Zeitschrift)
NZG	Neue Zeitschrift für Gesellschaftsrecht (Zeitschrift)
OLG	Oberlandesgericht
OLG	Oberlandesgericht
Riv. Soc.	Rivista delle società (Zeitschrift)
s.a.p.a.	Società in accomandita per azioni (italienische Kommanditgesellschaft auf Aktien)
s.a.s.	Società in accomandita semplice (italienische Kommanditgesellschaft)

s.n.c.	Società in nome collettivo (italienische Personenhandelsgesellschaft)
s.p.a.	Societa per azioni (italienische Aktiengesellschaft)
s.r.l.	Società a responsabilità limitata (italienische GmbH)
s.s.	Società semplice (einfache Gesellschaft)
T.U.F.	Testo unico delle disposizioni in materia di intermediazione finanziaria – Kapitalmarktgesetz
TUIR	Testo Unico delle imposte sui redditi - Einkommensteuergesetz
VersR	Versicherungsrecht (Zeitschrift)
ZEuP	Zeitschrift für Europäisches Privatrecht (Zeitschrift)
ZGR	Zeitschrift für Unternehmens- und Gesellschaftsrecht (Zeitschrift)
ZIP	Zeitschrift für Wirtschaftsrecht (Zeitschrift)

A. Einführung

I. Vorbemerkungen

Ein Wettlauf der Gesellschaftsrechtsordnungen innerhalb der Europäischen Union ist im Gange. Im Schutze der EuGH-Rechtsprechung[1] ist die „Einwanderung" von in einem Mitgliedstaat rechtmäßig errichteten Gesellschaften in einen anderen Mitgliedstaat rechtlich möglich geworden, sofern nur die (Gesellschafts-) Rechtsordnung des Gründungsstaates den Wegzug erlaubt. Das Vordringen von beispielsweise britischen oder irischen Kapitalgesellschaften in andere EU-Staaten[2] hat den deutschen Gesetzgeber zu einer 2008 verabschiedeten Reform des Gesellschaftsrechts veranlasst.[3] Diese Reform wird das Eindringen der ausländischen Rechtsformen nicht nennenswert aufhalten.

Insbesondere bei international tätigen Gesellschaften und Unternehmensgruppen kommt neben der heimatlichen Gesellschaftsrechtsordnung damit auch die Möglichkeit der Gründung einer Gesellschaft nach dem Recht eines anderen EU-Staates, gegebenenfalls in Verbindung mit einer grenzüberschreitenden Sitzverlegung, in Betracht. Das veranschaulicht die enorm gewachsene praktische Relevanz eines Vergleichs von Gesellschaftsrechtsordnungen.

Die folgende Arbeit untersucht Gemeinsamkeiten und Unterschiede der deutschen und einer wichtigen romanischen Gesellschaftsrechtsordnung, der italienischen. Es handelt sich bei dieser um mehr als eine Tochter der französischen Rechtsordnung,[4] welcher Italien das Gerüst seines Zivilgesetzbuches verdankt. Gegenstand sind dabei die Grenzen der gesellschaftsrechtlichen Gestaltungsfreiheit bei der Ausgestaltung der Rechtspositionen der Gesellschafter. Im Mittelpunkt steht die Frage nach der Pflicht zur Ergebnisbeteiligung der Gesellschafter oder – anders gewendet – die Grenzen der Möglichkeit, Gesellschafter von der Ergebnisbeteiligung auszuschließen.

Ausgangspunkt ist dabei eine Vorschrift des italienischen Zivilrechts, die in Deutschland ihresgleichen sucht: *„Die Vereinbarung, nach der einer oder mehrere Gesellschafter von jeder Beteiligung am Gewinn oder an Verlusten ausgeschlossen sind, ist nichtig"*. So heißt es in Artikel 2265 des italienischen Codice civile[5] zum

---

1 EuGH, 5.11.2002 - Rs. C-208/00 – „Überseering", GmbHR 2002, 1137; EuGH, 30.9.2003 - Rs. C-167/01 – „Inspire Art", GmbHR 2003, 1260.

2 Nach Westhoff, GmbHR 2007, 474, wurden 2006 mindestens 15.000 „Ltd."-Gesellschaften in Deutschland gegründet.

3 Gesetz zur Modernisierung des GmbH-Rechts und zur Bekämpfung von Missbräuchen („MoMiG"); Beschluss des Bundestages vom 26.6.2008, BT-Drucksache 16/9737, BGBl. I, S. 2026; in Kraft seit 1.11.2008; hierzu Kindler, NJW 2008, 3249ff.

4 Zweigert/Kötz, Einführung in die Rechtsvergleichung; 3. Auflage 1996, S. 40.

5 Im Folgenden c.c.

Patto leonino, der Leoninischen Vereinbarung.[6] Die Vertragsfreiheit ist demnach bei der Frage der Verteilung des Ergebnisses einer Gesellschaft beschränkt: Nach dem Gesetzeswortlaut darf weder ein Gesellschafter von jeder Beteiligung am Gewinn noch von jeder Beteiligung am Verlust ausgeschlossen werden.
Die Norm greift mit dem Verbot des Gewinnausschlusses eine Rechtsfigur auf, die als societas leonina seit dem klassischen Römischen Recht die Rechtswissenschaft beschäftigt hat. Vergleichbare Regelungen wie diese Italiens finden sich in weiteren, in der Regel durch den französischen Code civil beeinflussten, Rechtsordnungen der Gegenwart. Sie lassen sich in der gesamten romanischen Rechtsfamilie, die neben Frankreich und Italien insbesondere auch Spanien und Portugal umfasst,[7] nachweisen.[8]
Eine im Rahmen dieser Arbeit anzustellende Analyse der Vorschrift ergibt, dass diese grundsätzliche Fragen der Dogmatik von Gesellschaft und Gesellschafterstellung berührt.
Im deutschen Zivilrecht fehlt eine vergleichbare Regelung. Woher rührt die unterschiedliche Gesetzeslage? Bedeutet eine unterschiedliche Gesetzeslage auch eine unterschiedliche Rechtslage? Ist die gelegentlich in der deutschen Rechtswissenschaft anzutreffende „Löwengesellschaft“ oder societas leonina identisch oder vergleichbar mit dem Patto leonino nach Art. 2265 c.c.?
Auf diese Fragen ist in der nachfolgenden Untersuchung einzugehen.

II. Zur rechtsvergleichenden Methode

Die Arbeit verfolgt einen rechtsvergleichenden Ansatz.
Wesentliches Ziel der Rechtsvergleichung ist die Kenntnis der verglichenen Modelle.[9] In Gestalt von „Länderberichten“[10] werden zunächst das Rechtsproblem definiert und die jeweiligen nationalen Lösungsansätze aufgezeigt.[11] Der weitere Teil einer rechtsvergleichenden Arbeit besteht darin, über rein deskriptive Auslandsrechtskunde hinaus die durch beide Rechtsordnungen zur Lösung des erkannten Rechtsproblems gefundenen Ansätze aus dem nur-nationalen Kontext zu lösen und unter dem Aspekt der Funktionalität zu würdigen.[12] Konkret bedeutet das für die vorliegende Arbeit, die Funktion der deutschen Normen und Rechtssätze anhand der in Italien bestehenden

6 In der Übersetzung von Patti, Codice Civile Italiano - Italienisches Zivilgesetzbuch, 2007, S. 567.
7 Zweigert/Kötz, S. 102.
8 Vgl. z.B. Spanien (Art. 1691 Código Civil); Portugal (Art. 994 Codigo civil); exemplarisch für Lateinamerika Costa Rica (Art. 25 Codigo de comercio – hier nur Gewinnausschluss).
9 Sacco, Einführung in die Rechtsvergleichung, 2001, S. 21.
10 Zweigert/Kötz, S. 42.
11 Vgl. Teil C und D.
12 Vgl. Rheinstein, Einführung in die Rechtsvergleichung, 2. Auflage München 1987, S. 27; Zweigert/Kötz, S. 43.

Regelungsmodelle mit vergleichbarer Funktion daraufhin zu überprüfen, wie gut oder schlecht die Normen zur Ergebnisverteilung ihre Funktion (die zu ergründen ist) erfüllen. Ausgangspunkt für diese Zielsetzung ist die näher herauszuarbeitende Unterschiedlichkeit der italienischen und deutschen Zivil- und insbesondere Gesellschaftsrechtsordnung. Es wird zu untersuchen sein, inwieweit die abweichende Gesetzeslage auf die Zugehörigkeit zu unterschiedlichen Rechtskreisen zurückgeht. Damit stellt die Befassung mit Patto leonino einerseits und „Löwengesellschaften" andererseits gleichzeitig einen Beitrag zum Rechtsinstitut der Gesellschaft in beiden Rechtsordnungen sowie in verschiedenen Rechtskreisen dar.[13]
Es liegt in der Natur der Themenstellung, dass die Arbeit die rechtshistorische Entwicklung der römisch-rechtlichen Figur der societas leonina in beiden Ländern in die Betrachtung einzubeziehen hat.[14]
Der italienische Codice civile von 1942 lehnt sich wie sein Vorgänger, der Codice civile von 1865, an die Leitkodifikation des romanischen Rechtskreises, den französischen Code civil von 1804, an.[15] Die Untersuchung kann deshalb ohne vereinzelte Bezugnahmen auf die französische Rechtsordnung nicht ganz auskommen. Auch die italienische Zivilrechtswissenschaft selbst nimmt bei Befassung mit dem Patto leonino gelegentlich Bezug auf die parallele französische Rechtsentwicklung.

III. Literatur und Rechtsprechung im Überblick

In Deutschland hat *Hingst* die Thematik der societas leonina im europäischen Kontext aus rechtshistorischer Sicht aufgearbeitet.[16] In Italien ist im Hinblick auf den Patto leonino die Darstellung von *Abriani* aus dem Jahre 1994 zu nennen.[17] Zuletzt hat sich dort *Barcellona* mit der Bedeutung des Verbots aus dem Blickwinkel des Kapitalgesellschafts-, insbesondere des Aktien- und einschließlich des Unternehmenskaufrechts, beschäftigt.[18] Als wegweisend für die Darstellungen der societas leonina in beiden Ländern darf ein Aufsatz von *Müller-Gugenberger* aus dem Jahr 1978 gelten.[19]

---

13 Auf eine grundlegende Darstellung der allgemeinen Strukturprinzipien der beiden Gesellschaftsrechtsordnungen wurde verzichtet, sofern nicht im Hinblick auf die konkrete Themenstellung zwingend erforderlich. Insoweit sei auf die zitierte Literatur verwiesen.

14 Vgl. Teil B.

15 Zur Entstehungsgeschichte des Codice civile Kindler, Einführung in das italienische Recht, 2. Auflage 2008, § 8 Rn 1.

16 Hingst, Die societas leonina in der europäischen Privatrechtsgeschichte, 2003.

17 Abriani, Il divieto di patto leonino, 1994.

18 Barcellona, Clausole di put & call a prezzo predefinito, 2004.

19 Müller-Gugenberger, Bemerkungen zur societas leonina: Fabelhaftes im Gesellschaftsrecht; 1978, S. 274ff.

Eine wichtige Rolle in der italienischen Rechtswissenschaft spielt die zum 1.1.2004 dort in Kraft getretene Gesellschaftsrechtsreform, zu der vielfältige Stimmen auch im Hinblick auf den hier behandelten Fragenkreis laut geworden sind.[20]
Die Rechtsprechung hat sich in Deutschland nur sporadisch mit societas leonina oder Löwengesellschaft beschäftigt. Das verwundert mangels fehlender Kodifizierung nicht. Allerdings hat der Bundesgerichtshof Leitlinien für die Grenzen der Gestaltungsfreiheit im Hinblick auf die Beschneidung von Gesellschafterrechten entwickelt.[21]
In Italien galt trotz Kodifizierung eines Patto leonino überraschenderweise lange ähnliches. Die Vorschrift des Art. 2265 c.c. beschäftigte die Rechtsprechung lange eher sporadisch. Seit den 1990er Jahren hingegen ist in Zusammenhang mit neuen Methoden der Unternehmensfinanzierung die Vorschrift des Art. 2265 c.c. wieder verstärkt in den Fokus der italienischen Rechtsprechung und Lehre gerückt.

IV. Gang der Darstellung

Zunächst wird ein Überblick über die Entstehungsgeschichte der Rechtsfigur der societas leonina bis hin zur heutigen Berücksichtigung von – wie auch immer zu verstehenden - leoninischen Abreden durch den italienischen und den deutschen Gesetzgeber gegeben.[22] Anschließend werden die – verkürzt gesprochen – Pflicht zur Ergebnisbeteiligung im italienischen Recht nach Maßgabe des Art. 2265 c.c dargestellt und weitere bei der Ergebnisbeteiligung eingreifende Grundsätze der italienischen Gesellschaftsrechtsordnung kurz erläutert.[23]
Sodann wird der Meinungsstand der Rechtswissenschaft in Deutschland zur Rechtsfigur der zu definierenden „Löwengesellschaft" dargestellt.[24] Im Einzelfall wird bereits an dieser Stelle ein Vergleich zur italienischen Rechtsordnung gezogen. In diesem Kontext werden die weiteren Schranken, die das deutsche Recht für die Gestaltungsfreiheit bei der Ergebnisbeteiligung setzt, dargestellt.
Damit ist der Boden bereitet, um die Funktionalität der Schranken der Gestaltungsfreiheit bei der Ergebnisbeteiligung nach deutschem Recht aus der rechtsvergleichenden Perspektive - im Spiegel des italienischen Rechts - zu bestimmen. Hierfür werden zunächst relevante konzeptionelle Abweichungen in beiden (Gesellschafts-)Rechtsordnungen herausgearbeitet.[25] Im Anschluss kann bestimmt werden, welche Grenzen der Gestaltungsfreiheit im Hinblick auf die Vermögensrechte eines Gesellschafters durch beide Rechtsordnungen gesetzt sind und welche

20 Vgl. die einzelnen Literaturnachweise insbesondere in Teil C.
21 Vgl. unter D. II. 3. a) dd).
22 Teil B.
23 Teil C.
24 Teil D.
25 Teil E.

Folgerungen sich gerade für die deutsche Rechtsordnung aus der rechtvergleichenden Betrachtung ziehen lassen.[26] Zuletzt folgt eine Zusammenfassung der wichtigsten Ergebnisse.[27]

B. Die societas leonina in der Rechtsgeschichte

Die Rechtsfigur der societas leonina beschäftigt die Rechtswissenschaft seit der Antike. Dabei entstammt der Begriff der Fabeldichtung. Im Verlauf der Rechtsgeschichte unterlag der Begriff der societas leonina einem Bedeutungswandel. Heute werden er sowie seine deutschen und italienischen (sowie französischen) Entsprechungen beziehungsweise Abwandlungen unterschiedlich interpretiert.

I. Die Fabel von der Löwengesellschaft bei Äsop und Phädrus

Am Anfang steht eine Fabel, die dem griechischen Dichter *Äsop* (um 600 oder 550 v. Chr.) zugeschrieben wird und in ihrer ersten von zwei Hauptversionen wie folgt zusammenzufassen ist[28]: Löwe und Wildesel bilden eine Jagdgemeinschaft. Der Löwe steuert seine Kraft bei, der Wildesel bringt seine Schnelligkeit ein. Schließlich behält der Löwe das Jagdgut jedoch vollständig für sich. In der Rezeption der Fabel durch den römischen Fabeldichter *Phädrus* (63 v. Ch. – 14 n. Chr) besteht die Jagdgesellschaft aus den Jagdgenossen Kuh, Ziege, Schaf und Löwe. Wiederum sichert sich der Löwe abredewidrig die gesamte Beute.[29]

In der zweiten Hauptversion besteht die Jagdgesellschaft aus Löwe, Fuchs und Esel. Nach der Jagd fordert der Löwe den Esel zur Aufteilung der Beute in drei Teile auf. Nachdem dieser drei gleiche Teile gebildet hat, stürzt sich der Löwe auf den Esel und verschlingt diesen. Er fordert daraufhin den Fuchs zur Aufteilung der Beute auf. Dieser bildet einen großen Haufen für den Löwen und behält nur ein paar Bröckchen für sich. Auf die Frage, wer ihn so zu teilen gelehrt habe, antwortet er: „Das Unglück des Esels."

Während der Ursprung der Rechtsfigur der societas leonina in Deutschland in der ersten Hauptversion gesehen wird,[30] führen italienische Autoren den Rechtssatz vom Verbot des Patto leonino auf die zweite Version zurück.[31]

---

26 Teil F.

27 Teil G.

28 Vgl. im Einzelnen zur Fabelentstehung Hingst, S. 46ff.

29 Diese Version wird im deutschen Gesellschaftsrecht in Zusammenhang mit der societas leonina beschrieben – vgl. nur K. Schmidt, Gesellschaftsrecht, 4. Auflage 2002, § 4 I 1.

30 Nach Hingst, S. 46f., ist nur die erste Hauptversion der Fabel durch Phädrus rezipiert worden. Es mag richtig sein, dass die römischrechtliche societas leonina nur auf die erste Hauptversion

Die Fabel oder ihre Abwandlungen fanden später Eingang in die Werke zahlreicher bekannter europäischer Autoren.[32]
Bei unbefangener Betrachtung behandelt sie in Wahrheit einen Vertragsbruch des Löwen, da vertraglich eine Gewinnbeteiligung aller Jagdgenossen vorgesehen war.[33]
Gleichwohl ist Gegenstand des später hieraus abgeleiteten Rechtssatzes der (gesellschafts-)vertragliche Gewinnausschluss eines Gesellschafters. Der Patto leonino des heutigen italienischen Rechts geht noch darüber hinaus, wenn er daneben in seiner zweiten Variante zusätzlich den Ausschluss eines Gesellschafters von der Verlusttragung für unzulässig erklärt.
Bereits damit wird deutlich, dass das Institut der societas leonina im Laufe der Rechtsgeschichte Wandlungen erfahren hat.

II. Römisches Recht

Es stellt sich die Frage, ob sich beide Verbote, die das moderne italienische Recht als leoninische Abmachungen bezeichnet, auf das Römische Recht zurückführen lassen.
Hierzu ist die Definition der Gesellschaft nach Römischem Recht von Relevanz.
Der Vertragstypus der societas nach dem Kontraktschema des klassischen Römischen Rechts ist definiert als der Zusammenschluss zweier oder mehrerer Personen, die sich wechselseitig zur Förderung eines gemeinsamen Zwecks mit gemeinsamen Mitteln verpflichten.[34] Während ursprünglich gefordert worden war, jeden Gesellschafter zu gleichen Teilen am Gewinn zu beteiligen, gaben bereits die römischen Klassiker dieses Konzept einer „brüderlichen" Gleichheit zugunsten einer Beteiligung der Gesellschafter entsprechend der Höhe ihrer jeweiligen Einlagen auf.[35]
Das Problem der societas leonina betrifft die Frage, wie weit vom Grundsatz proportionaler Gewinnverteilung abgewichen werden kann. Das Römische Recht unterscheidet zwischen Gewinn- und Verlusttragungsausschluss.

---

zurückzuführen ist. Die Entstehung von Art. 2265 c.c. speist sich jedoch auch aus anderen Quellen. Eine dieser Quellen kann nach Abriani, S. 5, in der zweiten Version gesehen werden, die durch zahlreiche Fabeldichter ab dem späten Mittelalter populärer als die erste Version wurde.

31 Vgl. nur Abriani, S. 5.

32 Für Nachweise auf die Werke von u.a. Luther, Goethe und La Fontaine siehe Hingst, S. 46ff.

33 Müller-Gugenberger, S. 279.

34 Kaser/Knütel, Römisches Privatrecht, 2005, § 43 Rn 1.

35 Vgl. Institutionen 3.25, Nr. 1-2, abgedruckt und übersetzt bei Behrends/Knütel/Kupisch/Seiler, Corpus Iuris Civilis Text und Übersetzung I, 1990, S. 195f.

1. Gewinnausschluss

Etwa dreißig Jahre vor Christi Geburt muss der römische Jurist *Cassius* von der Fabel in der Version des *Phädrus* erfahren haben. Die Digesten geben folgende Stelle wieder[36]:

> Ulp. D. 17, 2, 29, 2 (30 ad Sab.):
> *„Aristo berichtet, dass Cassius in einem Gutachten ausgesprochen habe, eine Gesellschaft könne nicht in der Weise eingegangen werden, dass der eine den ganzen Gewinn erhält, der andere den Verlust trägt; eine solche Gesellschaft werde gewöhnlich Societas leonina genannt. Wir stimmen zu, dass eine Gesellschaft nichtig ist, bei der der eine den Gewinn, der andere dagegen keinen Gewinn erhält, sondern den Verlust zu tragen hat. Denn das ist eine höchst ungerechte Art von Gesellschaft, aus der jemand nur Schaden, nicht auch Nutzen zu erwarten hat."*

Die societas leonina als Rechtsfigur war damit geboren.

In ihrer Urform beinhaltet die societas leonina das Verbot des Ausschlusses von der Gewinnbeteiligung. Die societas leonina wird als „höchst ungerecht" für unzulässig erklärt. Die so verstandene Löwengesellschaft war nach Römischem Recht unheilbar nichtig. Der Grund für diese harsche Rechtsfolge lässt sich im römischrechtlichen Typenzwang finden: Die societas war als eigennützige Vertragsform ausgestaltet. Gesellschafter konnte nur sein, wem es um die Erzielung eines eigenen materiellen Vorteils ging.[37] Diese Eigennützigkeit fehlt den Mitgliedern der societas leonina bis auf den „Löwen". Einer Umdeutung des Rechtsgeschäfts in ein anderes, wirksames, steht nach der Typengebundenheit des Kontraktschemas entgegen, dass dessen formale Voraussetzungen nicht vorliegen. Einen klagbaren „Vertrag sui generis" kennt das Römische Recht im Grundsatz nicht.[38] Wer auf Grund einer nicht als Kontrakt anerkannten Abrede eine Leistung erbracht hatte und sich durch ein abredewidriges Verhalten des Gegners enttäuscht sah, konnte nicht auf Einhaltung des Vertrages bestehen, sondern lediglich seine Leistung zurückfordern.[39]

Auslegungszweifel lässt der Wortlaut der Digestenstelle in anderer Hinsicht zu. Das Fragment handelt von einer aus zwei Gesellschaftern bestehenden societas. Daraus lässt sich aber nicht ableiten, dass der Anwendungsbereich der Digestenstelle auf eine zweigliedrige Gesellschaft beschränkt sein soll. Die zweigliedrige Gesellschaftsform,

---

36 Nach Behrends/Knütel/Kupisch/Seiler, Corpus Iuris Civilis Text und Übersetzung III, 1999, S. 409.

37 Vgl. Jhering, Der Zweck im Recht, Erster Band, 1970, S. 164, nach dem die societas „dem System des Egoismus, nicht des Wohlwollens" angehört.

38 Vgl. im Einzelnen Kaser/Knütel, § 33 Rn 2f. sowie zur Ausnahme der Innominatkontrakte § 43 Rn 1.

39 Kaser/Knütel, § 45 Rn 1; Jörs/Kunkel/Wenger, Römisches Privatrecht, 3. Auflage 1949, S. 243.

die die häufigste Gesellschaftsform der damaligen Zeit gewesen sein soll,[40] ist von *Cassius* offensichtlich nur als Beispiel gewählt worden.[41] So lässt sich der dritte Satz des Fragments schon nicht mehr zwingend nur auf die zweigliedrige Gesellschaft beziehen.
Mithin ist als Zwischenergebnis festzuhalten, dass die Digestenstelle den völligen Ausschluss eines Gesellschafters vom Gesellschaftsgewinn unter der Androhung der unheilbaren Nichtigkeit des gesamten Gesellschaftsvertrages verbietet.

2. Ausschluss von der Verlusttragungspflicht

Damit ist noch nicht geklärt, wie sich das Römische Recht zum Ausschluss eines Gesellschafters von der Verlusttragungspflicht verhält. Überwiegend wird aus dem Schweigen der römischen Rechtstexte die Zulässigkeit des Ausschlusses von der Verlusttragungspflicht gefolgert.[42] Nach anderer Auffassung soll dieses Privileg hingegen nur denjenigen Gesellschaftern zugestanden haben, die nicht mit Kapital, sondern nur mit ihrer Arbeitskraft zum Gesellschaftsvermögen beitrugen. Nur für diesen sei dieses Privileg zulässig und das auch nur dann, wenn der Wert seiner Arbeitskraft dies rechtfertigte.[43]
Ungeachtet dessen verbleibt es bei der Feststellung, dass eine societas leonina nach Römischem Recht nur durch Gewinnausschluss entsteht. Den Verlusttragungsausschluss eines Gesellschafters lässt das Römische Recht hingegen im Grundsatz zu. Jedenfalls ist er nicht Gegenstand der societas leonina.

III. Mittelalter und frühe Neuzeit

Mit dem Zerfall des römischen Reichs war der römisch-rechtlich ausgeformten Rechtsidee mit Rom und dem Kaiserhof der juristische Mittelpunkt genommen.[44] An deren Stelle waren lokale Rechtsregeln getreten, die seltener schriftlich niedergelegt wurden.[45] Die Qualität dieser regionalen Rechtstexte erreichte nicht diejenige der römischen Zeit. Auf das 12./13. Jahrhundert wird parallel zum Aufblühen von Handel und Wirtschaft auch der Beginn der Rezeption des Römischen Rechts in Westeuropa datiert,[46] vereinzelt aufgrund der an den italienischen Universitäten ausgebildeten deutschen Juristen sogar von einem „römisch-germanischen" Rechtssystems[47]

40 Nanz, Die Entstehung des allgemeinen Vertragsbegriffs im 16. bis 18. Jahrhundert, 1985, S. 11f.
41 Ebenso Hingst, S. 84.
42 Vgl. Behrends/Knütel/Kupisch/Seiler, III, S. 149f.; Windscheid, S. 727; Dernburg, S. 327.
43 Arangio-Ruiz, S. 109f.
44 Kreutz, Romidee und Rechtsbild in der Spätantike, 2008, S. 308.
45 Müller/Gugenberger, in: David/Grasmann, S. 82/84; im Einzelnen Kreutz, S. 308ff.
46 Vgl. nur Laufs, Rechtsentwicklungen in Deutschland, 6. Auflage 2006, S. 51.
47 Formulierung nach Müller/Gugenberger, in: David/Grasmann, S. 82.

gesprochen. In diesem Zusammenhang wurde das Rechtsinstitut der societas leonina im Rahmen der Digestenexegese neu entdeckt und fortentwickelt. Schließlich sollten im Spätmittelalter die Wurzeln für eine Entwicklung gelegt werden, die letztlich zum Auseinanderfallen der Rechtslage in romanischen gegenüber nordeuropäischen, protestantisch beeinflussten, Rechtsordnungen führte.

1. Glossatoren: Neuentdeckung der societas leonina

Die Neuentdeckung der societas leonina ist mit dem Aufschwung der Pflege des Römischen Rechts durch das Wirken der Glossatoren verknüpft. Als Glossatoren werden die im 11. bis 13. Jahrhundert wirkenden Rechtsgelehrten bezeichnet, die sich dem Studium des im Corpus Iuris Civilis verkörperten Römischen Rechts dadurch widmeten, dass sie diese Rechtstexte mit Anmerkungen versahen.[48] Eine Ursache für das Aufblühen der Digestenexegese ist in dem erstarkenden Wirtschafts- und Geistesleben in jener Zeit zu sehen.[49] In diese Zeit fällt die Gründung von Universitäten als neuen Kulturzentren Europas, zuerst in Bologna (1088). Die Universitäten widmeten sich zunächst nur dem römischen und kanonischen Recht. Dabei wird es *Thomas von Aquin* (1225-1274) zugeschrieben, die vorchristliche römische Rechtsordnung mit der christlichen Weltanschauung vereinbart und den Weg für die Rezeption der römischen Rechtstexte endgültig eröffnet zu haben.[50]

Die Glossatoren folgten der Definition der societas leonina, wie sie *Cassius* vertreten hatte. Einmütig gingen sie von der unheilbaren Nichtigkeit einer societas leonina aus. Einerseits wurde zur Rechtfertigung die Notwendigkeit der Beteiligung eines jeden Gesellschafters am Ergebnis der Gesellschaft als konstitutives Merkmal einer Gesellschaft betont. Daneben rückten aber Aspekte der Gerechtigkeit als Begründung für das Verbot der societas leonina in den Vordergrund. Die societas leonina wird von *Irnerius*, der als Begründer der Rechtsschule von Bologna angesehen wird[51], als Fallgestaltung betrachtet, in welcher der Parteiwille hinter die Gerechtigkeit zurücktreten müsse.[52] Darüber hinaus erkannten die Glossatoren einzelne Probleme, die sich im Hinblick auf leoninische Abmachungen bis heute stellen. So warf ein Glossator die Frage auf, was zu gelten habe, wenn in einem Gesellschaftsvertrag einer von zwei Gesellschaftern auf eine Ergebnisbeteiligung in Höhe einer einzigen Münze verwiesen werde. Vorgeschlagen wurde ein Mindestverteilungsschlüssel: Die Ergebnisbeteiligung müsse mindestens ein Viertel des Ergebnisses ausmachen.[53]

---

48 Kaser, Römische Rechtsgeschichte, 2. Auflage 1967, S. 274; Müller/Gugenberger, in: David/Grasmann, S. 90f.

49 Im Einzelnen Lange, Römisches Recht im Mittelalter, I - Die Glossatoren, 1997, S. 29f.

50 Müller/Gugenberger, in: David/Grasmann, S. 89f.

51 Wieacker, Privatrechtsgeschichte der Neuzeit unter besonderer Berücksichtigung der deutschen Entwicklung, 2. Auflage 1967, S. 62.

52 Vgl. Hingst, S. 129ff., mit weiteren Nachweisen.

53 Vgl. Hingst, S. 136ff.

Im Kern war hiermit die Problematik von Umgehungskonstruktionen der societas leonina erkannt.

2. Dekretisten: Verlustbeteiligung essentiell für Gesellschafterstellung

Einen entscheidenden Einfluss auf die Fortentwicklung der societas leonina übten die sogenannten Dekretisten aus. Bei diesen handelte es sich um Rechtsgelehrte, die sich in Glossenform mit dem um 1140 erschienenen Decretum Gratiani beschäftigten.[54] Das durch den Mönch *Gratian* verfasste Decretum Gratiani bildet das erste Buch des Corpus Iuris Canonici, welcher als in seiner Strukturierung dem Corpus Iuris Civilis nachgebildete Sammlung des Kirchenrechts entstand.

Die Dekretisten entwickelten im Hinblick auf das Kirchenrechtsinstitut der Kommende einen Rechtsgrundsatz, der auch auf gesellschaftsrechtliche Konstellationen anwendbar war. Eine Kommende war nach katholischem Kirchenrecht Kirchen- oder Klostervermögen, dessen Inhaber - der Komtur - nur die Einkünfte bezog, ohne das damit verbundene Kirchenamt zu verwalten.[55] Nach Maßgabe des Decretums durfte ein Komtur nur dann die Gewinne aus einer ihm übertragenen Kommende ziehen, wenn er sich zugleich verpflichtete, auch die gegebenenfalls hieraus anfallenden Verluste zu tragen.

Dieses Prinzip ließ sich auf andere gesellschaftsrechtliche oder gesellschaftsrechtsähnliche Institute übertragen.

Auch *Thomas von Aquin* gelangte zu der Erkenntnis, dass die Rechtfertigung für den Gewinnanspruch eines Gesellschafters in dem von ihm übernommenen unternehmerischen Risiko zu sehen sei.[56] Dieser Gedanke bereitete den Boden für den Schritt zur Erweiterung der Figur der societas leonina auf ein Verbot des Verlustausschlusses. Die Grundthese lautet, dass Gewinnbeteiligung und Übernahme des Unternehmerrisikos, wie sie in der Verlusttragungspflicht zum Ausdruck kommt, untrennbar verknüpft sind.

3. Postglossatoren: Zinsverbot und contractus trinus

Die im 13. bis 15. Jahrhundert tätigen Postglossatoren - teilweise in Kommentatoren und Konsiliatoren unterteilt[57] - sahen es als ihre Aufgabe an, die römischen Rechtstexte auf die modernen Gegebenheiten anzuwenden und weiterzuentwickeln, anstatt sich auf die Suche nach den Lösungen des Römischen Rechts zu beschränken.[58]

---

54 Näher Hattenhauer, Europäische Rechtsgeschichte, 4. Auflage 2004, Rn 852ff.

55 Vgl. Brockhaus, Enzyklopädie in 24 Bänden, Band 12, 1990, S. 204/239.

56 Aquin, quast. 78, Art. 2, sol. 5.

57 Im Folgenden soll mit Müller-Gugenberger, in: David/Grasmann, S. 91, und Laufs, S. 62, von synonymen Begrifflichkeiten ausgegangen werden.

58 Müller-Gugenberger, in: David/Grasmann, S. 91.

Bei den Postglossatoren finden sich wenige Äußerungen zur societas leonina.[59] Da die Postglossatoren im Gegensatz zu den Glossatoren insbesondere praktisch, durch Gutachtenerstellung, tätig wurden, betreffen die relevanten Äußerungen Fälle aus der Rechtspraxis. So soll die societas leonina bemüht worden sein, um zu begründen, dass ein Verpächter von Vieh Anteil an dem Nutzen haben müsse, den der Viehpächter dadurch erlangt, dass er das Vieh zweckentfremdet einsetzt.[60]
Der Gedanke, dass Gewinnrecht und Verlusttragungspflicht zusammengehören, verfestigte sich. „*Ubi non est periculi communicatio non est societas*" [61], heißt es bei den Postglossatoren. Der Begriff der Gesellschaft war damit endgültig von dem des Römischen Rechts losgelöst und fortentwickelt worden.
Was aber veranlasste die Juristen des Spätmittelalters, den Begriff der Gesellschaft auf diese Weise fortzuentwickeln?
Das Tätigwerden der Postglossatoren fiel in eine Zeit, in welcher ein Aufblühen des Handels zunehmend mit dem aus der Bibel abgeleiteten Zinsverbot[62] in Konflikt geriet. Während in der frühen römischen Zeit die entgeltliche Darlehensvergabe trotz zahlreicher römischer Kredit- und Zinsgesetze[63] gang und gäbe war, hatte das Konzil von Nicäa im Jahre 325 das Zinsverbot zum allgemeinen Gesetz mit hohen Strafandrohungen auch für Laien erklärt.[64] Die zunehmende Nachfrage nach Krediten durfte durch die Florentiner Banken aus diesem Grund nicht bedient werden. Deshalb wurden Vertragsgestaltungen entworfen, die mit dem Zinsverbot in Einklang stehen sollten. Hierfür wurde aus dem Darlehensvertragsrecht auf das Gesellschaftsrecht ausgewichen. Bankkunden sahen sich plötzlich nicht in der Rolle eines Darlehensnehmers, Gläubigers oder Schuldners, sondern eines Gesellschafters. Paradebeispiel für die (Umgehungs-)Geschäfte dieser Zeit ist die Konstruktion des contractus trinus.[65] Hierbei werden drei separate Rechtsgeschäfte zwischen den Parteien abgeschlossen: Mit einem ersten Vertrag wird durch die Vertragspartner eine „Gesellschaft" begrün-

---

59 Die als Kommentatoren bezeichneten Postglossatoren schrieben ausführliche Erläuterungen (Kommentare) zu den römischen Rechtsquellen, die über die reinen Bedeutungserläuterungen der Glossatoren hinausreichten. – Im Einzelnen Wieacker, S. 85, Müller-Gugenberger, in: David/Grasmann, S. 91. Demgegenüber leitet sich der Begriff Konsiliatoren von Konsilien (Rechtsgutachten) ab. Vgl. auch Kisch, S. 11ff.

60 So Hingst, S. 143ff., unter Verweis auf Erörterungen von Petrus de Ubaldis.

61 Sinngemäß : Wo es keine gemeinsame Gefahrtragung gibt, gibt es keine Gesellschaft.

62 Vgl. Lev. 25, 35-37: „Wenn dein Bruder neben dir verarmt und nicht mehr bestehen kann, so sollst du dich seiner annehmen wie eines Fremdlings oder Beisassen, dass er neben dir leben könne; und du sollst nicht Zinsen von ihm nehmen noch Aufschlag, sondern sollst dich vor deinem Gott fürchten, dass dein Bruder neben dir leben könne. Denn du sollst ihm dein Geld nicht auf Zinsen leihen noch Speise geben gegen Aufschlag"; vgl. ferner 5. Mose 23, 20-21 sowie 2. Mose 22,24. – Köbler, S. 129, sieht die Basis des Zinsverbotes in Lukas 6, 35.

63 Vgl. im Einzelnen Wieacker, Römische Rechtsgeschichte, Band 1 Abschnitt 1, 1988, S. 415f.

64 Im Einzelnen Waldmann, Das Zinsverbot in Antike und Christentum, 2004, S. 2ff.; Abriani, S. 15ff.

65 Auch als contractus triplex bezeichnet.

det. Mit einem zweiten, einem Garantievertrag, wird der finanzierende Gesellschafter durch den anderen gegen den Verlust seiner Einlage abgesichert und ihm gleichzeitig eine feste Gewinnbeteiligung zugesichert. In einem dritten Vertrag schließlich verzichtet der finanzierende Gesellschafter auf alle Gewinnansprüche, die über den ihm zugesicherten Ertrag hinausgehen.

Wirtschaftlich liegt damit ein Darlehensvertrag vor.[66] Eine Anerkennung als Darlehen war jedoch wegen des Zinsverbots rechtlich nicht möglich und nicht gewollt.[67] Die Konstruktion wurde teilweise dennoch bei bibelkonformem Rechtsverständnis als zulässig angesehen: Prominenter Fürsprecher und möglicherweise „Erfinder" der Konstruktion[68] war insoweit der Augsburger Theologe *Johannes Eck* (1486-1543), der durch einen Vortrag an der Universität Bologna 1515 die Verbreitung der Konstruktion beförderte.[69]

Die Konstruktion des contractus trinus spaltete die Rechtsgelehrten und sorgte jahrzehntelang für heftige Debatten unter Theologen und Juristen über die Frage, ob das Zinsverbot verletzt sei.

Der Streit um das Zinsverbot verdeutlicht die Relevanz der Abgrenzung von Gesellschafts- und Darlehensvertrag. Die Neuigkeit der Konstruktion des contractus trinus aus Sicht des Gesellschaftsrechts war, dass ein Gesellschafter – durch ein Rechtsgeschäft *neben* dem Gesellschaftsvertrag – von der Verlusttragungspflicht freigestellt wurde. Auch als Reaktion darauf dürfte in der Folge in der italienischen Rechtsordnung die Beteiligung an gegebenenfalls aus dem Geschäft erwachsenen Verlusten, mithin eine unternehmerische Risikoübernahme, als essentiell für ein Gesellschaftsvertragsverhältnis herausgearbeitet worden sein.[70] Die Qualifizierung des Ausschlusses der Verlusttragungspflicht als „leoninisch" erlaubte es, Konstruktionen wie die des contractus trinus als rechtswidriges Umgehungsgeschäft (des Zinsverbots) zu ächten.

Andererseits dürfte erst die Wiederentdeckung und das genaue Studium der römischrechtlichen Quellen den Blick dafür geöffnet haben, dass die Verlustbeteiligung eines Gesellschafters - anders als die Gewinnbeteiligung - nicht zwingend zum Wesen der Gesellschaft gehöre.[71] Das jedoch stand im Widerspruch zur These der zwingenden Verlustbeteiligung.

In der Folge dauerte der Streit darüber, ob die Verlustbeteiligung für die Gesellschaft oder Gesellschafterstellung essentiell ist, an.

---

66 Zutreffend Abriani, S. 16.

67 Das verkennt m.E. Hingst, S. 153, wenn er einen von Mantica (1534-1614) diskutierten contractus foenariticus als wirksames Darlehen anerkennen will.

68 Vgl. im Einzelnen Oberman, Werden und Wertung der Reformation, 1989, S. 162ff.

69 Vgl. Geitmann, Zeitschrift für Sozialökonomie 1989, S. 17ff.

70 Beispielhaft und im Einzelnen für Italien Abriani, S. 15ff.; zur heutigen Rechtslage in Italien unter C.II.

71 So Abriani, S. 23.

4. Zwischenergebnis

In der Epoche der Glossatoren, in welcher die Rechtsgelehrten sich mit dem wiederentdeckten römischen als auch mit dem kanonischen Recht beschäftigten, wurde das Rechtsinstitut der societas leonina mit neuen Gerechtigkeits-Erwägungen verknüpft und auf die Frage der Notwendigkeit einer Verlustbeteiligung des Gesellschafters erstreckt worden.

Dabei war vor dem Hintergrund des Zinsverbots seit dem Mittelalter das Gesellschaftsrecht als Alternative zum kirchenrechtlich unzulässigen Darlehensvertrag Instrument der Finanzierung unternehmerischer Tätigkeit geworden. Die Vertragskonstruktion des contractus trinus war aber nur dann zulässig, wenn man eine Verlustbeteiligung des Gesellschafters für entbehrlich hielt.

Die Frage nach der Abgrenzung zwischen Darlehen und Gesellschaft - anders gesagt: nach dem Wesen der Gesellschaft – war damit neu gestellt.

IV. 16./17. Jahrhundert: Spaltung der Rechtsentwicklung in Italien und Deutschland

Im 16. und 17. Jahrhundert sorgten drei weitgehend parallel einsetzende Veränderungen dafür, dass sich die Entwicklung des Rechtsinstituts der societas leonina in Deutschland von der in Italien endgültig abkoppelte.

1. Reformation – Beschränkung der päpstlichen Autorität

Zunächst folgte aus der Reformation, dass das Wort des Papstes als rechtliche Autorität im zu großen Teilen reformierten Norden Europas kaum mehr Gewicht besaß. Eine kirchliche Gerichtsbarkeit, welche über Vergehen wie das der Zinsnahme urteilte, verlor ihre Autorität. Die protestantische Ethik ließ es hingegen zu, die Produktivität der entgeltlichen Geldleihe anzuerkennen und Darlehensgeschäfte durch Christen - bis dahin faktisch ein Privileg der Juden - zu legitimieren.[72] Für die protestantischen Theologen und Juristen dürfte die Frage der Abgrenzung des Darlehens- vom Gesellschaftsvertrag somit von geringerem Interesse gewesen sein. Auseinandersetzungen von zeitgenössischen protestantischen Juristen oder Theologen mit einem etwaigen gesellschaftsrechtlichen Verlustbeteiligungsgebot lassen sich nicht nachweisen. Hingegen fanden im katholischen Italien wie im sonstigen Einflussgebiet des Vatikans die päpstlichen Bullen weiterhin Beachtung und Eingang ins Recht.

2. Aufklärung und Naturrecht

Eine zweite Entwicklung, mit der Reformation verknüpft, betraf den Einfluss der Naturrechtslehre. Naturrechtler wie *Hugo Grotius* (1583-1645) und *Samuel von*

---

72 Aus rechtssoziologischer Sicht M. Weber, Die protestantische Ethik und der Geist des Kapitalismus, 1912, insbes. S. 61ff.

Pufendorf (1632-1694) betrieben eine logische Systematisierung des Rechts, das sie von der Idee einer gottgewollten Ordnung loslösten. Die Vorstellung von „natürlichen" subjektiven Rechten rückte in den Vordergrund.[73]
Im Ergebnis wurde auch die rechtsethisch begründete These von der Notwendigkeit der Verlustbeteiligung für den Gesellschaftszweck verworfen. *Grotius* sah in einer Gesellschaft, bei der einer der Gesellschafter von der Verlusttragung befreit ist, einen - wirksamen - gemischten Vertrag, „teils Gesellschaft, teils Assekuranz".[74] Dass diese Vereinbarung gegen die „Natur des Gesellschaftsvertrages" verstoße, führe nicht zu ihrer Unwirksamkeit.[75]

3. Gemeines Recht und Usus modernus

Zu nennen ist schließlich der Einfluss des gemeindeutschen Rechts auf die deutsche Rechtsentwicklung. Seit dem 16. Jahrhundert hatten sich deutsche Juristen daran gemacht, Kompendien des geltenden Gemeinen Rechts abzufassen. Einer wirklichen Vereinheitlichung dieser regionalen Rechtsregeln standen allerdings die regionale Zersplitterung sowie schließlich das Auseinanderfallen des Heiligen Römischen Reichs Deutscher Nation entgegen.[76] Erst mit der Epoche des auf ein Werk von *Samuel Stryk* (1640 bis 1710) zurückgehenden Usus modernus kam es zu einer zu einer praxisbezogenen Auseinandersetzung mit dem römischen Recht und dem Versuch einer Synthese von römisch-kanonischem und gemeindeutschem Recht.[77]
Die gemeinrechtlichen deutschen Rechtsregeln dieser Zeit überließen das Gesellschaftsrecht regelmäßig der Praxis. Entscheidende Bedeutung gewann die eigentliche Interessenlage der Parteien. Damit wurde es in verstärktem Maße möglich, die societas leonina als nach anderen Regeln wirksames Rechtsgeschäft aufrechtzuerhalten.
Auch in Italien hatte sich ein Gemeines Recht entwickelt. In der Folge der napoleonischen Besetzung weiter Teile Italiens erwies sich jedoch der Einfluss der französischen Zivilgesetzgebung als dominant.[78]

4. Zwischenergebnis

Die drei aufgezeigten Entwicklungsstränge betrafen vorrangig das Europa nördlich der Alpen und führten dort zu einem Bedeutungsverlust der zuvor um ein Verlustbeteiligungsgebot erweiterten societas leonina. Insbesondere konnte sich dort die These von der zwingenden Verlustbeteiligung eines Gesellschafters nicht halten. Im Süden Europas einschließlich Italiens wurde die societas leonina in ihrer durch die kirchenrechtlichen Glossatoren zum Gebot der Beteiligung eines Gesellschafters an

73 Müller-Gugenberger, in: David/Grasmann, S. 93.
74 Grotius, Vom Recht des Friedens und des Krieges 1625/1707, Nachdruck 1950, S. 255.
75 Grotius, S. 255.
76 Im Einzelnen vgl. Müller-Gugenberger, in: David/Grasmann, S. 99ff.
77 Eisenhardt, Deutsche Rechtsgeschichte, 2. Auflage 1995, S. 165ff.; Meder, S. 232ff.
78 Kindler, § 8 Rn 1, ausführlich Zweigert/Kötz, S. 102ff.

Gewinn als auch an Verlust weiterentwickelten Form sowohl durch päpstliche Bullen als auch durch weltliches Recht aufrechterhalten.

V. Einfluss der Naturrechtskodifikationen

In den wichtigen europäischen Kodifikationen des 18. und frühen 19. Jahrhunderts manifestierten sich die unterschiedlichen Rechtsentwicklungen in Europa. Möglich gemacht hatte diese Kodifikationen die Idee der Naturrechtslehre, durch eine Positivierung der an den Universitäten bereits teilweise gelehrten Rechtsregeln zu einer erschöpfenden und systemgeleiteten Neuordnung des Rechtsstoffes und letztlich zu einer auf Freiheit und Gleichheit beruhenden Gesellschaftsplanung zu gelangen.[79] Die drei Leitkodifikationen behandelten die societas leonina unterschiedlich.

1. Preußisches Allgemeines Landrecht (1794)

Im Allgemeinen Landrecht für die Preußischen Staaten (ALR) heißt es im Abschnitt „Von Gemeinschaften, welche durch Vertrag entstehen" (Erster Theil, siebzehnter Titel[80]):

> *„§ 244. Der Antheil eines jeden Gesellschafters am Gewinne und Verluste muss hauptsächlich nach dem Inhalte des Vertrages beurtheilt werden.*
> *§ 245. Ein Abkommen, wodurch einem der Gesellschafter aller Schade, und dem andern aller Vortheil allein angewiesen wird, ist nach den Regeln von Schenkungen zu beurtheilen.*
> *§ 246. Kann das Abkommen als Schenkungsvertrag nicht bestehen so muß Gewinn und Verlust unter solchen Gesellschaftern nach gesetzlichen Grundsätzen vertheilt werden."*

Die Kodifikation stellte damit den Grundsatz der Vertragsfreiheit vorweg. Eine Heilungsmöglichkeit der im Sinne der engen, römischrechtlichen Definition verstandenen societas leonina wird mit der Möglichkeit der Umdeutung in eine Schenkung gesetzlich bereitgestellt. Allerdings knüpfte das preußische Allgemeine Landrecht an die Wirksamkeit einer Schenkung strenge Voraussetzungen: Grundsätzlich sind Schenkungsverträge gerichtlich abzuschließen (I 11 § 1063 ALR). Aus einem außergerichtlichen Schenkungsversprechen kann nicht auf Erfüllung geklagt werden (I 11 § 1064 ALR). Hat die Abrede auch als Schenkung keinen Bestand, so werden Gewinn und Verlust nach gesetzlichen Grundsätzen, und zwar gemäß der Höhe der Beiträge (I 17 § 251 ALR) verteilt (I 17 § 246 ALR).

2. Code civil (1804)

In Frankreich war die Rechtsentwicklung in eine andere Richtung gegangen.
Art. 1855 des napoleonischen Code civil von 1804 besagt:

---

79 Müller-Gugenberger, in: David/Grasmann, S. 109; Eisenhardt, S. 192/194f.
80 Im Folgenden auch I 17 sowie entsprechende Kurzschreibweisen.

„(1) La convention qui donnerait à l'un des associés la totalité des bénéfices, est nulle.
(2) Il en est de même de la stipulation qui affranchirait de toute contribution aux pertes, les sommes ou effets mis dans le fonds de la societé par un ou plusieurs associés."[81]

Die hier kodifizierte clause léonine geht über die societas leonina des Römischen Rechts hinaus. Erfasst ist nicht nur der Ausschluss von der Gewinnberechtigung, sondern auch der von der Verlusttragungspflicht. Allerdings werden Gewinnberechtigungs- und Verlusttragungsausschluss in unterschiedlichen Absätzen behandelt.
Das Konzept der so verstandenen societas leonina ist damit vom Geiste des kanonischen Rechts beeinflusst. Allerdings unterstrich der Jurist und Jesuit *Pothier* (1699-1772), auf den zahlreiche Institute des Code civil zurückgehen, die unterschiedlichen Wurzeln beider Verbote. Während das Erfordernis der Gewinnbeteiligung zum Wesen der Gesellschaft gehöre, ist die Notwendigkeit einer – grundsätzlichen, Ausnahmen zulassenden - Verlustbeteiligung nach *Pothier* ein Gebot der Gerechtigkeit.[82]
Die napoleonische Kodifizierung ist für die italienische Rechtsgeschichte von entscheidender Bedeutung.[83] Art. 1855 c.c. wurde in wortwörtlicher Übersetzung als Art. 1719 in den Codice civile von 1865 übernommen. Wesentliche, durch die in abgewandelter Form auch heute noch im französischen Gesetzbuch enthaltene Vorschrift aufgeworfene Auslegungsfragen betreffen somit in ähnlicher Weise den Patto leonino des italienischen Rechts.

3. Österreichisches ABGB (1811)

In eine andere Richtung weist der Regelungsgehalt des nur wenige Jahre nach dem Code civil verabschiedeten österreichischen Allgemeinen Bürgerlichen Gesetzbuchs (ABGB) von 1811. Dort heißt es:

„§ 1195. Die Gesellschaft kann einem Mitgliede, seiner vorzüglichen Eigenschaften oder Bemühungen wegen, einen größeren Gewinn bewilligen, als ihm nach seinem Antheile zukäme; nur dürfen dergleichen Ausnahmen nicht in gesetzeswidrige Verabredungen oder Verkürzungen ausarten.
§ 1196. Eine solche gesetzeswidrige Verabredung ist der Vertrag, wodurch jemand für ein eingelegtes Capital einerseits sich gegen alle Gefahren des Verlustes, sowohl in Rücksicht des Capitals als der Zinsen sicher stellet, und von aller Mitwirkung befreyet; andererseits aber dennoch einen die rechtlichen Vertragszinsen übersteigenden Gewinn bedinget."

Zum Gewinnausschluss im Sinne einer societas leonina schweigt das Gesetz. Allerdings lässt § 1196 ABGB den Schluss zu, dass der Ausschluss von der

---

81 Absatz 1: „Die Abrede, die einem der Gesellschafter den gesamten Gewinn zuweist, ist nichtig". Nach Absatz 2 gilt – sinngemäß - dasselbe für eine Abrede, die einen oder mehrere Gesellschafter von jeder Beteiligung am Verlust ausschließt. – Siehe hierzu noch unter C. I.

82 Im einzelnen Pothier, Traité du contrat de societé, 1807, S. 16, „equitable".

83 Vgl. zu den allgemeinen Gründen für den im Vergleich zu der preußischen sowie österreichischen Kodifikation größeren Erfolg der französischen Kodifikation Müller-Gugenberger, in: David/Grasmann, S. 111.

Verlusttragungspflicht bei gleichzeitiger Ausbedingung eines bestimmten Gewinnanteils unzulässig sein soll.

4. Zwischenergebnis

In den drei wichtigen Kodifikationen des 18. und frühen 19. Jahrhunderts wird die auseinandergelaufene Rechtsentwicklung in Europa deutlich. Während der französisch Code civil die societas leonina um das Verbot der Verlustbefreiung zu einem Verbot leoninischer Abreden erweitert und das Rechtsinstitut aufwertet, geht das Preußische Allgemeine Landrecht einen anderen Weg. Zum einen wird die societas leonina nur in ihrer engen, an das römische Recht angelehnten, Version erwähnt. Zum anderen ist die Aufrechterhaltung einer solchen Abrede unter den Voraussetzungen der Schenkung vorgesehen. Das österreichische Gesetzbuch von 1811 schließlich kommt ganz ohne Bezug auf die societas leonina im römisch-rechtlichen Sinne aus. Erwähnt wird jedoch, dass ein Ausschluss von der Verlusttragungspflicht bei der Gesellschaft „gesetzeswidrig“ sei.

VI. Das deutsche Bürgerliche Gesetzbuch (1900)

Im ausgehenden 19. Jahrhundert standen den Redaktoren des zu schaffenden Bürgerlichen Gesetzbuches somit unterschiedliche Lösungsansätze zum Umgang mit der societas leonina zur Verfügung. Das Meinungsspektrum war in Rechtsprechung, Rechtswissenschaft als auch in den Kodifikationsentwürfen für das BGB weit gefächert.
In den Motiven zu § 705 BGB[84] heißt es:

> *„Aus der Gemeinsamkeit des vereinbarten Zwecks folgt, dass im Wesen der Gesellschaft die Anteilnahme eines jeden Gesellschafters an diesem Zweck liegt. Ein Vertrag, durch welchen ein Gesellschafter von der Beitragspflicht befreit, aber zur Theilnahme am gemeinsamen Zwecke, also insbes. am Gewinne berechtigt, oder zwar am Verluste, nicht aber am Gewinne beteiligt sein soll, ist hiernach kein Gesellschaftsvertrag.“*

Damit sprechen die Motive eine Abwandlung der leoninischen Abmachung an: Den Fall der beitragslosen Gewinnbeteiligung. Nach einem Vorentwurf sollte die Formulierung sogar Gesetz werden.[85] In den Motiven heißt es aber:

> *„Es braucht dies nicht besonders im Gesetze ausgesprochen werden. Die entsprechenden Vorschriften mehrerer Kodifikationen stammen aus dem röm. Rechte, dessen Bestimmungen*

---

84 Vgl. Motive in Mugdan, Die gesamten Materialien zum BGB, Band II – Recht der Schuldverhältnisse, 1899, S. 332.

85 Vgl. Art. 777 des Dresdner Entwurfs des Deutschen Bundes von 1866, S. 154.

unverkennbar nur ein theoretischer Charakter beiwohnt. Schon bei der Beratung des HGB[86] *wurde deshalb die Aufnahme einer ähnlichen Vorschrift abgelehnt".*[87]

Nach dem Willen des Gesetzgebers sollte demnach zum einen eine Beitragspflicht, zum anderen eine Teilnahme am gemeinsamen Zweck, und zwar „insbesondere am Gewinn" für die Gesellschaft konstitutiv sein. Hingegen lässt sich den Motiven nicht entnehmen, dass eine – über die Verpflichtung zur Beitragsleistung hinausgehende – Beteiligung am Verlust der Gesellschaft konstitutiv für das Gesellschaftsvertragsverhältnis sein soll.
Das Bürgerliche Gesetzbuch war nicht nur in Kenntnis der drei großen europäischen Kodifikationen, sondern auch der weiteren, als Folge dieser Gesetzbücher geschaffenen regionalen Kodifikationen des 19. Jahrhunderts entworfen worden. Der Entwurf eines bürgerlichen Gesetzbuchs für das Königreich Bayern, das Sächsische BGB sowie das Handelsgesetzbuch des deutschen Bundes hatten sich mit jeweils unterschiedlichen Lösungen des Problems angenommen, ebenso wie die deutsche Rechtsprechung des 19. Jahrhunderts.[88] Man beließ es letztlich bei der Statuierung des Merkmals des „gemeinsamen Zwecks". Aus den Gesetzesmotiven folgt jedoch, dass man es für selbstverständlich hielt, dass ein Gesellschaftsvertrag ohne Gewinnbeteiligung eines Gesellschafters nicht als Gesellschaftsvertrag aufrechtzuerhalten sei. Trotzdem wurde die Anwendung der societas leonina-Grundsätze dem Richterrecht überlassen.

VII. Frankreich und Italien - „Objektivierung" des Verbots einer isolierten Verlustzuweisung

In Frankreich und Italien verfestigte sich eine andere Entwicklung. An die Stelle der ethisch-moralischen Herleitung insbesondere des Gebots der Verlustbeteiligung trat der Versuch, das Gebot einer Ergebnisbeteiligung ökonomisch - objektiv[89] - zu begründen. Abgestellt wird auf eine untrennbare Verbindung des Interesses am Wohlergehen der Gesellschaft mit der Ergebnisbeteiligung. Die spätestens seit dem 18. Jahrhundert sich verfestigende Grundthese lautete: Der Gesellschafter, dem die Rückzahlung seiner Einlage sicher ist, hat kein Interesse am wirtschaftlichen Erfolg der Gesellschaft. Die Folge sei ein möglicher destruktiver Einfluss auf die Geschäftsführung der Gesellschaft und mithin auf die Gesellschaft selbst.[90] Die gemeinsame

86 Gemeint ist das Allgemeine Deutsche Handelsgesetzbuch (ADHGB) von 1861.
87 Mugdan, S. 332.
88 Im Einzelnen Hingst, S. 336ff. und S. 344ff.
89 Abriani, S. 28.
90 Im Einzelnen Abriani, S. 29.

Zweckverfolgung verlange damit die gemeinsame Beteiligung an Gewinnen und Verlusten.
Diese Auffassung setzte sich in beiden Ländern durch. Das Gebot der Beteiligung am Verlust als auch am Gewinn fand sowohl in Frankreich als auch in Italien Eingang ins Gesetz.[91] Dieses Grundverständnis spielt heute für die Diskussion des Patto leonino eine wichtige Rolle.[92]

VIII. Zwischenergebnis

Ausgehend von der Fabel von der Löwengesellschaft und in die Rechtswissenschaft eingeführt durch *Cassius* hat das ursprünglich römisch-rechtliche Institut[93] der societas leonina eine wechselvolle Geschichte durchlebt. Während die Rechtsfigur im Mittelalter unter dem Einfluss des kanonischen Rechts im romanischen Rechtskreis zu einem allgemeinen Gebot der Ergebnisbeteiligung (sowohl an Gewinn als auch Verlust der Gesellschaft) erstarkte, fand es keinen Eingang in das deutsche Bürgerliche Gesetzbuch. Der deutsche Gesetzgeber beließ es bei der Fixierung des „gemeinsamen Zwecks" als konstitutivem Merkmal der Gesellschaft. Seitdem ist das Problem in Deutschland der Befassung durch die Rechtswissenschaft und -praxis überlassen. Mangels allgemeingültiger Definition in Gesetzesform folgte daraus sowohl ein in der Folge uneinheitlicher Sprachgebrauch der societas leonina sowie eine Offenheit der Rechtsfigur für neue Entwicklungen.
Der Patto leonino des italienischen Zivilrechts entstand vor dem Hintergrund der französischen Doktrin einer Korrelation von Gesellschafterbefugnissen und Ergebnisbeteiligung.

C. Der Patto leonino des italienischen Rechts

Das heutige italienische Recht weist eine konkrete Aussage zur Möglichkeit des Ausschlusses eines Gesellschafters von der Ergebnisbeteiligung auf: Nach Art. 2265 c.c. ist die Abmachung, mit der einer oder mehrere Gesellschafter von jeder Beteiligung am Gewinn oder an Verlusten ausgeschlossen werden, nichtig.
Die unzulässige Leoninische Vereinbarung nach italienischem Recht erfasst demnach den Ausschluss von der Gewinnbeteiligung sowie – alternativ – den Ausschluss von

91 Vgl. im Einzelnen unter C. I.
92 Zum Normzweck unter C.II.
93 Treffender wäre es, angesichts der unheilbaren Nichtigkeit der societas leonina nach Römischem Recht von einem gesetzlichen Verbot zu sprechen.

der Verlusttragungspflicht. Diese Konzeption reicht damit in ihrer zweiten Variante über das ursprüngliche, römischrechtliche Konzept der societas leonina hinaus.[94]

I. Entstehungsgeschichte

Ebenso wie die deutsche Rechtsfigur der Löwengesellschaft bzw. societas leonina lassen sich die Wurzeln des Patto leonino auf die Fabel des *Phädrus* sowie die Digestenstelle des *Cassius* zurückverfolgen.[95] Im Spätmittelalter wurde das Verbot des Gewinnausschlusses jedoch unter dem Einfluss des Kirchenrechts ergänzt um das Verbot des Ausschlusses von der Verlusttragungspflicht.[96] Anders als in Deutschland, wo sich kein Gebot der Verlustbeteiligung verfestigen konnte, hat diese Konzeption Eingang ins Gesetzesrecht gefunden. Dabei ist zu beachten, dass das italienische Gesellschaftsrecht von einem anderen, engeren Gesellschafts-Begriff ausgeht, wie noch zu zeigen sein wird.[97]
Der italienische Codice civile von 1942 lehnt sich wie sein Vorgänger, der Codice civile von 1865, an den napoleonischen Code civil von 1804 an.[98] Gleichwohl lässt sich auch ein Einfluss des ABGB sowie des deutschen BGB auf diesen Codice civile nachweisen.[99] Auch das italienische Handels- und Gesellschaftsrecht nahm bei Kodifizierung des Codice di commercio 1865 über das als unmittelbares Vorbild fungierende sardische Handelsgesetzbuch Anleihen in Frankreich, am Code de commerce von 1842.[100] Trotz der wechselhaften jüngeren italienischen Privatrechtsgeschichte[101] wird dieses beim Blick auf das (Personen-)Gesellschaftsrecht augenfällig. In Artikel 1719 des Codice civile von 1865 heißt es in wortgetreuer Übersetzung des französischen Code Civil, ins Deutsche übertragen, dass die Abmachung, die einem der Gesellschafter die Gesamtheit der Gewinne zuweist, nichtig sei (Absatz 1) und dasselbe für eine Abmachung gelte, durch die die Kapitalien oder Sachen, die von einem oder mehreren Gesellschaftern in die Gesellschaft eingebracht werden, von jedem Anteil an Verlusten befreit.

94 Vgl. im Einzelnen Teil B.
95 Vgl. unter B. II.
96 Vgl. unter B. III.
97 Vgl. im Einzelnen unter C.III.1. sowie E.IV.
98 Zur Entstehungsgeschichte des Codice civile Kindler, § 8 Rn 1. Zu den Gründen für die Anlehnung an den Code civil auch Sacco, S. 246; Zweigert/Kötz, S. 102ff.
99 Vgl. einerseits Posch, S. 96, der Art. 12 c.c. durch §§ 6,7 ABGB inspiriert sieht, andererseits im Einzelnen Sacco, S. 248ff.
100 Grundmann/Massari, in: Grundmann/Zaccaria, S. 384.
101 Im Einzelnen Kindler, § 8 Rn 1ff., Cian, ZEuP 1993, S. 50ff.

Im Codice civile von 1942 wurden beide Absätze zu einem zusammengefasst. Trotzdem heißt es im italienischen Schrifttum, dass auch dieses Gesetzbuch „französisch" sei.[102]
Während nach *Abriani* das überwiegende Schrifttum die Vorschrift im Gesetzbuch von 1865 noch rechtsethisch begründete, trat seit Inkrafttreten des Zivilgesetzbuches von 1942 eine „objektivierte" Argumentation in den Vordergrund.[103] Diese geht von der Ergebnisbeteiligung als notwendigem Korrelat der Gesellschafterbefugnisse im Interesse der Funktionsfähigkeit der Gesellschaft aus. Die Entstehungsgeschichte verdeutlicht gleichwohl die unterschiedlichen Wurzeln der tatsächlich aus zwei gesondert zu beurteilenden Normen bestehenden Vorschrift des heutigen Art. 2265 c.c.[104]

II. Zum Normzweck

Hinsichtlich des Normzwecks von Art. 2265 c.c. werden in der italienischen Rechtswissenschaft unterschiedliche Ansätze bemüht. Dabei wird zum Teil zwischen dem Verbot des Gewinnausschlusses und dem Gebot der Verlustbeteiligung unterschieden, zum Teil nicht.

1. Erste Ansicht: Separate Betrachtung

Diejenige Ansicht, die lange Zeit und zur Vorgängerbestimmung von Art. 2265 c.c. die vorherrschende war, betrachtet den Normzweck beider Verbote gesondert.[105]

a) Gewinnausschluss unvereinbar mit Wesen der Gesellschaft

Demnach sei ein Gewinnausschluss mit dem Wesen der Gesellschaft unvereinbar.[106] Ohne Verabredung der Verteilung des Gesellschaftsgewinns auf alle Gesellschafter könne keine Gesellschaft vorliegen. Folglich handele es sich bei der Unzulässigkeit des Gewinnausschlusses nach dem ersten Halbsatz des Art. 2265 c.c. um eine (deklaratorische) Vorschrift, die den bereits in Art. 2247 c.c. enthaltenen Grundsatz, wonach einer Gesellschaft die Gewinnerzielung zugunsten eines jeden Gesellschafters immanent sein müsse, noch einmal festschreibe.

102 Sacco, S. 253.
103 Abriani, S. 33f.
104 Vgl. im Einzelnen noch unter C.II.
105 Graziani, S. 488, unter Berufung auf Sraffa, Riv. Dir. Comm. 1915, I, 956; Barcellona, S. 18.
106 Graziani, S. 488, Barcellona, S. 18.

b) Verlustausschluss als unzulässige Übervorteilung – im Einzelnen abweichende Begründung

Demgegenüber sei das Verbot des Ausschlusses von der Verlusttragungspflicht ein „echtes" Verbotsgesetz, welches dem Gesellschaftszweck als solchem nicht entgegenstehe.

Worin genau der Zweck dieses Verbots bestehe wird dabei aber unterschiedlich beurteilt. Die einen sehen hierin eine Ausprägung des Grundsatzes der Gleichberechtigung der Gesellschafter.[107] Nach anderer Ansicht solle der Ausnutzung eines Gesellschafters vorgebeugt werden. Es stelle eine unzulässige Übervorteilung dar, wenn der Nutzen geteilt werde, mögliche Nachteile jedoch von einem alleine getragen werden würden.[108]

2. Zweite Ansicht: Einheitliche Betrachtung - Vermeidung eines Interessenkonflikts, Verbot „unbeschränkter Unverantwortlichkeit"

Nach anderer Ansicht[109] liegt beiden Verboten derselbe Normzweck zugrunde. Der Gesetzgeber habe bewusst mit Schaffung des Codice civile von 1942 beide Vorschriften zu einer zusammengefasst. Verwiesen wird auf Äußerungen des Justizministeriums anlässlich der vorbereitenden Arbeiten zum Gesetzbuch von 1942, wonach der Ausschluss eines Gesellschafters sowohl von den Gewinnen als auch den Verlusten in Widerspruch mit der causa[110] des Gesellschaftsvertrages stehe.[111] Diese, sich aus Systematik und Entstehungsgeschichte ergebende, einheitliche Funktion des Art. 2265 c.c. lasse sich auch aus Sinn und Zweck der Vorschrift herleiten. Die von Art. 2247 c.c. verlangte gemeinsame Zweckverfolgung (esercizio in comune) setze zwingend auch die gemeinsame Verlusttragung voraus.[112] Wenn die Risiken unter den Gesellschaftern durch Ausschluss eines Gesellschafters von der Verlusttragung ungleich verteilt seien, entstünde ein Interessenkonflikt zwischen den Gesellschaftern. Die von einer Verlusttragung befreiten Gesellschafter würden anders als die sonstigen Gesellschafter hohe unternehmerische Risiken eingehen wollen, da sie keinen materiellen Nachteil zu fürchten bräuchten[113]. Ein ähnlicher Interessenkonflikt würde im Falle eines von den Gewinnen ausgeschlossenen, aber an den Verlusten beteiligten Gesellschafters auftreten. Dieser würde sich nur unter der Devise größtmöglicher Risikovermeidung an der Verfolgung des Gesellschaftszwecks beteiligen. Dadurch könnte die Möglichkeit der Gesellschaft, Gewinne zu erzielen und mithin ihren Gesell-

---

107 Gasperoni, S. 170, Graziani, S. 488.

108 Sraffa, Riv. Dir. Comm. 1915, I, 957.

109 Abriani, S. 38f., Greco, S. 103.

110 Zum Bedeutung der causa im italienischen Recht Kindler, § 10 Rn 26f.

111 Bericht des italienischen Justizministers zum ministeriellen Schuldrechts-Vorhaben, in Pandolfelli/Scarpello/Stella Richter/Dallari, S. 143.

112 Greco, S. 103.

113 Simonetto, S. 139; Minervini, S. 808; Abriani, S. 40.

schaftszweck zu verfolgen, beeinträchtigt werden.[114] Wenn schließlich ein Gesellschafter gar nicht am Ergebnis teilhabe, könne man nicht mehr von einem Interessenkonflikt, sondern schlicht von einem mangelnden Interesse dieses Gesellschafters am Ergebnis der Gesellschaft ausgehen. Auch damit liege ein schwerwiegendes Hindernis für eine ordnungsgemäße Willensbildung der Gesellschaft vor.[115] Probleme bereitet hiernach allerdings der Fall, dass ein Gesellschafter vom Stimmrecht in der Gesellschafterversammlung ausgeschlossen ist, wie bei Vorzugsaktien im Aktienrecht.[116] Hier bedarf es einer Einschränkung: Wo es bereits theoretisch an der Möglichkeit der Einflussnahme auf die Willensbildung der Gesellschaft fehle, könne sich auch aus fehlender Beteiligung am Ergebnis herrührende „unbeschränkte Unverantwortlichkeit" nicht zu Lasten der Gesellschaft auswirken.[117]

Auf Grundlage dieses Verständnisses bezeichnet *Abriani* die Vorschrift als eine „Schlüsselnorm" des Gesellschaftsvertragsrechts[118] und als eine Vorschrift des ökonomischen „ordre public". Konsequenz dieses Verständnisses ist, dass sich die Anwendung der Vorschrift auf sämtliche Vertragsgestaltungen erstrecken kann, welche die Beteiligung eines Gesellschafters an den Gewinnen oder Verlusten der Gesellschaft praktisch unmöglich oder jedenfalls hochgradig unwahrscheinlich macht.[119] Damit geraten beispielsweise auch Abreden außerhalb des Gesellschaftsvertrages oder Anteilskaufverträge in das Spannungsfeld von Art. 2265 c.c.[120]

3. Kassationsgerichtshof: Einheitlicher Normzweck

Auch der Kassationsgerichtshof folgt der vorgenannten Schrifttumsansicht, wie aus einem umfangreich begründeten Urteil aus dem Jahr 1994 hervorgeht.[121] Danach sei die Vorschrift insgesamt wirtschaftspolitischer Natur und bezwecke, über die Beteiligung an den unternehmerischen Risiken und am Gewinn das Interesse des Gesellschafters an einer guten Unternehmensführung sicherzustellen sowie Interessenskonflikte zwischen den Gesellschaftern zu vermeiden.[122]

Die Entscheidung zeigt beispielhaft, dass das Anwendungsfeld des Art. 2265 c.c. auch nach der Rechtsprechung Beteiligungskaufverträge betreffen kann.

Dem Fall lag zusammengefasst der folgende Sachverhalt zugrunde: Eine im öffentlichen Interesse agierende Aktiengesellschaft (im Folgenden: F-s.p.a.) hatte

---

114 Simonetto, S. 140.
115 Abriani, S. 41.
116 Zu den Aktiengattungen nach italienischem Recht vgl. unter C.III.3.a).
117 Minervini, S. 779.
118 Abriani, S. 44f. („ norma chiave nel architettura del contratto di società").
119 Abriani, S. 57f.
120 Zu diskutierten Beispielen vgl. unter C. IV. 4.
121 Cass. Civ., n. 8927, 29.10.1994, Società 1995, 178ff.
122 Cass. Civ., n. 8927, 29.10.1994, Società 1995, 178, 181.

Anteile an einer Kapitalgesellschaft erworben und mit dem Veräußerer folgende weitere Abreden geschlossen: Zum einen wurde der F-s.p.a. das Recht eingeräumt, im Falle eines unbefriedigenden Verlaufs der Geschäfte der Ziel-Gesellschaft die Aktien zum Kaufpreis zuzüglich 7% Zinsen zurückzugeben (Verkaufs- oder Put-Option). Zum anderen erhielt der Veräußerer das Recht, im Falle eines erfolgreichen Verlaufs der Geschäfte der Zielgesellschaft die Aktien zum ursprünglichen Verkaufspreis zurückzuerwerben (Kauf- oder Call-Option). Damit war die F-s.p.a. – nach Auffassung des erstinstanzlichen Gerichts – im Fall der Ausübung der Verkaufs-Option von der Verlustteilnahme und bei Gebrauchmachen von der zweiten Option von der Gewinnbeteiligung ausgeschlossen.
Der Kassationsgerichtshof hob jedoch hervor, dass der Ergebnisausschluss durch diese Konstruktion weder absolut noch vollständig sei. Die Verlusttragung würde nur bei einem im Vertrag bestimmten Verlauf der Geschäfte und zusätzlich nur bei einem dann erfolgenden Gebrauchmachen von der Verkaufs-Option eintreten. Weiterhin sei auch der Ausschluss von der Gewinnbeteiligung davon abhängig, dass die Voraussetzungen zur Ausübung der Call-Option eintreten würden und der Veräußerer dann hiervon Gebrauch macht. Selbst in diesem Fall würde der Gewinnausschluss auch nicht die bis dahin ausgeschütteten, sondern nur die thesaurierten Gewinne betreffen. Letztlich liegt demnach mit dieser Konstruktion nach Auffassung des Kassationsgerichtshofs, anders als nach dem erstinstanzlichen Gericht, kein Verstoß gegen Art. 2265 c.c. vor.
In Bezug auf den Normzweck schließt sich der Kassationsgerichtshof im Ergebnis der einheitlichen Betrachtung an.

4. Neuere Ansicht: Weitgehend deklaratorische Vorschrift

Schließlich wird im jüngsten Schrifttum vertreten, dass die Vorschrift des Art. 2265 c.c. weitgehend deklaratorischen Charakters sei und nur im Personengesellschaftsrecht eine Rolle spiele.[123] Es gehe nicht an, dem Verbot leoninischer Abmachungen eine verantwortungsstiftende Bedeutung im Sinne eines auch im Kapitalgesellschaftsrecht gültigen Verbots unbeschränkter Unverantwortlichkeit zuzubilligen. Dieses stehe in Widerspruch zum liberalen Geist der italienischen Verfassungsrechtsordnung, der auch das Prinzip der Selbstverantwortung zu Grunde liege.[124] Folglich beinhalte die Vorschrift nur die Wiedergabe von Rechtsprinzipien, die bereits anderweitig anerkannt sind. Das Verbot des Gewinnausschlusses folge aus dem Wesen der Gesellschaft, wie es in Art. 2247 c.c. definiert werde. Das Verbot der Verlustfreistellung sei Ausprägung des Grundsatzes der Nachrangigkeit der gegen die Gesellschaft gerichteten Ansprüche der Gesellschafter gegenüber denjenigen von Gesellschaftsgläubigern.[125]

123 Barcellona, S. 76.
124 Barcellona, S. 75f.
125 Barcellona, S. 75f.

Allerdings gelangt auch diese Schrifttumsansicht zum einen dazu, dass der Gewinnausschluss eines Gesellschafters unzulässig, sei. Der Grund sei die Unvereinbarkeit mit Art. 2247 c.c.[126] Zudem sei die „leoninische" Freistellung durch Kombination von Put- und Call-Klauseln im Rahmen des Kaufs einer Beteiligung von Personengesellschaftsanteilen unzulässig.[127] Der Grund hierfür sei, dass das unbeschränkte Haftungsrisiko aus der Beteiligung an einer Personengesellschaft per se nicht übertragbar sei.[128]

5. Zum Streitstand

Damit variieren die vertretenen Ansichten über den Zweck von Art. 2265 c.c. deutlich. Während für die einen eine Vorschrift ohne eigenen Bedeutungsgehalt vorliegt, ist nach der genau gegenläufigen Ansicht von einer zentralen Vorschrift des italienischen Gesellschaftsrechts auszugehen. Die weitere, differenzierende Auffassung trägt den beiden unterschiedlichen Wurzeln des Art. 2265 c.c. Rechnung: Noch in der Vorgängernorm, Art. 1719 des Codice civile von 1865, waren beide Verbote in unterschiedlichen Absätzen enthalten. Gleiches gilt noch heute im französischen Recht.

Derzeit scheint die einheitliche Betrachtung (noch) vorherrschend, wenngleich sich nicht zuletzt in Ansehung der Gesellschaftsrechtsreformen (maßgeblich die von 2003/04) zunehmend Kritik hieran vernehmen lässt. Diese Kritik ist vor dem Hintergrund der Entstehungsgeschichte des Art. 2265 c.c. verständlich. Die historische Auslegung spricht gegen eine einheitliche Betrachtung von zwei Vorschriften mit unterschiedlichen Wurzeln. Zweifelhaft ist auch die Notwendigkeit einer Vorschrift des gesellschaftsrechtlichen ordre public. Das zeigen die vergleichsweise wenigen höchstrichterlichen Entscheidungen zur Thematik des Art. 2265 c.c., insbesondere, was eine Verletzung von Art. 2265 c.c. bejahende Entscheidungen anbelangt.

Auf die Kontroverse um den Normzweck des Patto leonino ist an späterer Stelle zurückzukommen.[129]

III. Anwendbarkeit von Art. 2265 c.c. auf die Gesellschaftsformen

Umstritten ist, inwieweit die im Abschnitt über das Recht der einfachen (Personen-)Gesellschaft (Della società semplice, Art. 2251ff. c.c.) angesiedelte Vorschrift des Art. 2265 c.c. auf andere privatrechtliche Zweckverbände Anwendung findet.

Zur Einführung in diese Diskussion sind einige Anmerkungen zur Systematik des italienischen Gesellschaftsrechts notwendig.

---

126 Barcellona, S. 65f.
127 Barcellona, S. 71ff.
128 Barcellona, S. 71ff.
129 Vgl. unter F.I.

1. Zur Systematik des italienischen Gesellschaftsrechts

Mit dem Codice civile von 1942 wurde das Handels- und Gesellschaftsrecht aus dem Handelsgesetzbuch (Codice di commercio von 1882) in das Zivilgesetzbuch überführt. Ein Handelsgesetzbuch besteht seitdem neben dem Codice civile nicht mehr.[130] Die handels- und gesellschaftsrechtlichen, einschließlich der aktienrechtlichen, Bestimmungen wurden in das Fünfte Buch, das „Arbeitsgesetzbuch“ (Del Lavoro) integriert. Auch das Bilanzrecht (Art. 2423-2435*bis* c.c.) ist nunmehr in den gesellschaftsrechtlichen Abschnitt des Fünften Buchs des Zivilgesetzbuchs eingeordnet. Es findet sich hier im Abschnitt über die Aktiengesellschaft (Art. 2325-2451 c.c.).

Dem Gesellschaftsrecht (im engeren Sinne) ist der fünfte Titel des fünften Buches gewidmet (Art. 2247ff. c.c). Den Vorschriften zu den einzelnen Gesellschaftsformen sind einige allgemeine Bestimmungen vorangestellt (Art. 2247 c.c. bis 2250 c.c.). Hingegen ist den „nicht gewinnorientierten“ privaten Zweckverbänden, nämlich Genossenschaften und Versicherungsgesellschaften auf Gegenseitigkeit, der sechste Titel im fünften Buch gewidmet (Art. 2511-2548 c.c.). Die allgemeinen Vorschriften des Gesellschaftsrechts nach den Art. 2247-Art. 2250 c.c. gelten nach der Gesetzessystematik für diese Zweckverbände nicht. Sie finden damit ebensowenig auf die der stillen Gesellschaft vergleichbare associazione in partecipazione, der das siebte Buch gewidmet ist (Art. 2549-2554 c.c.), Anwendung. Hier soll zudem die nach Art. 2247 c.c. erforderlichen Gemeinsamkeit der ausgeübten wirtschaftlichen Tätigkeit fehlen können.[131] Auffällig ist, dass die italienische „stille Gesellschaft“ nicht im Gesellschaftsrecht verortet ist. Systematisch außerhalb dieses gesamten Rechts der privaten Zweckverbände (einschließlich der Abschnitte sechs und sieben des fünften Buchs) steht schließlich der Verein (associazione – Art. 14-42 c.c.).

Die Gesellschaft nach Art. 2247 c.c. ist Organisationsform für die gemeinschaftliche Ausübung einer wirtschaftlichen Tätigkeit. Zum Ausdruck kommt dieses im Wortlaut des Art. 2247 c.c. Diese Vorschrift definiert den Gesellschaftsvertrag als Vertrag, mit dem zwei oder mehr Personen Güter oder Dienstleistungen zur gemeinsamen Verfolgung einer wirtschaftlichen Betätigung zum Zwecke der Aufteilung der hieraus erwachsenden Gewinne bzw. materiellen Vorteile (utili) bereitstellen.

Nach diesem Wortlaut liegt in zweifacher Hinsicht eine Einschränkung des Gesellschaftszweck-Begriffs im Vergleich zum deutschen Recht vor: Zum einen muss die Gesellschaft eine wirtschaftliche Tätigkeit verfolgen, zum anderen muss der gemeinsame Zweck darin bestehen, die Gewinne, vielleicht aber auch nur – folgt man einer Entscheidung des Kassationsgerichtshofs[132] - die vermögenswerten Vorteile

---

130 Zu den Gründen für die Integration des Handels- und Wirtschaftsrechts in den Codice civile Kindler, § 8 Rn 6.

131 Grundmann/Massari, in: Grundmann/Zaccaria, S. 387 mit Verweis auf Di Sabato, S. 16.

132 Cass. 6.8.1979, n. 4558.

(utili) zu teilen.[133] Es wird im Schrifttum nach einem objektiven (lucro oggettivo - gesellschaftsbezogenen) sowie einem subjektiven (lucro soggettivo – gesellschafterbezogenen) wirtschaftlichem Zweck unterschieden.[134] Nur gewinnorientierte Verbände unterfallen dem so verstandenen Gesellschaftsrecht (im engeren Sinne).
Mithin geht die gesetzliche Konzeption im fünften Buch von einer strikten Trennung der gewinnorientierten Zweckverbände einerseits und der sonstigen beziehungsweise nicht-gewinnorientierten[135] Organisationsformen andererseits aus. Bei letzteren kann weiter zwischen „genossenschaftlichen" Zweckverbänden (scopo mutualistico – Zweck ist auf die unmittelbare Auskehrung von Einsparungen gerichtet[136]) und Konsortial-Verbänden (Art. 2615*ter* c.c.) sowie sonstigen Zweckverbänden unterschieden werden. Der gesetzlichen Systematik folgend werden die Verbände zur privaten Zweckverfolgung auch im Schrifttum nach dem jeweils verfolgten Zweck unterteilt.[137]
Die Gründe für die – dem deutschen Recht fremde - Trennung von Erwerbsgesellschaften und anderen Personenzweckverbänden liegen in der durch das französische Recht vermittelten Verwurzelung des italienischen (Handels-) Gesellschaftsrechts im italienischen gemeinen (Handels-)Recht. Daraus folgt, dass sich das Gesellschaftsrecht im engeren Sinne nicht als eigenständiges Rechtsgebiet, sondern als Teilgebiet des Handelsrechts versteht.[138] Im dem Handelsrecht zugeordneten Gesellschaftsrecht ist kein Platz für (private) Zweckverbände, welche nicht auf Gewinnerzielung ausgerichtet sind. Für andere, nicht-wirtschaftliche, Zwecke stellt das italienische Recht Organisationsformen außerhalb des eigentlichen Gesellschaftsrechts bereit oder greift zu Spezialregeln. Zuletzt wird für den Verein, ohne dass dies gesetzlich eindeutig geregelt wäre, aus dem Gesetz hergeleitet, dass dieser nur ideelle oder altruistische Zwecke verfolgen dürfe.[139]
Andere Autoren unterteilen die Gesellschaften dem zulässigen Zweck nach und einem weiteren Verständnis vom Recht der Zweckverbände folgend in solche zur Gewinnerzielung, solche zur gemeinsamen Erzielung von Einsparungen (scopo mutualistico) und schließlich in Konsortien.[140]
Bereits das Zivilgesetzbuch von 1865 beinhaltete „gesellschaftsrechtliche" Vorschriften. Insbesondere fanden sich hier die Vorgängervorschriften zur società semplice des heutigen Rechts. Dabei war die Gesellschaft im Sinne des damaligen

133 Besteht der wirtschaftliche Vorteil lediglich in der Erzielung von Einsparungen (scopo mutualistico) liegt eine società mutualistica vor.
134 Magrini, Italienisches Gesellschaftsrecht – Das neue Gesellschaftsrecht und seine erweiterten Aufbau- und Finanzierungsformen, 2004, S. 6.
135 Jaeger/Denozza, S. 118.
136 Jaeger/Denozza, S. 117.
137 Spada, S. 86f.
138 Vgl. auch Coing, S. 355/357.
139 Campobasso, S. 28; Grundmann/Massari, in: Grundmann/Zaccaria, S. 386.
140 Buonocore, S. 104.

Zivilgesetzbuchs (Art. 1697 c.c. von 1865) eine rein schuldrechtliche Verbindung. Mithin kam weder eine Haftung der Gesellschaft noch (auch nicht subsidiär) der anderen Gesellschafter für im Namen der Gesellschaft eingegangene Verbindlichkeiten in Betracht.[141] Durch die Integration des Handelsgesetzbuches – einschließlich der dort geregelten Handelsgesellschaften - in das Gesellschaftsrecht des neuen Zivilgesetzbuchs wurden die unterschiedlichen Wurzeln zwischen der bürgerlich-rechtlichen Gesellschaft als rein schuldrechtlicher Verbindung und den Handelsgesellschaften (nach dem Handelsgesetzbuch eigene Rechtssubjekte) verwischt. Auch die einfache („nicht-kommerzielle") Gesellschaft ist nunmehr Rechtsträger (Art. 2266 c.c.). In diesem Phänomen wird im Schrifttum eine „Kommerzialisierung" des Privatrechts gesehen, da das Regime der Handelsgesellschaften mit der Integration des Handelsgesellschaftsrechts in den Codice civile auf andere Personenzweckverbände ausgedehnt worden sei.[142]

Diese aus dem Gesetz folgende Systematik bereitet in der Praxis Probleme.[143] Neben die Gesellschaften im Sinne der strengen Anforderungen des Art. 2247 c.c. sind aufgrund gesetzgeberischen Eingriffs Gesellschaften kraft gesetzlicher Anordnung getreten, etwa Aktiengesellschaften zur Verwaltung staatlichen Vermögens.[144] Zuletzt wurden 2005/2006 gesetzliche Rahmenbedingungen zur Anerkennung gemeinnütziger Zweckverbände geschaffen.[145] Seitdem sind nunmehr auch gemeinnützige Gesellschaften zulässig: Jeder privater Verband im Sinne des Fünften Buches des Codice civile kann unter den in der Verordnung vom 24.3.2006 genannten weiteren Voraussetzungen Anerkennung als „soziales Unternehmen" (impresa sociale) erwerben. Eine Gewinnerzielungsabsicht – gemeint ist offensichtlich die der Mitglieder (scopo lucrativo soggetivo) – ist bei diesen Gesellschaften oder sonstigen Personenverbänden ausgeschlossen (Artikel 3 der Verordnung).

Diese gesetzliche Neuerung könnte als (weiterer) Schritt hin zu einer Aufweichung der strikten Trennung von gewinnorientierten Organisationsformen mit Gewinnerzielungsabsicht ihrer Gesellschafter (Gesellschaften im Sinne des italienischen Rechts) und sonstigen Organisationsformen außerhalb des Gesellschaftsrechts andererseits gelten. Auch im neueren italienischen Schrifttum finden sich Autoren, die zumindest den Kapitalgesellschaften die Verfolgung eines jeden denkbaren Zwecks erlauben wollen.[146] Hingegen ließe sich einwenden, dass von den Anforderungen des Art. 2247 c.c. nur bei Vorliegen einer der mittlerweile zahlreich vorhandenen Spezialvorschriften abzusehen ist.

---

141 Im Einzelnen Spada, S. 80f.

142 Spada, S. 83.

143 Jaeger/Denozza, S. 117f.

144 Einzelheiten siehe Spada, S. 115/117.

145 Gesetz vom 13.6.2005 n.118 und Verordnung vom 24.3.2006 n.155, GU 2006 n. 97 vom 27.4.2006.

146 Di Sabato, S. 16ff.

2. Personengesellschaftsrecht

Die Vorschrift des Art. 2265 c.c. ist im Unterabschnitt über die der Gesellschaft bürgerlichen Rechts vergleichbare società semplice (Art. 2251ff. c.c.) angeordnet.[147] Die Platzierung der società semplice im Recht der (Erwerbs-)Gesellschaften erscheint nicht ganz glücklich. Ihre Bedeutung in der Rechtspraxis erscheint eher gering. Einerseits soll ihr Zweck auf die Erzielung wirtschaftlicher Vorteile gerichtet sein, weiterhin sollen nach dem Gesetzeswortlaut die Gesellschafter am wirtschaftlichen Ergebnis zu beteiligen sein (Art. 2265 c.c.). Auf der anderen Seite aber dürfen keine Handelstätigkeiten (iniziative societarie commerciali) ausgeübt werden. Schließlich gelten noch (wenngleich nur informatorische) Anmeldeerfordernisse für diese Gesellschaftsform.[148] Hierin liegt ein bemerkenswerter Unterschied im Vergleich zu den vielen Anwendungsfeldern der GbR im deutschen Recht. Die società semplice erscheint mithin unterentwickelt im italienischen Recht und könnte aufgrund ihrer jungen Rechtstradition sowie der fehlenden Verwurzelung im (Handels-)Gesellschaftsrecht fast als „Fremdkörper" in der Systematik der 2247ff. c.c. bezeichnet werden.

Der Gesellschafter der „einfachen Gesellschaft" ist an Gewinn und Verlust der Gesellschaft grundsätzlich entsprechend dem Wert seiner Einlage beteiligt (Art. 2263 Abs. 1 S. 1 c.c). Legt der Gesellschaftsvertrag den Wert der Einlagen nicht fest, wird angenommen, dass alle Beiträge gleichwertig sind. (Art. 2263 Abs. 1 S. 2 c.c). Regelt der Gesellschaftsvertrag nur die Gewinnbeteiligung, gilt die Regelung im Zweifel auch für die Beteiligung am Verlust (Art. 2263 Abs. 1 S. 3 c.c).

Für die offene Handelsgesellschaft (società in nome collettivo) bestimmt Art. 2293 c.c., dass subsidiär die Vorschriften zur società semplice zur Anwendung gelangen. Für die Kommanditgesellschaft (società in accomandità semplice) bestimmt Art. 2315 c.c. das ergänzende Eingreifen der Vorschriften über die società in nome collettivo. Insoweit ist die Regelungstechnik der des deutschen Rechts der Personengesellschaften vergleichbar (vgl. §§ 705ff. BGB, 105ff. HGB, 161ff. HGB). Mithin steht für diese (Personen-)Gesellschaftsformen die Anwendbarkeit des Art. 2265 c.c. aufgrund der ausdrücklichen Bezugnahme außer Frage. Zu beachten ist, dass nach dem Recht dieser Personengesellschaften der Gesellschaftsvertrag zwingend eine Regelung zur Gewinn- und Verlustverteilung zu enthalten hat (Art. 2295 Abs. 8 c.c).

3. Kapitalgesellschaftsrecht

Aufgrund der Integration des gesamten Gesellschaftsrechts – an dessen Spitze die Vorschrift des Art. 2247 c.c. - in das Zivilgesetzbuch gelten auch für die Satzung der Kapitalgesellschaft zunächst die Anforderungen der Art. 2247-2250 c.c. Demgegenüber ist zu beachten, dass in Deutschland die Definition des § 705 BGB zwar für das gesamte Personengesellschaftsrecht, jedoch nicht ohne weiteres im

147 Zu den Unterschieden vgl. noch unter E.IV.3.

148 Nachweise unter E.IV.3.

Kapitalgesellschaftsrecht Anwendung findet. Jedenfalls fehlt es an einer ausdrücklichen gesetzlichen Bezugnahme auf die §§ 705ff. BGB im Kapitalgesellschaftsrecht. Teilweise wird in Deutschland alternativ auf den Verein (§§ 21ff. BGB) als Grundtypus der Körperschaft rekurriert.[149]
Vergleichbar dem deutschen Recht kennt das Kapitalgesellschaftsrecht in Italien die GmbH (società a responsabilità limitata, s.r.l. – Art. 2462-2483 c.c.), die Aktiengesellschaft (società per azioni, s.p.a. – Art. 2325-2451 c.c.) sowie die Kommanditgesellschaft auf Aktien (società in accomandita per azioni, s.a.p.a. - 2452-2461 c.c). Zu beachten ist, dass nach dem Handelsgesetzbuch von 1882 die s.p.a. die einzige Form – mithin aus italienischer Perspektive die Grundform - der Kapitalgesellschaft war, was die auch heute noch dominante Stellung des Aktienrechts im Rahmen der Gesetzessystematik erklärt.[150]
Mit Wirkung zum 1.1.2004 hat der italienische Gesetzgeber das im Wesentlichen im Codice civile geregelte Kapitalgesellschaftsrecht grundlegend reformiert. Eingeführt wurde unter anderem die Ein-Personen-Kapitalgesellschaft (Art. 2328 Abs. 1 c.c). Ein Grundanliegen dieser Strukturreformen war der Ausbau von Satzungsautonomie und Organisationsfreiheit, insbesondere im GmbH-Recht.[151] Diese Reform ist damit auch für die Frage der Bindung an ein Verbot leoninischer Abmachungen bei der Gestaltung von Gesellschaftsverträgen von Relevanz.
Weder das Recht der Aktiengesellschaften noch das Recht der Gesellschaften mit beschränkter Haftung nehmen Art. 2265 c.c. durch Verweisung in Bezug. Systematisch erweist sich die Frage der Erstreckung des Patto leonino auf diese Gesellschaftsformen demnach als problematisch. Es ist zwischen dem Aktienrecht und dem sonstigen Kapitalgesellschaftsrecht zu differenzieren.

a) Besondere Rahmenbedingungen des italienischen Aktienrechts

Im Aktienrecht (Art. 2325 c.c.) bestehen Besonderheiten, die bei der Frage einer Anwendung eines Verbots leoninischer Vereinbarungen Beachtung finden müssen.
Grundsätzlich gewährt eine Aktie die Vermögensrechte, an ausgeschütteten Gewinnen (Art. 2433 c.c.) und dem Liquidationserlös beteiligt zu werden (Art. 2350 c.c.) sowie ein Bezugsrecht für den Fall der Kapitalerhöhung (Art. 2441 c.c.).
Während im Personengesellschaftsrecht nach Art. 2263 c.c. sowie im GmbH-Recht nach Art. 2468 Abs.2 c.c. für die Ergebnisteilnahme gilt, dass die Beteiligung am Gesellschaftskapital der am Ergebnis der Gesellschaft bei Fehlen einer anderslautenden Vereinbarung entsprechen muss, steht die entsprechende aktienrechtliche Vorschrift (Art. 2350 c.c) unter dem Vorbehalt, dass aus besonderen Vorschriften für bestimmte Aktiengattungen anderes folgen kann. Wie in Deutschland ist zudem ein Gleichbehandlungsgrundsatz normiert (Art. 2348 Abs. 1 c.c.). Der

149 Vgl. z.B. MüKo-AktG/Heider, § 1 Rn 14.
150 Kindler, § 18 Rn 15.
151 Vgl. Art. 3 Abs. 1 Gesetz vom 3.10.2001 n. 366, GU vom 8.10.2001, n. 234.

Grundsatz für die Ergebnisbeteiligung ist damit nicht der, dass diese dem Anteil am Gesellschaftskapital entsprechen müsse, sondern der, dass eine Ungleichbehandlung im Vergleich zu anderen Aktionären grundsätzlich unzulässig ist. Hiervon erlaubt Art. 2348 Abs. 2 c.c. Ausnahmen. Die Gestaltungsfreiheit reicht dabei weiter als in Deutschland. Davon hat der Gesetzgeber durch Schaffung besonderer Aktiengattungen, die neben die ordentlichen Aktien treten können, Gebrauch gemacht. Im Einzelfall ist unklar, ob es sich dabei noch um Eigenkapital oder bereits um ein hybrides, gegebenenfalls nicht als Eigenkapital zu bilanzierendes, Finanzierungsinstrument handelt. Zutreffend ist der fünfte Abschnitt im Aktienrecht mit „Aktien und andere Instrumente der Beteiligungsfinanzierung" überschrieben (Delle azioni e di altri strumenti finanziari partecipativi).[152] Ergänzend sind die Vorschriften des Kapitalmarktgesetzes (T.U.F) zu beachten.
Zu nennen sind im Einzelnen:[153]
-Vorzugsaktien (azioni privilegiate bzw. azioni di priorità[154]). Auf diese entfällt eine erhöhte Beteiligung am jeweiligen Jahresgewinn sowie am Liquidationserlös. Die Rechtsgrundlage wird in Art. 2350 c.c gesehen.[155]
-Sparaktien (azioni di risparmio – Art. 145ff. T.U.F.) ohne Stimmrecht aber mit einem Vorzug bei den Vermögensrechten (vgl. Art. 145 Abs. 1 T.U.F.).
-Spartenaktien bzw. Tracking Stocks[156] (azioni correlate – Art. 2350 Abs. 2 c.c.). Deren Vermögensrechte hängen gattungsbegründend vom Ertrag eines bestimmten Geschäftsbereichs des durch die Gesellschaft ausgeübten Unternehmens ab.
-Genußaktien (azioni di godimento – Art. 2353 S. 1 c.c.). Diese können als Folge einer Kapitalherabsetzung an die Inhaber der eingezogenen Aktien ausgegeben werden. Sie vermitteln vorbehaltlich anderer Satzungsregelung kein Stimmrecht und nehmen nachrangig am Jahresüberschuss sowie Liquidationsgewinn teil (Art. 2353 c.c.).[157]
-Aktien mit beschränkter Verlusthaftung (azioni postergate nelle perdite – Art. 2348 c.c.[158]). Diese Anteile nehmen nachrangig zu ordentlichen Aktien am Verlust der Gesellschaft teil.
-Arbeitnehmeraktien(Art. 2349 Abs. 1 c.c.). Diese können im Wege der Kapitalerhöhung durch Beschluss einer außerordentlichen Hauptversammlung geschaffen werden. Sie sind im durch sie vermittelten Stimmrecht sowie Bezugsrecht beschränkbar.[159]

---

152 Vgl. hierzu noch unter C.III.4.
153 Vgl. auch die Übersicht bei Magrini, S. 70.
154 Abriani, S. 124.
155 Magrini, S. 59.
156 Ausführlich Bader, Die Bildung von Sondervermögen als rechtspolitische Alternative zu Spartenaktien; 2005; vgl. zum deutschen Recht wenig gebräuchlichen Variante Hüffer, § 11 Rn 4.
157 Magrini, S. 62f.
158 Das ist nach Magrini, S. 70, die Rechtsgrundlage.
159 Vgl. zu weiteren Einzelheiten Magrini, S. 61.

Es wird deutlich, dass das italienische Aktienrecht mehr Möglichkeiten bei der Ausgestaltung der Vermögensrechte und Verwaltungsrechte besonderer Aktiengattungen lässt als das deutsche Recht. Zum einen sind als Ausnahme vom Grundsatz „one share one vote" (Art. 2351 Abs. 1 c.c.) nicht nur stimmrechtslose, sondern auch stimmrechtsbeschränkte Aktien zulässig.[160] Zum anderen darf Aktien mit vermögensrechtlichen Vorzügen durchaus volles Stimmrecht gewährt werden. Schließlich sind Mischformen aus Aktien mit besonderen Stimmrechten und besonderen Vermögensrechten denkbar.[161] Allerdings dürfen die Aktien mit ausgeschlossenem oder beschränktem Stimmrecht insgesamt nicht die Hälfte des Grundkapitals überschreiten (Art. 2351 c.c.). Eine vergleichbare Vorschrift kennt das deutsche Aktienrecht für Vorzugsaktien mit § 139 Abs. 2 AktG.

Die gesetzlich aufgeführten Möglichkeiten der Modifizierung der Gesellschafterrechte aus den Aktien sind nicht abschließend. Es wird davon ausgegangen, dass diese speziellen gesetzlichen Aktiengattungen keinen numerus clausus bilden.[162]

Damit hat das Aktienrecht im Hinblick auf die vermögensmäßige Stellung des Aktionärs ein Eigenleben entwickelt, welches als Sonderregime gegenüber der allgemeinen (personen-)gesellschaftsrechtlichen Vorschrift des Art. 2265 c.c. angesehen werden könnte. Es wird insoweit von einer „Atypizität" des Aktienrechts ausgegangen.[163] Inwieweit diese besonderen Aktiengattungen Art. 2265 c.c. unterfallen ist umstritten. Einerseits besteht die Gestaltungsfreiheit im Aktienrecht nach der Neufassung von Art. 2348 c.c. „in den gesetzlichen Grenzen". Diese Formulierung wird teilweise dahingehend ausgelegt, dass das Verbot des Art. 2265 c.c. Geltung behalten soll.[164] Auch der Kassationsgerichtshof hat 1994 zur Freiheit der satzungsmäßigen Ausgestaltung von Vorzugsaktien festgestellt, dass diese Freiheit ihre Grenze im Verbot des Art. 2265 c.c. finde.[165] Es ist fraglich, ob diese Rechtsprechung auch nach der Gesellschaftsrechtsreform zum 1.1.2004 Geltung beanspruchen kann. Nach anderer Auffassung hingegen stehen jedenfalls die azioni di godimento außerhalb des Anwendungsbereichs von Art. 2265 c.c.[166] Grundsätzlich sollte es einer Disziplinierung von Gesellschaftern durch eine verpflichtende Ergebnisbeteiligung gar nicht bedürfen, wenn diese aufgrund Stimmrechtsausschlusses gar keinen Einfluss auf die Gesellschaft nehmen können.

Wendet man Art. 2265 c.c. auf die Anteile mit nachrangiger Verlustteilnahme (azioni postergate nelle perdite) an, stellt sich die Frage, was für einen Ausschluss von „jeder" Teilnahme an Ergebnis zu verlangen ist, da der Ausschluss von der Verlustteilnahme

---

160 Vgl. Magrini, S. 60.

161 Magrini, S. 60.

162 Mignoli, Le assemblee speciali, S.92f.; Abriani, S. 129 m.w.N.

163 Abriani, S. 129.

164 Grundmann/Massari, in: Grundmann/Zaccaria S. 428; Magrini, S. 60 (zu den azioni postergate).

165 Cass. Civ., n. 8927, 29.10.1994, Società 1995, 178, 180.

166 Graziani, S. 314.

ja nur dann eintritt, wenn die Inanspruchnahme der ordentlichen Aktionäre nicht ausgereicht hat. Es stellt sich damit die Frage der Tatbestandsmäßigkeit einer Nichtigkeit wegen nicht definitiven, sondern nur potentiellen Ausschlusses vom Ergebnis (nullità in progress[167]). Nach Stimmen im Schrifttum, die in Art. 2265 c.c. eine Grundsatznorm mit Billigkeitscharakter sehen, liegt bereits in der ungleichen Ausgestaltung der Vermögensrechtsposition der Aktionäre ein möglicherweise „objektiv leoninischer" Tatbestand.[168] Dem sollte entgegnet werden dürfen, dass Art.2265 c.c. nicht die Frage der Ungleichbehandlung von Gesellschaftern betrifft. Das ist eine Frage des Gleichbehandlungsgrundsatzes, der nach Art. 2348 Abs. 2 c.c. in der Fassung nach der Gesellschaftsrechtsreform 2004 nunmehr ausdrücklich Durchbrechungen zulässt. Nach anderer Ansicht soll es auf den Einzelfall ankommen, wobei Absprachen zwischen den Gesellschaftern neben dem Gesellschaftsvertrag (patti extrastatutari) eine besondere Bedeutung hätten.[169] Eine Verletzung von Art. 2265 c.c. sei insbesondere dann gegeben, wenn der bevorrechtigte Aktionär durch eine solche Absprache noch weitergehend von Verlusten freigestellt ist. Schließlich wird vertreten, dass es sich bei einer weitgehenden vermögensrechtlichen Bevorrechtigung eines Aktionärs nicht mehr um ein gesellschaftsvertragliches Konstrukt, sondern um ein Darlehen handele.[170]
Davon unabhängig stellt sich die Frage, inwieweit die Beschränkung von Vermögensrechten mit einem Mehr an Verwaltungsrechten kompensiert werden muss oder kann. Diese Diskussion berührt im Wesentlichen die Fragen, die in Deutschland unter den Schlagworten Kernbereichslehre und Bestimmtheitsgrundsatz im Einzelnen umstritten sind.[171]. Hierbei handelt es sich aber nicht um eine Frage, die in Zusammenhang mit dem Patto leonino diskutiert wird.
Mithin wird deutlich, dass es einerseits Stimmen gibt, die besondere Aktiengattungen außerhalb des Anwendungsbereichs von Art. 2265 c.c. verorten, andererseits andere Stimmen sowie der Kassationsgerichtshof in einer Entscheidung aus den 1990er Jahren die Vorschrift auch im Aktienrecht für grundsätzlich anwendbar halten.
Dessen ungeachtet kann auch im Aktienrecht wie im übrigen Kapitalgesellschaftsrecht eine Anwendung des Patto leonino nur vermittels Analogie oder als allgemeiner Rechtsgrundsatz hergeleitet werden. Die methodische Begründung einer Anwendung von 2265 c.c. im Kapitalgesellschaftsrecht bereitet Probleme.

b) Zur grundsätzlichen Anwendbarkeit im Kapitalgesellschaftsrecht

Allgemein besteht Streit über das „Ob" und gegebenenfalls die methodische Begründung einer Anwendbarkeit des Art. 2265 c.c. im Recht der

---

167 Vgl. noch unter C.IV.3.c).
168 Dalmartello, GC 1979 I, 372, 377
169 Abriani, S. 123.
170 Jaeger, Azioni privilegiate e partecipazione alle perdite, S. 382.
171 Vgl. unter D.III.6. Zum italienischen Recht vgl. auch unter F.I.4.e).

Kapitalgesellschaften. Gemeint sind aufgrund des auch in Italien bestehenden numerus clausus der inländischen Gesellschaftsformen neben der Aktiengesellschaft (s.p.a.) die italienische Gesellschaft mit beschränkter Haftung (s.r.l., Art. 2462-2483 c.c.) und die Kommanditgesellschaft auf Aktien (s.a.p.a., Art. 2452-2461 c.c.).
Es lassen sich zwei Ansätze zur Herleitung einer Anwendbarkeit sowie eine verneinende Auffassung in Bezug auf die Anwendbarkeit bejahen.

aa) Erste Ansicht: Analoge Anwendbarkeit

Nach einer Ansicht[172] soll die Vorschrift des Art. 2265 c.c. im Wege der Analogie auf die Kapitalgesellschaften Anwendung finden.

bb) Zweite Ansicht: Anwendbar als allgemeines Rechtsprinzip

Daneben wird die Auffassung vertreten, dass die Vorschrift zum Patto leonino ein allgemeines Rechtsprinzip enthalte und somit unmittelbar auf Kapitalgesellschaften anzuwenden sei.[173] Diese Auffassung hat auch die Rechtsprechung vertreten.[174]

cc) Dritte Ansicht: Keine Anwendbarkeit

Ausgehend von der systematischen Stellung der Norm wird schließlich die Auffassung vertreten, der Anwendungsbereich der Vorschrift bleibe auf den Bereich der Personengesellschaften beschränkt[175]
Neben der systematischen Stellung der Norm wird auf die unterschiedliche Stellung eines persönlich haftendem Gesellschafter im Vergleich zum Anteilsinhaber der Kapitalgesellschaft verwiesen: Während bei der Personengesellschaft Geschäftsführungsbefugnisse und unternehmerisches Risiko korrespondierten, sei diese Entsprechung bei Kapitalgesellschaften – wo Fremdorganschaft zulässig ist - nicht der Fall und daher Art. 2265 c.c. auch dem Normzweck nach nicht anwendbar.

dd) Zur Diskussion

Es ist zu entscheiden, ob das Verbot des Patto leonino entweder als allgemeines Rechtsprinzip oder im Wege des Analogieschlusses auf Kapitalgesellschaften Anwendung finden kann.

aaa) Patto leonino als allgemeines Rechtsprinzip?

Geht man vom Verbot des Patto leonino als allgemeinem Grundsatz des italienischen Gesellschaftsrechts aus, folgt daraus zwingend, dass auch Kapitalgesellschaften dem

---

172 Cottino, S. 145.

173 Abriani, S. 77, Tedeschi, NCGC 1995, 1169, 1170.

174 Cass. Civ., n. 8927, 29.10.1994, Società 1995, 178, 178; Cass. Civ., 25.6.1963, n. 1686, GC 1963 I, 2041, 2041.

175 Sbisa, Contr. e impresa 1987, 824f.; Barcellona, S. 64f.

Verbot unterliegen. Nach der dies vertretenden Ansicht[176] steht Art. 2265 c.c. in engem Zusammenhang mit dem Gesellschaftszweck bzw. dem „Wesen“ der Gesellschaft nach Art. 2247 c.c. Dieser Auffassung entspricht im Ergebnis auch die Ansicht des Kassationsgerichtshofs.[177] Die Beteiligung sowohl an Gewinn als auch an Verlust der Gesellschaft diene der erforderlichen Inpflichtnahme eines jeden Gesellschafters für den Gesellschaftszweck.

Dabei bleiben konstruktive Unterschiede zwischen Personen- und Kapitalgesellschaften außer Betracht. Die Argumentationskette, die die Ergebnisbeteiligung als notwendiges Korrelat zur Beteiligung an der Geschäftsführung ansieht, wird im Falle der bei Kapitalgesellschaften möglichen Fremdorganschaft zweifelhaft.[178] Nur bei der Personengesellschaft ist der Gesellschafter nach der Grundkonzeption zur Geschäftsführung berufen, wohingegen im Kapitalgesellschaftsrecht Fremdgeschäftsführung an der Tagesordnung ist. Dem könnte entgegnet werden, dass über die Gesellschafterversammlung gleichwohl Einfluss auf die Entscheidungsfindung der Gesellschaft ausgeübt werden kann, so dass grundsätzlich auch bei Kapitalgesellschaften eine Kontrollmöglichkeit (und gegebenenenfalls –pflicht) besteht. Allerdings ist diese Pflicht nur eine mittelbare und beschränkt auf die Kompetenzen im Rahmen der Gesellschafter- bzw. Hauptversammlung. Weiterhin besitzt die Theorie von der Teilnahme am Ergebnis als Pendant der Teilnahme an der Geschäftsführung der Gesellschaft auch deshalb wenig Überzeugungskraft, weil sie an vielen Stellen des italienischen Kapitalgesellschaftsrechts durchbrochen wird. So erkennt das italienische Recht Gestaltungen an, bei denen ein Gesellschafter keinen Einfluss auf die Geschäftsführung der Gesellschaft hat. Das betrifft neben den stimmrechtslosen Vorzugsaktien den Fall der Verpfändung von Aktien (Art. 2352 c.c.). Diese Umstände haben sowohl den Kassationsgerichtshof[179] als auch das Schrifttum[180] zu einigen Ausführungen zur Aufrechterhaltung ihrer These veranlasst. Dabei gehen der Gerichtshof und dem folgend das Schrifttum davon aus, dass der Pfandgläubiger sein Recht im Interesse der Gesellschaft ausüben werde, so dass dies Gestaltung nicht mit dem Zweck des Art. 2265 c.c., einen verantwortlichen Umgang mit Gesellschafterrechten sicherzustellen, in Widerspruch geraten könne. Allerdings verpflichtet das Gesetz nach dem Wortlaut von Art. 2352 Abs. 1 c.c. den Pfandrechtsgläubiger nicht dazu, die Gesellschafterrechte im Interesse des Gesellschafters auszuüben.

Dieser Begründungsansatz vermag damit bereits aus dieser Überlegung nicht zu überzeugen. Es lässt sich bei einer Gesamtbetrachtung des italienischen Kapital-

176 Nachweise unter C.II.2.

177 "…estensibile a qualsiasi tipo sociale“ Cass. Civ., n. 8927, 29.10.1994, Società 1995, 178, 178.

178 Vgl. Tedeschi, NGCC 1995, 1169, 1170.

179 Cass. Civ., n. 8927, 29.10.1994, Società 1995, 178, 182.

180 Tedeschi, NGCC 1995, 1169, 1172.

gesellschaftsrechts kein Verbot des Ausschlusses von der Verlusttragungspflicht als allgemeines Rechtsprinzip erkennen.
In Bezug auf die verpflichtende Gewinnbeteiligung gewinnt die Diskussion darüber, ob der Gesellschaftszweck der Kapitalgesellschaft nur auf Gewinnerzielung ausgerichtet sein darf, an Breite. Nicht zuletzt hat dafür auch die Gesellschaftsrechtsreform zum 1.1.2004 gesorgt. Die Satzungsautonomie der Gesellschaften wurde durch die Reform wesentlich gestärkt. Seitdem ist es Kapitalgesellschaften unter anderem möglich, als Alternative zur Gründung einer Tochtergesellschaft für besondere Unternehmungen Zweckvermögen zu bilden (patrimoni destinati ad uno specifico affare, Art. 2247bis – Art. 2247decies c.c.). Es ist hierbei nicht ganz eindeutig, inwieweit der Zweck dieses Sondervermögens ein ideeller sein darf. Vor allem aber wurden die Möglichkeiten, Aktien ohne oder mit nur eingeschränkten Stimmrechten zu schaffen, ausgebaut. Dabei ist ein Grundsatz des zwingenden Gleichlaufs von Gesellschafterstellung und Inpflichtnahme für den Gesellschafterzweck über die Gesellschafterrechte (Stimmrechte) nicht mehr zu erkennen. Es kann damit auch nicht überzeugen, diese Inpflichtnahme im Kapitalgesellschaftsrecht nunmehr über eine zwingende Ergebnisbeteiligung im Sinne des Patto leonino herstellen zu wollen.[181]
Damit ist jedenfalls für die Rechtslage seit dem 1.1.2004 davon auszugehen, dass das Verbot des Patto leonino – oder allgemeiner: eine Pflicht zur Ergebnisbeteiligung, sei es in Bezug auf den Gewinn oder des Verlust - keinen allgemeinen Rechtsgrundsatz des Kapitalgesellschaftsrechts darstellt.

bbb) Analoge Anwendung von Art. 2247 c.c.?

Aber auch eine Anwendung im Wege des Analogieschlusses begegnet Bedenken. Ein Analogieschluss setzt neben einer planwidrigen Regelungslücke eine vergleichbare Interessenlage voraus. Es würde bereits an der Voraussetzung einer planwidrigen Regelungslücke fehlen, wenn es aufgrund abschließender und eigenständiger Regelung eines Rekurses auf Art. 2265 c.c. nicht bedarf. Hierfür lassen sich Gründe finden. Zum einen ist insbesondere im Aktienrecht die Frage der Gewinn- und Verlustbeteiligung detailliert und je nach Aktiengattung unterschiedlich geregelt. Die Reformen des Kapitalgesellschaftsrechts haben auch die Ergebnisbeteiligung berührt, ohne dass eine Bezugnahme auf Art. 2265 c.c. oder gar eine eigenständige Regelung für notwendig erachtet wurde. Das spricht dafür, im Kapitalgesellschaftsrecht schon keine planwidrige Regelungslücke anzunehmen.
Vor allem aber fehlt es wohl an einer vergleichbaren Interessenlage. Zwischen dem Personen- und dem Kapitalgesellschaftsrecht bestehen gewichtige Unterschiede, welche die Frage der Ergebnisbeteiligung berühren. Das betrifft, neben der Zulässigkeit der Fremdorganschaft im Kapitalgesellschaftsrecht, im italienischen wie im deutschen Recht die abweichende Außenhaftung der Gesellschafter. Der Gesellschafter der Kapitalgesellschaft haftet den Gesellschaftsgläubigern nicht un-

181 Vgl. bereits C.III.1.

beschränkt persönlich. Mithin ist seine Verlusttragungspflicht für Gesellschaftsverluste auf seine Einlage begrenzt. Hingegen trifft den Gesellschafter der Personengesellschaft das volle – akzessorische - Haftungsrisiko für Gesellschaftsschulden. Demgemäß kommt einem im Innenverhältnis vereinbarten Ausschluss von der Ergebnisbeteiligung bei Körperschaften eine andere Bedeutung zu. Das Haftungsrisiko des Gesellschafters und mithin seine Verantwortung für die Gesellschaft ist hier grundsätzlich auf den Wert des Anteils beschränkt. Zu beachten ist zwar, dass dieses nur die Außenhaftung der Gesellschafter betrifft, wohingegen der Patto leonino die Binnenhaftung berührt. Der Gesellschafter der Körperschaft ist jedoch damit gleichwohl von vornherein nur beschränkt verantwortlich. Es fragt sich insbesondere im Hinblick auf seine demnach beschränkte Verlusthaftung, was eine Inpflichtnahme für das Wohl der Gesellschaft über die Beteiligung am Ergebnis hieran ändern soll. Demgegenüber liegt bei der Personengesellschaft eine unbeschränkte Haftung des Gesellschafters, im Übrigen auch eine schwierigere Übertragbarkeit der Gesellschafterstellung auf Dritte, vor. Nur bei diesen Gesellschaftsformen kann die These von der Vermeidung einer unbeschränkten Unverantwortlichkeit des Gesellschafters – im Außenverhältnis durch die unbeschränkte Haftung und im Innenverhältnis durch Art. 2265 c.c. gewährleistet – Plausibilität beanspruchen.
Es zeigt sich aber auch an anderer Stelle, dass nach der Systematik des Kapitalgesellschaftsrechts ein allgemeines Konzept der Inpflichtnahme des Gesellschafters für den Gesellschaftszweck über seine Gesellschafterrechte nicht tragfähig ist. Das zeigen zum einen die Möglichkeiten der Stimmrechtsbeschränkung, zum anderen auch die Zulässigkeit des Bezugsrechtsausschlusses nach dem positivierten (Aktien-)Recht.[182]
Insgesamt ist damit von keiner dem Recht der Personengesellschaft vergleichbaren Interessenlage auszugehen. Eine Inpflichtnahme des Gesellschafters über das Ergebnis muss an den abweichenden Strukturprinzipien des Körperschaftsrechts scheitern. Diese abweichenden Strukturprinzipien entsprechen auch den unterschiedlichen historischen Wurzeln von Personengesellschaften einerseits und Korporationen andererseits.[183] Der Patto leonino wurzelt jedoch in der societas leonina, rechtshistorisch ein Phänomen des Personengesellschaftsrechts.

ee) Zwischenergebnis

Die Anwendbarkeit von Art. 2247 c.c. auf das Kapitalgesellschaftsrecht vermag weder als allgemeiner Rechtsgrundsatz noch im Wege des Analogieschlusses zu überzeugen. Die gegenteilige Rechtsprechung des Kassationsgerichtshofs bleibt jedoch zu beachten.

---

182 Siehe hierzu noch unter F.I.4.f).
183 Kaser/Knütel, § 17 Rn. 3f.; § 43 Rn 13.

4. „Hybride“ Finanzierungsinstrumente und besondere Aktiengattungen

Probleme wirft auch die Frage der Anwendbarkeit von Art. 2265 auf hybride (mezzanine) Finanzierungsinstrumente auf.

Wie die bereits behandelten schuldrechtlichen (Garantie-)Abreden und kaufrechtlichen Options-Klauseln stehen diese im Verdacht, eine Umgehung von Art. 2265 c.c. zu bewirken.[184]

Der Begriff Mezzanine-Kapital im weiteren Sinne dient in Deutschland als Sammelbegriff für unterschiedliche (hybride) Finanzierungsinstrumente, die sowohl Fremd- als auch Eigenkapitalmerkmale aufweisen.[185] In diesen Kontext gehören auch nachrangige und partiarische Darlehen, Wandelschuldverschreibungen und Optionsanleihen sowie Genussrechte und stille Beteiligungen.

Durch die Gesellschaftsrechtsreform 2003/04 wurde der Abschnitt des Zivilgesetzbuches zum Aktienrecht (Fünftes Buch Abschnitt 5, Art. 2346ff. c.c.) erweitert und neu benannt: Neben dem Aktienrecht behandelt er nun auch das Recht der so genannten anderen partizipativen Finanzinstrumente (Delle azioni e di altri strumenti finanziari partecipativi). Die Aktiengesellschaft darf Finanzinstrumente begeben, die mit abweichenden Vermögens- und Verwaltungsrechten ausgestattet sind (Art. 2346 Abs. 6 c.c.). Systematisch verortet wurden diese Finanzinstrumente damit im Aktienrecht, welches allerdings Teil des Zivilgesetzbuches ist. Es wird durch das Finanzinstrument keine Gesellschaft im Sinne des italienischen Rechts mit dem Vertragspartner begründet. Insofern ist die Rechtslage der in Deutschland vergleichbar, wo darauf hingewiesen wird, dass die Regelung im Aktienrecht wegen einer möglichen Kollision der Rechte der Aktionäre mit den Rechten der Inhaber dieser Finanzinstrumente geboten sei.[186] Dieser Befund ist maßgeblich auf die EG-rechtliche Harmonisierung dieses Rechtsgebiets[187] zurückzuführen.

Eine Befassung mit der Frage der Anwendbarkeit von Art. 2265 c.c. in Rechtsprechung oder neuerem Schrifttum ist nicht ersichtlich.

Es ist bei einigen „Aktiengattungen“ fraglich, ob es sich nicht bereits um Fremdkapital handelt, da diese kein Stimmrecht vermitteln und auch die vermögensrechtliche Stellung des Inhabers atypisch ausgestattet ist. Das betrifft insbesondere die Genußaktien, Arbeitnehmeraktien, Sparaktien sowie Aktien mit nachrangiger Verlust-

---

184 Abriani, S. 116; Guglielmucci, S. 1196f.

185 Bock, DStR 2005, 1067, 1067.

186 Vgl. zum deutschen Recht MüKo-AktG/Habersack, § 221 Rn 2.

187 Vgl. Richtlinie 77/91/EWG („Zweite Kapitalrichtlinie“) zur Koordinierung der Schutzbestimmungen, die in den Mitgliedstaaten den Gesellschaften im Sinne des Artikels 58 Absatz 2 des Vertrages im Interesse der Gesellschafter sowie Dritter für die Gründung der Aktiengesellschaft sowie für die Erhaltung und Änderung ihres Kapitals vorgeschrieben sind, um diese Bestimmungen gleichwertig zu gestalten, vom 13. 12. 1976 (ABl. Nr. L 26/1); Text der konsolidierten Fassung bei Habersack, Europäisches Gesellschaftsrecht, 2. Aufl. 2003, Rn 206.

haftung.[188] Für Sparaktien wird vertreten, dass es sich tatsächlich um Darlehen handele, da dem Inhaber jedes Verwaltungsrecht eines Gesellschafters abgehe.[189]
Aktien mit nachrangiger Verlusthaftung sollen wegen ihrer „leoninischen Wirkung" jedenfalls an dem Verlustteilnahmegebot des Art. 2265 c.c. zu messen sein, da im Einzelfall eine völlige Verlustfreistellung des bevorzugten Aktionärs die Folge sein könne.[190] Insgesamt seien nach einer anderen Stimme im Schrifttum alle gesellschaftsrechtlichen Beteiligungen, zu denen auch Aktien mit nachrangiger Verlusthaftung gezählt werden, an Art. 2265 c.c. zu messen.[191]
Die hybriden Finanzinstrumente verdeutlichen, dass die Abgrenzung zwischen schuld- und gesellschaftsrechtlichen Gestaltungen anhand eines formalen Kriteriums Schwierigkeiten bereiten kann. Die Motivationslage, die zu diesen Gestaltungen im Grenzbereich zwischen Schuld- und Gesellschaftsrecht führt, ist heute eine andere als zu Zeiten des contractus trinus im Spätmittelalter. Anders als damals greifen die Parteien nicht mehr deshalb zum Gesellschaftsrecht, weil sie ein wirtschaftliches Vertragsziel erreichen wollen, ohne das Zinsverbot zu verletzen. Vielmehr sind die modernen mezzaninen Finanzierungsformen Antworten auf vielgestaltige Erfordernisse der Praxis bei der Unternehmensfinanzierung gegen Gewährung von Sicherheiten, die auch in einer Beteiligung an der Gesellschaft bestehen können. Demgemäß erscheinen rechtshistorisch erklärbare formale Abgrenzungskriterien zwischen schuld- und gesellschaftsrechtlicher Abrede untauglich für den modernen Rechtsverkehr. Auch vor diesem Hintergrund erscheint diejenige Auslegung des Verlusttragungsgebots, die hierin eine positivrechtliche Absicherung der Beitragsverpflichtung sieht, vorzugswürdig. Eine Anwendbarkeit des Patto leonino auf hybride Gestaltungen erscheint damit nicht gerechtfertigt.

5. Anwendbarkeit auf associazione in partecipazione (Art. 2549 c.c.)

Fraglich ist schließlich die Anwendbarkeit auf die der stillen Gesellschaft vergleichbare associazione in partecipazione. Nach ihrer systematischen Stellung ist die associazione in partecipazione in Art. 2549ff. c.c., außerhalb des Gesellschaftsrechts (Delle società, Art. 2247-2510 c.c.), angesiedelt (Art. 2549ff. c.c.). Der „Assoziationsvertrag" stelle keinen Gesellschaftsvertrag dar, so dass die gesellschaftsrechtliche Bestimmung des Art. 2265 c.c. nach ihrer Natur nicht anwendbar sei, heißt es im Schrifttum.[192] Diese, nach deutscher Terminologie reine Innengesellschaft ist nach italienischem Recht folglich keine Gesellschaft. Da der stille Gesellschafter nicht am Gesellschaftsvermögen teil habe, fehle es an der Gemeinsamkeit der den Zweck verfolgenden Tätigkeit.[193] Hier scheint die handelsrechtliche Verwurzelung des

---

188 Vgl. hierzu im Einzelnen unter C.III.3.a).
189 Jaeger, GC 1979 II, 381, 382.
190 Dalmartello, GC 1979 II, 369, 374.
191 Gambino, GC 1979 II, 378, 380.
192 Pitter, in: Cian/Trabucchi Art. 2265 Rn 1.
193 Grundmann/Massari, in: Grundmann/Zaccaria, S. 387.

italienischen Gesellschaftsrechts wieder auf. Wie im deutschen Recht der stillen Gesellschaft tritt bei der associazione in partecipazione im Rechtsverkehr nur der Unternehmensträger in Erscheinung (Art. 2552 Absatz 1 c.c.).
Nach Art. 2553 ist in der associazione in partecipazione der stille Teilhaber bis zur Höhe seiner Einlage am Verlust zu beteiligen, wenn nichts anderes vereinbart ist. Das Gesetz selbst geht also ausdrücklich von der Möglichkeit abweichender Vereinbarungen aus. Die unterinstanzliche Rechtsprechung hat Art. 2265 c.c. gelegentlich als auf den Assoziationsvertrag für anwendbar erklärt.[194] Als Argument dient hierzu ein Umkehrschluss aus Art. 2554 c.c. Der dort genannte contratto di cointeressenza sieht ausdrücklich eine Gewinnbeteiligung ohne Verlustbeteiligung vor. Der Unterschied dieser Vertragsgestaltung zur stillen Gesellschaft könnte demzufolge in der zwingenden Verlustbeteiligung des stillen Gesellschafters, mithin in einer unbeschränkten Beteiligung am Ergebnis, gesehen werden. Richtigerweise sollte der entscheidende Unterschied zwischen beiden Rechtsinstituten aber darin bestehen, dass das Institut des contratto di cointeressenza keine Einlageverpflichtung kennt.[195]
Nach Sinn und Zweck des Art. 2265 c.c. erscheint eine Anwendung auf die associazione in partecipazione zweifelhaft. Sieht man in der Vorschrift mit Teilen des italienischen Schrifttums den Zweck, eine „unbeschränkte Unverantwortlichkeit“ eines Teilhabers zu verhindern, so bedarf es einer Anwendung auf die associazione in partecipazione nicht: Da dem stillen Teilhaber Geschäftsführungsbefugnisse fehlen, kann ein Ausschluss von der Verlusttragungspflicht keine für die Vereinigung schädliche Auswirkung auf die Unternehmensführung haben.[196] Andererseits soll nach hier vertretener Auffassung das Verlustteilnahmegebot nach Art. 2265 c.c. sicherstellen, dass ein Gesellschafter mit seiner Einlage im Innenverhältnis an Verlusten beteiligt wird. Dieser Normzweck greift bei der associazione in partecipazione jedoch ebenfalls nicht ein, da die Einlage des Teilhabers in das Eigentum des Unternehmers übergeht.
Selbst dann, wenn man die associazione in partecipazione als Vereinigung des (im weiteren Sinne als Recht der privaten Zweckverbände verstandenen) Personengesellschaftsrechts auffassen würde, käme danach – entgegen früherer Rechtsprechung - eine Anwendung von Art. 2265 c.c. nicht in Betracht.

6. Genossenschaften und Versicherungsgesellschaften auf Gegenseitigkeit

Systematisch ebenfalls außerhalb des Gesellschaftsrechts im engeren Sinne stehen Genossenschaft (Art. 2511ff c.c.) und Versicherungsgesellschaft auf Gegenseitigkeit (Art. 2546ff. c.c). Nach herkömmlichem Verständnis scheitert eine Anwendbarkeit

---

194 Trib. Taranto, 6.2.1954, Giur. Compl. Cass. Civ. 1954, 376; Trib. Varese, 21.7.1949, Foro It. 1950 I, 1421f.

195 Zutreffend Abriani, S. 86.

196 Im Hinblick auf letzteres Argument kritisch zu sehen ist allerdings eine Rechtsprechung, welche die Beteiligung des stillen Teilhabers an der Unternehmensführung zulässt – Abriani, S. 87 m.w.N.

von Art. 2265 c.c. hier daran, dass diese privatrechtlichen Zweckverbände nicht am wirtschaftlichen Verkehr teilnehmen und nichts mit dem aus dem Handelsrecht hervorgegangenen Gesellschaftsrecht gemein haben.
Es ist jedoch zu bedenken, dass für beide Verbandsformen mittlerweile vom Gesetzgeber die Möglichkeit eröffnet wurde, sich als Kapitalgesellschaft (s.p.a. oder s.r.l.) zu organisieren. Zudem spricht das Gesetz nunnmehr auch selbst von Genossenschafts-Gesellschaften (società cooperative) sowie in Art. 2546 c.c. von der Versicherungs-Gesellschaft auf Gegenseitigkeit (società di mutua assicurazione).
Richtigerweise sollte die Anwendung von Art. 2265 c.c. auf diese Verbandsformen aus den für das Kapitalgesellschaftsrecht zutreffenden Gründen scheitern: Es handelt sich um eine Vorschrift des Personengesellschaftsrechts, die auf andere privatrechtliche Zweckverbände weder als allgemeiner Rechtsgrundsatz noch im Wege der Analogie übertragen werden kann.

7. Verein

Der Verein ist im Allgemeinen Teil des Codice civile (hier: Art. 14ff. c.c.) sowie – was den rechtsfähigen Verein anbelangt – in einem Sondergesetz geregelt.[197] Während der rechtsfähige Verein körperschaftlich verfasst ist, so dass es insbesondere zu einer Vermögenstrennung zwischen Verein und Mitgliedern kommt, ist dies bei dem nicht rechtsfähigen Verein nicht der Fall.
In der Organisationsform des Vereins ist grundsätzlich jeder Zweck zu verfolgen, der nicht anderen Organisationsformen zugewiesen ist. Aufgrund dieser „Auffang-funktion“ scheint diese Organisationsform funktional Parallelen zur Gesellschaft bürgerlichen Rechts aufzuweisen.
Aber auch insoweit sollte gegen eine Anwendbarkeit des Art. 2265 c.c. dessen fehlende Analogiefähigkeit über das Recht der Personengesellschaften hinaus sprechen. Zuletzt ist aber auch hier mangels Vorliegens von einschlägigen Judikaten zu beachten, dass nicht sicher davon ausgegangen werden kann, dass auch die italienische Rechtsprechung diese Auffassung teilen würde.

IV. Der Tatbestand einer Vereinbarung im Sinne des Art. 2265 c.c. im Spektrum der Rechtslehre

Ist die Anwendbarkeit des Art. 2265 c.c. auf die einzelnen Gesellschaftsformen geklärt, fragt es sich, wann überhaupt ein Patto leonino vorliegen kann, welche Art von Rechtsgeschäften mithin dem Patto leonino unterliegen. In den seltensten Fällen tritt das Vorliegen eines Patto leonino offen zutage. Um nicht mit Art. 2265 c.c. in Konflikt zu geraten, werden komplexere Abreden getroffen, die dem ersten Anschein nach nicht mit dem Verbot des Patto leonino in Widerspruch geraten können.

---

197 Gesetz vom 10.2. 2000, n. 361; GU n. 286 vom 7.12.2000.

Das berührt insbesondere zwei Fragenkreise: Welche Charakteristika hat ein als Patto leonino zu geltendes Rechtsgeschäft aufzuweisen? In welcher Form kommen leoninische Abreden in der Praxis vor, abgesehen von unzweifelhaft erfassten Abreden, die Bestandteil des Gesellschaftsvertrages sind?

1. Gesellschaftsvertragliche Abrede

Zunächst ist zu klären, wann ganz allgemein eine gesellschaftsrechtliche Abrede vorliegt, die dem Anwendungsbereich der Vorschrift des Art. 2265 c.c. unterfällt.

a) Klausel im Gesellschaftsvertrag

Das Verbot des Patto leonino erfasst zunächst die gesellschaftsvertragliche Abreden sowie deren Modifikationen.[198]

b) Abrede mit Gesellschafter außerhalb des Gesellschaftsvertrags - patto parasociale

Problematisch ist der Fall, dass eine Vereinbarung über den Ergebnisausschluss nicht im Gesellschaftsvertrag enthalten ist, sondern formal unabhängig von diesem, von den Gesellschaftern also nicht in ihrer Rolle als Gesellschafter, getroffen wird. Eine derartige Abrede bezeichnet die italienische Rechtswissenschaft als patto parasociale. Sie zeichnet sich dadurch aus, dass sie weder der Gesellschaft als solche noch den Gesellschaftsgläubigern entgegengehalten werden kann.[199] Im Aktienrecht nimmt das Gesetz nunmehr ausdrücklich auf den durch Rechtsprechung und Lehre entwickelten Begriff des patto parasociale Bezug (Art. 2341bis – 2341ter c.c.).[200] Eine solche Vereinbarung liegt beispielsweise dann vor, wenn sich neben dem Gesellschaftsvertrag ein Gesellschafter gegenüber einem anderen Gesellschafter verpflichtet, diesem gegenüber für aus der Beteiligung erwachsende Verluste einzustehen. Oftmals lässt sich der entsprechend berechtigte Gesellschafter diesen Freistellungsanspruch zusätzlich durch ein Bürgschaftsversprechen des Verpflichteten absichern.[201]

aa) Ältere Rechtsprechung: Art. 2265 c.c. nicht anwendbar

Nach der älteren Rechtsprechung unterfielen patti parasociali nicht dem Art. 2265 c.c.[202] Eine leoninische Abrede konnte demnach auf diese Weise ungeachtet der Vorschrift getroffen werden.

---

198 Vgl. Cass. Civ., n. 8927, 29.10.1994, Società 1995, 178, 178; Pitter, in: Cian/Trabucchi Art 2265 n. 1, "situazione statutaria".

199 Cass. Civ., n. 8927, 29.10.1994, Società 1995, 178, 186.

200 Erstmals gesetzlich verankert durch Gesetz vom 24.2.1998, n. 58 (T.U.F. – Kapitalmarktgesetz), seit 1.1.2004 in der jetzigen Form.

201 Vgl. Guglielmucci, Riv. Soc. 1980, 1196, 1197f.

202 Cass., 14.6.1939, n. 2029, Foro It. 1940 I, 647f.; 30.5.1941, n. 1618, Riv. Dir. Comm. 1942 II, 305f. – ebenso: Piazza, Contr. e impresa 1987, 803, 811f.

bb) Andere Ansicht: Art. 2265 c.c. anwendbar

Nach mehreren instanzgerichtlichen Entscheidungen ist es grundsätzlich unbeachtlich, dass eine leoninische Abrede nicht im Gesellschaftsvertrag, sondern im Rahmen des patto parasociale vereinbart wurde. Auch in letzterem Fall greife Art. 2265 c.c. nach Sinn und Zweck dieser Vorschrift ein.[203]

cc) Kassationsgerichtshof: Anwendung bei Umgehungsabsicht

Nach dem Kassationsgerichtshof findet Art. 2265 c.c. dann auch auf Abreden neben dem Gesellschaftsvertrag Anwendung, wenn die Abrede eine Umgehung der Vorschrift des Art. 2265 c.c. bezweckt.[204] Dem haben sich Teile des Schrifttums angeschlossen.[205] Hiernach wäre die Abrede als nach Art. 1344 c.c. unzulässiges Umgehungsgeschäft (frode alla legge) nach Art. 1418 c.c. nichtig.[206] Die Verbotswirkung von Art. 2265 c.c. würde damit auf „indirektem" Wege eingreifen.

dd) **Neuere** *Ansicht: Kein Eingreifen des Patto leonino*

In neuerer Zeit hat sich auch *Barcellona* dagegen gewandt, dass patti parasociali vom Anwendungsbereich des Art. 2265 c.c. erfasst seien.[207] Es handele sich bei diesen Abreden nicht um solche, die originär einen Gesellschafter von der Ergebnisbeteiligung ausschlössen. Nur diese aber seien vom Anwendungsbereich des Art. 2265 c.c. erfasst. Abreden außerhalb des Gesellschaftsvertrages hingegen würden die bereits entstandene Ergebnisbeteiligung nur auf einen anderen verlagern. Damit liege ein schuldrechtliches Geschäft vor, welches sich ausschließlich nach dessen Regeln beurteile.[208]

ee) Zur Diskussion

Grundsätzlich sollte es für die Anwendbarkeit des Art. 2265 c.c. keinen Unterschied machen, ob eine Abrede innerhalb oder formal außerhalb eines Gesellschaftsvertrages abgeschlossen wird, sofern die Abrede auf eine Veränderung der Gesellschafterstellung im Hinblick auf das Ergebnis der Gesellschaft abzielt. In beiden Fällen wird das Innenverhältnis zwischen den Gesellschaftern in Bezug auf die Ergebnisverteilung berührt, welches Art. 2265 c.c. behandelt. Dabei ist zu unterstellen, dass derartige Nebenabreden ihrerseits ein Gesellschaftsverhältnis begründen, mithin über rein schuldrechtliche Abreden hinausgehen können. Das verdeutlicht ein Vergleich mit dem deutschen Recht: Auch das deutsche Gesellschaftsrecht kennt die Problematik der Nebenabreden. Teilweise werden diese als "Nebenverträge" bezeichnet. In der Regel erfüllen diese "Nebenverträge" die Voraussetzungen eines

---

203 Trib. Mailand, 22.10. 1990, Società 1991, 221; Trib. Verona, 9.2.1989, Società 1989, 738.
204 Cass. Civ., n. 8927, 29.10.1994, Società 1995, 178, 183.
205 Abriani, S. 41; Lordi, S. 308; Piazza, S. 531; Guglielmucci, S. 1196.
206 Barcellona, S.56.
207 Barcellona, S. 56f.
208 Barcellona, S. 56.

Vertrages zur Gründung einer Gesellschaft bürgerlichen Rechts. Daraus folgt die Konsequenz der verstärkten Bindungswirkung (Kündigung nur nach Maßgabe des nicht dispositiven § 723 Abs. 3 BGB). Der gemeinsame Zweck lässt sich regelmäßig daraus ableiten, dass das Ziel der Nebenabsprachen darin besteht, die Gesellschaft abweichend von gesetzlichen und gesellschaftsvertraglichen Regelungen zu führen. Das ist überhaupt erst bei einer Regelung unter den Gesellschaftern möglich. Problematisch ist hier der Fall, dass nicht alle, sondern nur einige Gesellschafter an der Abrede beteiligt sind. Hier ist im Einzelfall zu entscheiden, ob der mit der Vereinbarung angestrebte Zweck über die Verfolgung der jeweils eigenen Interessen hinausgeht. Wenn ein Gesellschafter den Vertrag nicht nur schließt, weil er sich von einem anderen Gesellschafter ein bestimmtes Verhalten verspricht, sondern um seine Rechtsstellung in der Gesellschaft zu verändern, liegt ein gemeinsamer Zweck damit vor.

Diese aus der rechtsvergleichenden Perspektive gewonnenen Grundsätze sprechen dafür, die im Gesellschaftsrecht verortete Regelung des Art. 2265 c.c. jedenfalls dann in gleicher Weise auf Nebenabreden der Gesellschafter zu erstrecken, wenn diese Nebenabsprachen ihrerseits ein gesellschaftsähnliches Rechtsverhältnis begründen können. Allerdings ist darauf hinzuweisen, dass die Voraussetzungen für das Vorliegen einer Gesellschaft nach italienischem Recht enger sind. Das gilt insbesondere im Hinblick auf den Gesellschaftszweck.[209] Insbesondere sollte die Annahme der Begründung einer società semplice scheitern.[210] Für die Annahme eines gesellschaftsähnlichen Rechtsverhältnisses spricht auch die Neufassung des Aktiengesetzes, welches nach Einführung von Vorschriften zum patto parasociale diesen als eine das Gesellschaftsvertragsverhältnis berührende Abrede – mithin „gesellschaftsrechtlicher Natur" - anzuerkennen scheint. Diese Abreden könnten andernfalls die Regelungen des Gesellschaftsvertrages unterlaufen und Art. 2265 c.c. – dessen konkreter Regelungsgehalt an dieser Stelle dahingestellt bleiben soll – aushebeln.[211] Trotz Verortung im Gesellschaftsrecht spricht Art. 2265 c.c. auch nur davon, dass eine Vereinbarung (patto) vorliegen müsse, ohne dass der Wortlaut ausdrücklich eine solche innerhalb des Gesellschaftsvertrages verlangt.

Demnach verdient die Auffassung des Kassationsgerichtshofs Zustimmung, wonach der patto parasociale von Art. 2265 c.c. dann erfasst ist, wenn er auf eine Änderung des Gesellschaftsvertragsverhältnisses abzielt. Es bedarf keines Rekurses auf die Vorschriften zum Umgehungsgeschäft, da eine gesellschaftsrechtliche Abrede vorliegt. Somit setzt eine Anwendbarkeit des Art. 2265 c.c. auf patti parasociali nicht voraus, dass den Vertragsschließenden eine Umgehungsabsicht nachgewiesen wird. Hieran könnte es auch fehlen, wenn etwa eine Verlustfreistellung an bestimmte Bedingungen

209 Vgl. hierzu unter E.IV.1.

210 Zum eingeschränkten Anwendungsbereich dieser Gesellschaftsform vgl. C.III.2.

211 Lordi, S. 308, spricht davon, dass das die „besondere Brüderlichkeit" unter Gesellschaftern durch einen patto parasociale zerstört würde und der Vertrag deshalb verboten sei.

geknüpft ist oder die Parteien mit der Abrede einen anderen Zweck verfolgen als den, gerade Art. 2265 c.c. zu umgehen.[212]

c) Abrede außerhalb des Gesellschaftsvertrags mit Nichtgesellschafter

Als problematisch erweist sich der Fall, dass die Abrede nicht mit einem oder mehreren Gesellschafter zustande kommt, sondern mit einem Dritten. Die Anwendbarkeit von Art. 2265 c.c. in diesen Fällen ist zweifelhaft. Sieht man den Normzweck des Art. 2265 c.c. in der Vermeidung der unbeschränkten Unverantwortlichkeit des Gesellschafters, so wäre die Vorschrift auch dann anwendbar. Hierfür spräche der offene Wortlaut der Norm (patto), der nicht ausdrücklich Abreden zwischen den Gesellschaftern verlangt. Wendet man die zum deutschen Recht entwickelten Kriterien (Vorliegen einer Gesellschaft neben der Gesellschaft?) auf das italienische Recht an, so ist entscheidend, ob es sich bei dem patto parasociale tatsächlich um eine auf den gemeinsamen Zweck, die Rechtsstellung innerhalb der Gesellschaft zu verändern, abzielende Abrede handelt. Das kann nicht der Fall sein, wenn Nichtgesellschafter beteiligt sind. Unter Umständen kann mit diesen Dritten durch die Abrede ein neues Gesellschaftsverhältnis begründet werden. Der eigentliche Gesellschaftsvertrag, zu dem dieses weitere Gesellschaftsverhältnis eine Nebenabrede bildet, ist jedoch nicht berührt. In diesen Fällen sollte demnach nicht von der Anwendbarkeit des Patto leonino auszugehen sein.

2. „Gewinne“ und „Verluste“ im Sinne von Art. 2265 c.c.

Zu klären ist der Bedeutungsgehalt der Begriffe Gewinne (utili) sowie Verluste (perdite) im Sinne von Art. 2265 c.c.

a) Laufendes Ergebnis

Nach dem Wortlaut der Vorschrift unzweifelhaft erfasst sind die periodischen (positiven oder negativen) Erträge aus der laufenden Tätigkeit der Gesellschaft.[213]

b) Liquidationserlös

Weiterhin stellt sich die Frage, ob neben den laufenden Gewinnen auch das Ergebnis erfasst ist, welches bei Liquidation des Gesellschaftsanteils oder der gesamten Gesellschaft anfällt.

Grundsätzlich entspricht die Beteiligung des Gesellschafters an den verbleibenden Vermögensgegenständen im Fall der Liquidation der Gesellschaft seiner Gewinnbeteiligungsquote. Das folgt im Personengesellschaftsrecht aus Art. 2282 c.c. und im Kapitalgesellschaftsrecht aus Art. 2350 Abs. 1 c.c.

Diese Problematik deckt sich weitgehend mit der – gleich zu betrachtenden - Frage, ob Art. 2265 c.c. auch die Beteiligung eines ausscheidenden Gesellschafters an den auf

---

212 Tedeschi, NGCC 1995, 1169, 1172.

213 Abriani, S. 63.

den Anteil entfallenden stillen Reserven gebietet.[214] Für beide Fallgestaltungen lässt sich vertreten, dass Art. 2265 c.c. nur die Beteiligung während der gesellschaftsrechtlichen Verbundenheit am Ergebnis verlange, nicht danach. Aufgrund der Fundierung der italienischen Gesellschafts-Konzeption in der römischen societas, die ihrerseits gar keine laufenden Ausschüttungen und nur eine Schlussbilanz kannte,[215] sollte davon auszugehen sein, dass auch ein Liquidationserlös zum Gewinn im Sinne des Art. 2265 c.c. zählt.

c) Beteiligung an stillen Reserven bei Ausscheiden aus der Gesellschaft

Von Bedeutung ist weiterhin die Frage der Anwendbarkeit des Art. 2265 c.c. auf im Gesellschaftsvertrag getroffene Regelungen zur Beteiligungsbewertung für den Fall des Todes eines Gesellschafters. Diese Regelungen können nicht nur in Widerspruch mit dem Gesellschaftsrecht, sondern auch mit dem Erbrecht stehen und erweisen sich mithin als besonders problematisch.[216] Zum Ergebnis sollten aber auch die stillen Reserven der Beteiligung gehören, zumal die Anwendbarkeit des Patto leonino sonst von der Gewinnverteilung durch die Gesellschafter abhinge.

Sowohl hierbei als auch bei der zuvor diskutierten Beteiligung am Liquidationserlös bleibt jedoch die Frage, ob der Ausschluss von den stillen Reserven einen Ausschluss von „jeder" Beteiligung am Ergebnis darstellt.

d) Bezugsrechtsausschluss und Art. 2265 c.c.

Im Kapitalgesellschaftsrecht schließlich ist das Bezugsrecht (Art. 2441 c.c.) als weitere relevante Vermögensrechtsposition des Gesellschafters zu nennen.[217] Hält man Art. 2265 c.c. im Kapitalgesellschaftsrecht mit dem Kassationsgerichtshof für anwendbar, so stünde ein Bezugsrechtsausschluss hierzu möglicherweise in Widerspruch.

Allerdings erlaubt Art. 2241 c.c. unter dort im Detail genannten Voraussetzungen ausdrücklich den Bezugsrechtsausschluss.[218] Mithin sollte selbst dann, wenn man eine Anwendbarkeit des Patto leonino im Kapitalgesellschaftsrecht annimmt, von einem Vorrang dieser Bestimmung nach dem Spezialitätsgrundsatz vor Art. 2265 c.c. auszugehen sein.

e) „Verluste"

Weiterhin nicht ganz zweifelsfrei ist die Bedeutung des in Art. 2265 c.c. gebrauchten Begriffs Verluste (perdite). Unzweifelhaft erfasst ist jedenfalls die Vereinbarung, wonach ein Gesellschafter vom Verlust seiner Einlage freigestellt wird. Nicht

---

214 Vgl. nachfolgend unter C.IV.2.c).

215 Dernburg, S. 326.

216 Vgl. nachfolgend unter C.IV.4.c).

217 Vgl. Grundmann/Massari, in: Grundmann/Zaccaria, S. 427.

218 Vgl. im Einzelnen unter F.I.4.f).

eindeutig ist jedoch, ob auch eine im Innenverhältnis vereinbarte Freistellung von der Verlusthaftung durch persönliche Inanspruchnahme des (Personen-)Gesellschafters durch Gesellschaftsgläubiger erfasst ist. Insoweit könnte Art. 2267 c.c. als Spezialvorschrift eingreifen.[219] Denn im Außenverhältnis sind die Gesellschafter nach den Worten des Art. 2267 c.c. den Gesellschaftsgläubigern nur verantwortlich, wenn sie entweder im Namen und auf Rechnung der Gesellschaft gehandelt haben oder wenn eine den Gesellschaftsgläubigern bekannte Abrede, die die persönliche Haftung des Gesellschafters beschränkt oder ausschließt, fehlt.

Zu beachten ist, dass die Auseinandersetzung um den Normzweck des Verlustteilnahmegebots in Rechtsprechung und Schrifttum im Wesentlichen zum Kapitalgesellschaftsrecht stattfindet.[220] Hier kann es Verlusthaftung des Gesellschafters, die über den Wert seiner Einlage hinausgeht, jedoch grundsätzlich nicht geben. Auch in Italien greift der Trennungsgrundsatz zwischen den Vermögenssphären von Gesellschaft und Gesellschafter (Art. 2325 Abs. 1 c.c., Art. 2462 c.c.). Würde man den Verlust-Begriff des Art. 2265 c.c. deshalb auf den Verlust der Einlage beschränken, wäre ein Gleichlauf der Argumentation gewährleistet, ungeachtet der Tatsache, dass sich an sich die Anwendbarkeit des Patto leonino im Kapitalgesellschaftsrecht als problematisch darstellt.[221] Andererseits ist Art. 2267 c.c. im Abschnitt über das Außenverhältnis der Gesellschaft angesiedelt (Dei rapporti con i terzi, Art. 2266ff. c.c.), Art. 2265 c.c. im Abschnitt über die Rechtsbeziehungen der Gesellschafter untereinander (Dei rapporti tra i soci, Art. 2253ff. c.c.). Zudem würde die Interpretation, die den Verlustbegriff auf den Verlust der Beitragsleistung beschränkt, die Funktion des Verlusttragungsgebots als Abgrenzungskriterium zum Darlehensvertrag verwischen, bei dem ja gerade kein über die Darlehensvaluta hinausgehender Verlust bei dem Darlehensgeber möglich ist. In dieser Abgrenzung besteht rechtshistorisch aber gerade eine Bedeutung des Verlustteilnahmegebots.[222]

Vor diesem Hintergrund ist der Begriff der Verluste im Sinne des Art. 2265 c.c. nicht von vornherein auf den Verlust der Beitragsleistung zu begrenzen. Eine andere Frage ist hingegen die, ob bereits eine minimale (oder auf den Wert der Einlage begrenzte) Verlustteilnahme ausreicht, um den Anforderung von Art. 2265 c.c., zweite Variante, zu genügen.

3. „Ausschluss" von der Ergebnisbeteiligung

Klärungsbedürftig ist, wann ein tatbestandlicher Ausschluss von den Gewinnen oder Verlusten der Gesellschaft im Sinne des Art. 2265 c.c. vorliegt.

---

219 Vgl. N. Piazza, S. 527.

220 Vgl. Cass. Civ., n. 8927, 29.10.1994, 1995, 178, 178f. einerseits; Guglielmucci, S. 1201 andererseits.

221 Vgl. oben, unter C.III.3.b).

222 Vgl. unter B.III.2.

a) Ausschluss von „jeder" Gewinnbeteiligung

Der Wortlaut des Art. 2265 c.c. verlangt den Ausschluss von *jeder* Gewinn- oder Verlustbeteiligung. Folgerichtig verlangt die Rechtsprechung den völligen Ausschluss vom Unternehmensrisiko, von den Gewinnen oder von beidem.[223] Schon von den Glossatoren des Mittelalters war allerdings das Problem des nummum unus erkannt worden.[224] Demnach stellt sich die Frage, ob das Verbot des Patto leonino eingreift, wenn ein Gesellschafter auf einen minimalen Ergebnisanteil verwiesen wird. Hierzu wird vertreten, dass es auf ein materielles Verständnis der Vorschrift ankomme. Danach sei auch eine verschwindend geringe (praticamente evanescente[225]) Ergebnisbeteiligung keine Beteiligung. Andernfalls würde Art. 2265 c.c. leer laufen.[226] Auch die Rechtsprechung kommt unter Rekurs auf den Normzweck bei einer danach gebotenen materiellen Betrachtung zu diesem Ergebnis.[227]

Durch die materielle Betrachtung wird allerdings eine extensive Auslegung der Vorschrift vorgenommen und über den Wortlaut hinweggegangen.[228] Nicht eindeutig erkennbar ist ein Telos, der diese den Wortlaut der Vorschrift erweiternde Auslegung rechtfertigen würde. Dabei ist zu berücksichtigen, dass Art. 2265 c.c. eine Ausnahmevorschrift vom Grundsatz der freien Bestimmbarkeit der Gewinn- und Verlustbeteiligung, seinerseits eine Konkretisierung der Vertragsfreiheit, darstellt. Ausnahmevorschriften sind jedenfalls nach der EuGH-Rechtsprechung[229] sowie nach deutschen Zivilrechtsgrundsätzen[230] eng auszulegen. Diesem Auslegungsgrundsatz folgt im Ergebnis zwar auch die italienische Zivilrechtswissenschaft, aber mit anderem Ergebnis: *Abriani* zieht einen Vergleich zur Auslegung des Begriffs Alleinaktionär im Sinne des Art. 2362 c.c. durch die Rechtsprechung. Diese Vorschrift bestimmt, dass bei Insolvenz der Aktiengesellschaft der Alleinaktionär unbeschränkt für die in der Zeit seiner Stellung als Alleinaktionär entstandenen Gesellschaftsverbindlichkeiten haftet. Der Begriff des Alleinaktionärs wird dabei von der Rechtsprechung eng, am Wortsinn orientiert, ausgelegt.[231] Schon wenn eine einzige Aktie in anderen Händen ist fehlt es danach an diesem Tatbestandsmerkmal. Eine Ausnahme nimmt die Rechtsprechung nur bei nachgewiesener Gesetzesumgehung an. Begründet wird diese enge Auslegung mit der grundsätzlich beschränkten Haftung als Aktionär.

---

223 Cass. Civ., n. 8927, 29.10.1994, Società 1995, 178, 178.

224 Vgl. unter B.III.1.

225 Abriani, S. 54.

226 Greco, S. 140.

227 Vgl. Cass. Civ., n. 8927, 29.10.1994, Società 1995, 178, 178. Weitere Nachweise aus der unterinstanzlichen Rechtsprechung bei Abriani, S. 55 Fn 8.

228 Zutreffend Abriani, S. 55.

229 EuGH, 8.10. 2003, C-384/01, Abs. 28.

230 Vgl. z.B. BGH, 28.5.2008 - VIII ZR 126/07 Abs. 9.

231 Verwiesen wird auf Cass. Civ., 24.2.1986, n.1088; Cass. Civ., 9.5. 1985, n.2879, jeweils GC 1986 II, S. 537ff.

Überträgt man diese Grundsätze auf die Auslegung des Art. 2265 c.c. könnte anzunehmen sein, dass jede Ausnahme vom Grundsatz der freien Disposition über das Ergebnis eng auszulegen ist und mithin jede Beteiligung an Gewinn oder Verlust vor der Rechtsfolge des Art. 2265 c.c. schützt. Allerdings gelangt *Abriani* zu einem anderen Ergebnis: Nach ihm ist Art. 2265 c.c. Ausdruck eines allgemeinen gesellschaftsrechtlichen Prinzips, welches schon in Art. 2247 c.c. seinen Niederschlag finde. Mithin sei der Grundsatz, an dem sich die teleologische Auslegung orientieren müsse, nicht der der Vertragsfreiheit, spezifiziert durch den Grundsatz der freien Ergebnisbeteiligung, sondern der der Gewinnorientierung von Gesellschaft und Gesellschafterbeteiligung gemäß Art. 2247 c.c.[232] Unter diesem Blickwinkel sei das Gebot des Ergebnisbeteiligung keine Ausnahmevorschrift, sondern Ausdruck eines allgemeinen Grundsatzes des italienischen Gesellschaftsrechts. Hieraus folgert er die Legitimität einer materiellen Betrachtung, wonach jede Abrede, die die Ergebnisbeteiligung des Gesellschafters praktisch unmöglich oder hochgradig unwahrscheinlich mache, erfasst sei.[233]
Es stellt sich damit erneut die Frage nach dem Regelungsgehalt des Gewinnausschlussverbotes nach Art. 2265 c.c, da es sich in der Konsequenz dieser Ansicht insoweit um eine deklaratorische Vorschrift handelt. Dann aber darf bezweifelt werden, dass sich die Vorschrift erweiternd auslegen lässt.
Erneut wird die Problematik des Gewinnausschlussverbotes nach Art. 2265 c.c. deutlich. Vorzugswürdig erscheint es auch aufgrund dieser methodischen Bedenken, das Gewinnausschlussverbot insgesamt in Art. 2247 c.c. zu verorten. Zumindest bei vollständigem Gewinnausschluss ist jedoch auch Art. 2265 c.c. anwendbar.

b) Verlustbeteiligung

Auch bei Verlusten stellt sich die Frage, wann ein Ausschluss von „jeder“ Teilnahme hieran vorliegt. Zunächst gilt auch für das Gebot der Verlustteilnahme, dass dieses eine Ausnahme von dem Grundsatz der Vertragsfreiheit, konkretisiert durch die Gestaltungsfreiheit bei der gesellschaftsrechtlichen Ergebnisverteilung, darstellt. Auf der anderen Seite könnte das Verlustbeteiligungsgebot Ausprägung eines allgemeinen Grundsatzes des italienischen Zivilrechts, dass eine Gesellschafterstellung immer die Übernahme von wirtschaftlichen Risiken bedinge, sein. In diese Richtung weisen Äußerungen in Rechtsprechung und Schrifttum: Der Kassationsgerichtshof betont die Bedeutung der unternehmerischen Risikoübernahme des Gesellschafters[234] ebenso wie das Schrifttum.[235] Der Tatsache, dass im Römischen Recht sowie in anderen Gesellschaftsrechtsordnungen – etwa der deutschen - eine Verlustbeteiligung für das Vorliegen einer Gesellschaft entbehrlich ist, wird mit der anderslautenden positiven

232 Abriani, S. 57.
233 Abriani, S. 57f.
234 Cass. Civ., n. 8927, 29.10.1994, Società 1995, 178, 181.
235 Vgl. N. Piazza, S. 527f.

Entscheidung des italienischen Gesetzgebers begegnet.[236] Unter dieser Prämisse wäre das Verlustbeteiligungsgebot nicht als Ausnahmevorschrift anzusehen, sondern könnte insoweit einer materiellen Betrachtung unterzogen werde.
Selbst wenn eine Grundentscheidung des Gesetzgebers zugunsten eines Verlustteilnahmegebots durch die Vorschrift des Art. 2265 c.c. erfolgt sein sollte fragt sich, wo die Grenze zwischen nach Art. 2265 c.c. unzulässiger und der zulässigen Freistellung von Verlusten des Gesellschafters verläuft, denn unzulässig ist nach dem Wortlaut nur die völlige Verlustfreistellung. Es erscheint dann mit der Grundentscheidung des Gesetzgebers zugunsten einer Verlustteilnahmepflicht nicht vereinbar, wenn diese bereits durch eine ganz geringe Verlustbeteiligung erfüllt werden würde. Auf der anderen Seite sollte es ein durch Art. 2265 c.c. konkretisiertes Verlustbeteiligungsgebot aber auch nicht erfordern, dass sich ein Gesellschafter über den Wert der eigenen Einlage hinausgehend im Innenverhältnis gegenüber den Mitgesellschaftern zur Verlusttragung verpflichtet. Damit wäre die Pflicht zur Beitragsleistung nicht nur abgesichert, sondern faktisch erweitert.
Demgemäß sollte ein Ausschluss des Gesellschafters von jeder Verlustbeteiligung im Sinne von Art. 2265 c.c. vorliegen, wenn ein Gesellschafter im Innenverhältnis faktisch von seiner Beitragspflicht dadurch befreit wird, dass ihm unabhängig von der Entwicklung des Ergebnisses der Gesellschaft die Rückgewähr seiner Einlage zugesagt wird. Damit sichert Art. 2265 c.c. die Pflicht des Gesellschafters zur Beitragsleistung positivrechtlich ab.

c) Dauerhaftigkeit des Ausschlusses - Problem der *nullità in progress*

Schließlich ergibt sich zumindest aus der Rechtsprechung des Kassationsgerichtshofs, dass der Ausschluss nicht nur vorübergehend, sondern dauerhaft zu sein hat (costante).[237] In diesem Zusammenhang sind Gestaltungen von Relevanz, die erst bei Eintritt eines bestimmten Geschehensablaufs zu einem Ergebnisausschluss führen. Hier ist bei Abschluss der Vereinbarung der „Defekt" in der Vereinbarung zwar angelegt, aber nur potentiell davon auszugehen, dass es zu einem Verstoß gegen Art. 2265 c.c. kommt. Das Schrifttum verwendet hierfür auch das Schlagwort „nullità in progress".[238] Die Anwendbarkeit des Patto leonino im Kapitalgesellschaftsrecht unterstellt, könnten auch Aktien einer Gattung, die nur nachrangig am Verlust der Gesellschaft teilnimmt (vgl. Art. 2348 c.c.), hierzu zählen.
Art. 2265 c.c. soll hier bei entsprechendem Geschehensablauf Anwendung finden, wobei irrelevant ist, ob die Parteien den Ergebnisausschluss sicher vorausgesehen hätten. Ausreichend sei, dass der Ergebnisausschluss bereits in der Abrede angelegt

236 N. Piazza, S. 527f.
237 Cass. Civ., n. 8927, 29.10.1994, Società 1995, 178, 178.
238 Vgl. z.B. Abriani, S. 60.

und nicht erst das Ergebnis späterer Ermessensentscheidungen der Geschäftsführung war.[239]

4. Diskutierte Beispiele für nach Art. 2265 c.c. problematische Abreden

Es ist erhellend, anhand von Beispielen aufzuzeigen, welche Fallgestaltungen in den Anwendungsbereich des Verbots leoninischer Abmachungen geraten können. Dabei kann die folgende Darstellung nicht als abschließend gelten. Deutlich sollte jedoch werden, welche Reichweite der Vorschrift zukommen kann.

a) Mindestgewinn oder Gewinnvorweg

Die Vereinbarkeit mit Art. 2265 c.c. von Klauseln, durch die einem Gesellschafter ein Mindestgewinn zugesagt wird, soll vom Einzelfall abhängen.[240] Es handele sich hierbei möglicherweise, aber nicht zwangsläufig, um Abreden, die gegen Art. 2265 c.c. verstießen.[241]

Ein möglicher Konflikt mit Art. 2265 c.c. kommt dabei unter zwei Blickwinkeln in Betracht: Einerseits können diese Klauseln den Gewinnausschluss der anderen Gesellschafter zur Folge haben. Andererseits ist der berechtigte Gesellschafter dann, wenn ihm der Anspruch auf einen Mindestgewinn selbst im Falle eines negativen Ergebnisses der Gesellschaft zustehen soll, von der Verlusttragung befreit.[242] In diesen Zusammenhang ist auch an Vorzugsaktien und andere, im Hinblick auf die Ergebnisbeteiligung privilegierte, Aktiengattungen zu denken.[243]

b) „Vertragsstrafe-Klausel“

Eine Entscheidung des Landgerichts Mailand zeigt, dass auch Vertragsstrafeklauseln mit Art. 2265 c.c. in Konflikt geraten können. Für den Fall, dass ein Gesellschafter sich ohne Eingreifen eines Kündigungsgrundes aus der Gesellschaft zurückzog, war im Gesellschaftsvertrag vereinbart worden, dass er den anderen Gesellschaftern dergestalt Schadensersatz zu leisten habe, dass sein Anteil unter den Verbliebenen aufgeteilt werden würde.[244] Das Gericht sah die Klausel als „leoninisch“ und nichtig an.[245]

c) Nachfolgeregelungen

Als in besonderer Weise problematisch erweisen sich Fortsetzungsklauseln in Gesellschaftsverträgen, wonach unter Abfindung der Erben eines verstorbenen Gesellschafters die Gesellschaft unter den verbliebenen Gesellschafter fortgesetzt

239 Abriani, S. 61.
240 Abriani, S. 59.
241 Abriani, S. 59.
242 Abriani, S. 59.
243 Vgl. im Einzelnen unter C.III.3.a).
244 Trib. Mailand, 22.10.1990, Società 1991, 221.
245 Trib. Mailand, 22.10.1990, Società 1991, 221.

werden soll (patti di consolidazione). In einer solchen Klausel wird typischerweise geregelt, dass der Anteil eines durch Tod ausgeschiedenen Gesellschafters den überlebenden Gesellschaftern im Verhältnis ihrer Gesellschaftsanteile zuwächst.
Hier steht ein Verstoß gegen das Gewinnausschlussverbot in Rede, wenn die Erben entweder gar nicht oder unter Ausschluss von auf die Beteiligung entfallenden stillen Reserven abgefunden werden sollen.[246] Hinzu kommt ein möglicher Verstoß gegen das Verbot von Erbverträgen nach Art. 458 c.c. sowie gegen das Verbot tontinischer Vereinbarungen.[247]
Gegen eine Anwendbarkeit des Art. 2265 c.c. auf derartige Klauseln kann eingewendet werden, dass sie den Gesellschafter nicht zur Zeit seiner Gesellschafterstellung vom Ergebnis ausschließe, sondern *danach*. Der französische Kassationsgerichtshof hat die Anwendbarkeit von der vergleichbaren französischen Vorschrift in einer Entscheidung aus dem Jahre 1962 abgelehnt.[248] Nach einer im Schrifttum wiedergegebenen Entscheidung eines Instanzgerichts hingegen ist eine Fortsetzungs-Klausel unwirksam, mit welcher die Erben in Höhe des Nominalwerts der Anteile abgefunden werden, ohne dass die effektive Vermögenssituation der Gesellschaft Berücksichtigung findet.[249] Das Gericht berief sich dabei jedoch auf die Konzeption des Gesellschaftszwecks gemäß Art. 2247 c.c.
Hier zeigt sich die Nähe des Art. 2247 c.c. zu dem Gewinnbeteiligungsgebot nach Maßgabe des Art. 2265 c.c. Für ein weites Verständnis des Gewinn-Begriffs in Art. 2247 c.c. spräche zunächst die Verwurzelung des italienischen Gesellschaftsrechts im Römischen Recht, da sich bei der römischen societas der Gewinnanspruch des Gesellschafters auf den Liquidations-Erlös beschränkte.[250]
Häufig sollte ein Eingreifen von Art. 2265 c.c. jedenfalls daran scheitern, dass die Nachfolgeregelung keinen „völligen" Ausschluss vom Ergebnis beinhaltet.[251]

d) Buy-Out-Klauseln

Gesellschaftsrechtliche Buy-Out-Klauseln[252] gestehen einem Gesellschafter das Recht zu, bei anhaltendem Dissens unter den Gesellschaftern über die Geschäftsführung die Anteile eines Gesellschafters zu einem vorher festgelegten Preis zu erwerben. Auch hierbei kann es dazu kommen, dass der ausgeschieden Gesellschafter nicht am Gesellschaftsergebnis beteiligt ist. Gleichwohl sollen derartige Klauseln mit Art. 2265 c.c. vereinbar sein: Es handele sich dabei nämlich um einen Effekt, der sich erst nach dem

246 Abriani, S. 61f.
247 Abriani, S. 62; – zur Tontine im deutschen (Versicherungs-)Recht Winter, VersR 2004, 8ff.
248 Französischer Kassationsgerichtshof, 12.11.1962, J.C.P. 1962, som. 167.
249 Abriani, S. 64, unter Verweis auf Appellationsgericht Turin, 10.11.1993, "Bocchio c. Bocchio", unveröffentlicht.
250 Dernburg, S. 326.
251 Vgl. unter C.IV.3.
252 In Deutschland ist der Terminus Buy-Out-Klausel eher im Lizenzvertragsrecht gebräuchlich – vgl. Grützmacher, in: Wandtke/Bullinger, vor § 69a Rn 13; vor § 31 Rn 92.

Ausscheiden feststellen lasse. Für die Zeit der Gesellschafterstellung verbleibe es hingegen bei der Ergebnisbeteiligung.[253]
Es sollte jedoch nicht ausgeschlossen werden, dass auch für solche Klauseln ein Gericht Art. 2265 c.c. „entdeckt". Hierfür spricht die bereits angeführte Rechtsprechung zur Vertragsstrafenregelung sowie die Ähnlichkeiten mit weiteren Vertragsgestaltungen auch kaufrechtlicher Art, für die eine Anwendbarkeit von Art. 2265 c.c. nicht außer Zweifel steht.[254]

e) Put- und Call-Klauseln in Beteiligungs-Kaufverträgen („Doppeloptionen")

Auch im Zuge von gestaffelten Beteiligungsveräußerungen verwendete Optionsklauseln erweisen sich im Hinblick auf Art. 2265 c.c. als problematisch. Es ist hierbei vorab darauf hinzuweisen, dass sich diese Klauseln regelmäßig nicht im Gesellschaftsvertrag, sondern in einem (Anteils-)Kaufvertrag finden. Demgemäß sollte insoweit nur eine analoge Anwendung der gesellschaftsrechtlichen Bestimmung des Art. 2265 c.c. beziehungsweise des Rechtsgedankens der Vorschrift im Raum stehen. Gleichwohl beschäftigt die Anwendung der gesellschaftsrechtlichen Vorschrift des Art. 2265 c.c. auf derartige kaufrechtliche Klauseln Schrifttum und Rechtsprechung in hohem Maße.[255]
Put-Klauseln berechtigen einen Gesellschafter, seine Anteile zum vorher festgelegten Preis an den durch die Klausel verpflichteten Gesellschafter oder Dritten zu veräußern. Damit ist der Berechtigte für den Fall eines schlechten Geschäftsverlaufs gegen eine Verlusttragung aufgrund eines Verkehrswert-Verfalls der Anteile abgesichert. Auf den – wie auch immer zu bestimmenden – Verkehrswert der Anteile zum Zeitpunkt des – nach Ausübung der Option erfolgenden - Vollzugs des Verkaufs kommt es nicht an.
Umgekehrt ist durch eine Call-Klausel (Kauf-Option) ein Gesellschafter verpflichtet, dem Berechtigten seine Anteile zum festgelegten Preis selbst dann zu überlassen, wenn das wegen eines gestiegenen Verkehrswerts der Anteile auf einen Ausschluss vom Gesellschaftsgewinn – in Bezug auf die im Anteil verkörperten stillen Reserven - hinausläuft.
In der deutschen Unternehmenskaufpraxis ist es nicht selten, dass im Rahmen einer Beteiligungsveräußerung Anteilspakete tranchenweise veräußert und sich hierbei einer verknüpften Verwendung von Call- und Put-Optionen bedient wird.[256] Ähnlich stellt sich die Lage in Italien dar: *Barcellona* unterscheidet für die italienische Rechtspraxis drei Grundkonstellationen der wirtschaftlichen Verknüpfung von Call- mit Put-Optionen: Im ersten Fall handelt es sich um den tranchenweisen Übergang einer Gesellschaft, typischerweise eines kleinen oder mittelständischen, als

253 Abriani, S. 67.
254 Siehe unter C.IV.4.e).
255 Vgl. nur Barcellona, S. 1ff. m.w.N.; Cass. Civ., n. 8927, 29.10.1994, Società 1995, 178, 178.
256 Zum steuerrechtlich relevanten Übergang des wirtschaftlichen Eigentums (§ 39 AO) bei Verwendung sogenannter „Doppeloptionen" vgl. BFH, 11. 7. 2006 - VIII R 32/04, DStR 2006, 2163ff.

Aktiengesellschaft organisierten, Unternehmens.[257] Der (Allein-)Gesellschafter veräußert dabei eine (Mehrheits-)Beteiligung an den Erwerber. Gleichzeitig verpflichtet sich der Erwerber, die übrigen Anteile zu einem späteren Zeitpunkt zu einem Mindestpreis zu übernehmen (Put-Option des Alt-Gesellschafters). Im Gegenzug wird der Erwerber berechtigt, diese Anteile zu einem Höchstpreis erwerben zu können (Call-Option). Möglich und üblich sei es auch, nur eine der beiden Klauseln zu vereinbaren. Insgesamt ermögliche der Rückgriff auf diese Optionen einen flexiblen Interessenausgleich im Rahmen eines gestreckten Unternehmensübergangs. Die betroffenen Unternehmen seien in der Regel auch dadurch zu charakterisieren, dass eine enge Wechselbeziehung zwischen Alt-Gesellschafter (Aktionär) und Geschäftsführung bestehe, was den zeitlich gestreckten, tranchenweisen Übergang der durch die Anteile vermittelten Unternehmenskontrolle opportun mache. Zugleich wird dem Erwerber durch die Optionen ein Ermessensspielraum hinsichtlich des Zeitpunkts des vollständigen Anteilserwerbs und, damit verbunden, der Aufbringung des Kaufpreises, eingeräumt.[258]

In einer zweiten von *Barcellona* herausgearbeiteten Fallgruppe geht es um die Beteiligung von Finanzinvestoren an Gesellschaften. Diese Fallgruppe nimmt in der italienischen Rechtslehre vor dem Hintergrund des Art. 2265 c.c. größeren Raum ein.[259] Die Interessenlage des „finanzierenden" Gesellschafters ist dabei eindeutig: Er möchte am wirtschaftlichen Erfolg der Unternehmung teilhaben, ohne sein Kapital zu verlieren. Dazu wird der Finanzinvestor zunächst entweder durch Anteils-Übertragung oder Kapitalerhöhung als (Minderheits-)Gesellschafter aufgenommen. Daneben wird vereinbart, dass der neue Gesellschafter berechtigt ist, die Anteile zu einem festgelegten, etwas über dem Erwerbs-Preis liegenden, Betrag an den Alt-Gesellschafter zurück zu übertragen (Put-Option). Gleichzeit wird dem Alt-Gesellschafter eine Option zum (Rück-)Erwerb der Anteile zu einem noch darüberliegenden Preis gewährt.

Der Alt-Gesellschafter erschließt sich auf diese Weise eine Finanzierungsquelle, die regelmäßig günstiger als die Aufnahme von Fremdkapital sein wird. Im Fall der Kapitalerhöhung kommt eine verbesserte Eigenkapitalausstattung hinzu. Für den Finanzinvestor bietet die Konstruktion Vorteile im Vergleich zur Gewährung eines durch ein Pfandrecht an den Aktien gesicherten Darlehens: Verletzt nach Ausübung der Put-Option der Alt-Gesellschafter seine Verpflichtung zur Rücknahme der Anteile gegen Bezahlung des vereinbarten Preises, kann der Finanzinvestor die Anteile freihändig verkaufen (Art. 1515 c.c.). Wäre hingegen lediglich ein durch ein Pfandrecht gesichertes Darlehen gewährt worden, bliebe der Gläubiger auf die Pfandrechts-Verwertung verwiesen.

---

257 Vgl. Barcellona, S. 3ff.

258 Vgl. weiterhin Barcellona, S. 4f.

259 Vgl. nur Cass. Civ., n. 8927, 29.10.1994, Società 1995, 178ff.; Barcellona, S. 6; Batti, Società 1995, 183ff.; Tedeschi, NGCC 1995, 1169, jeweils m.w.N.

Eine dritte Fallgruppe der Verknüpfung von Put- und Call-Optionen sieht *Barcellona* in der Begründung humankapitalintensiver Unternehmen durch zwei (oder mehr) Gesellschafter, von denen einer das Know-How, der andere die Finanzkraft beisteuert.[260] Der finanzschwache, aber an Know-How reiche Gesellschafter übernimmt auf Grundlage des Gesellschaftsvertrages nur einen geringen Teil der Anteile. Gleichzeitig wird er zum Geschäftsführer der Gesellschaft berufen. Durch die Put-Option wird er ermächtigt, seine Anteile im Falle der Beendigung der Gesellschaft zu einem Mindestpreis an den finanzstarken Gesellschafter zu verkaufen. Zudem wird ihm durch die Call-Klausel das Recht eingeräumt, im Erfolgsfalle sämtliche Anteile zu dem vorher bestimmten Preis zu erwerben. Der humankapitalstarke Gesellschafter ist durch diese Konstruktion gegen die Verlusttragung abgesichert, da er seine Anteile durch die Put-Option abstoßen kann. Andererseits kommt ihm auch eine Wertsteigerung der Gesellschaft zugute, da er sämtliche Anteile durch Ausübung der Call-Klausel erwerben kann.
Allen diesen Gestaltungen ist gemein, dass sie mit dem Verbot leoninischer Abmachungen in Konflikt stehen sollen. Die Auffassungen hierzu sind jedoch geteilt.

aa) Erste Ansicht: Klauseln mit Art. 2265 c.c. unvereinbar und nichtig

In der (indirekten) Konsequenz dieser Abreden, dass ein Gesellschafter von der Ergebnisentwicklung ausgeschlossen ist, wird teilweise ein Verstoß gegen das Verbot leoninischer Abreden mit der Konsequenz der Nichtigkeit der Klausel gesehen.[261]

bb) Zweite Ansicht: Art. 2265 c.c. unanwendbar

Nach der Gegenansicht unterfallen derartige Klauseln nicht dem Anwendungsbereich von Art. 2265 c.c.[262] Zentrales Argument hierfür ist, dass diese Klauseln nicht die Ergebnisbeteiligung selbst, sondern nur die Übertragbarkeit der Anteile regelten.[263] Der (faktische) Ausschluss von der Ergebnisbeteiligung sei nur ein Rechtsreflex des abgeschlossenen Kaufvertrages.
Barcellona hat sich zuletzt eingehend mit der Frage der Anwendbarkeit des Art. 2265 c.c. auf solche Klauseln befasst und kommt zu dem Ergebnis, dass durch eine Put-Klausel der Gesellschafter nicht von der Verlustbeteiligung ausgeschlossen wird, sondern dieses Risiko lediglich auf einen anderen – in der Regel entgeltlich – übertragen werde. Damit unterfalle die Gestaltung nicht dem Art. 2265 c.c., der ja nur den Ausschluss von der Verlustteilnahme, nicht aber die Übertragung des Verlustrisikos verbiete.[264]

---

260 Vgl. Barcellona, S. 10f.
261 Guglielmucci, Riv. Soc. 1980, 1196.
262 Sbisà, Contratto e impresa 1987, 816ff.; Abriani, S. 67ff.
263 Sbisà, Contratto e impresa 1987, 816, 819f.; Abriani, S. 68.
264 Barcellona, S. 55.

cc) Ansicht des französischen Kassationsgerichtshofs: Kein Fall leoninischer Abreden

Zum französischen Recht, welches unter Weiterentwicklung der im Code civil von 1804 beinhalteten Regelung[265] eine vergleichbare gesetzliche clause léonine kennt,[266] hat der dortige Kassationsgerichtshof festgestellt, dass solche Abreden den geordneten Übergang eines Anteilspakets bezweckten.[267] Sie beträfen mithin nicht die Ergebnisbeteiligung eines Gesellschafters, sondern die Frage des freien Verkehrs der Anteile. Somit handele es sich nicht um leoninische Abreden.

dd) Stellungnahme – EG-rechtliche Erwägungen

Im Recht der Kapitalgesellschaften - und damit erst recht beim Erwerb der Beteiligung an einer Kapitalgesellschaft - erscheint eine Anwendung des Art. 2265 c.c. systematisch angreifbar.[268] Geht man gleichwohl von dessen Anwendbarkeit aus, käme die Freistellung gegen das Risiko einen völligen wirtschaftlichen Verlust des Anteilswerts als Verlustfreistellungsabrede im Sinne des Art. 2265 c.c. in Betracht. Die Freistellung des Gesellschafters von diesem Verlustrisiko durch die Put-Klausel erfolgt jedoch außerhalb von Gesellschaftsvertrag und Gesellschaftsrecht. Einer Anwendung der gesellschaftsrechtlichen Vorschrift des Art. 2265 c.c. unter dem Gesichtspunkt der Umgehungsabsicht ist zu entgegnen, dass die Parteien regelmäßig einen anderen Haupt-Zweck verfolgen. Dieser liegt – je nach Fallgestaltung - in der Ermöglichung eines geordneten Anteilsübergangs, der Aufnahme eines weiteren (finanzstarken) Gesellschafters oder darin, durch eine Absicherung gegen einen Wertverlust die eigene wirtschaftliche Tätigkeit für die Gesellschaft weiter ausführen zu können, begründet.
Es verbleibt die Frage, ob auf diese kaufrechtlichen Gestaltungen eine Anwendung von Art. 2265 c.c. im Wege der Analogie oder, alternativ, auf den Rechtsgedanken beschränkt, in Betracht kommen kann. Für die Abreden mit potentiell gewinnausschliessendem Effekt („Call-Optionen") sollte das bereits an der gebotenen, auf genuin gesellschaftsrechtliche Gestaltungen zu beschränkenden, engen Auslegung von Art. 2265 c.c scheitern, die der Erstreckung entgegensteht. Das sollte sowohl für den Erwerb der Beteiligung an einer Kapital- als auch an Personengesellschaften gelten.
Gesondert zu betrachten wäre eine Verletzung des Verlustbeteiligungsgebots durch die Verwendung von Verkaufs-Optionen. Folgt man insoweit der Auffassung, dass der Normzweck des Art. 2265 c.c. in der Vermeidung „unbeschränkter Unverantwortlichkeit" durch Inpflichtnahme des Gesellschafters über die Beteiligung

265 Vgl. unter B.V.2.

266 Vgl. Art. 1844-1 Satz 2 Code civil: „Toutefois, la stipulation attribuant à un associé la totalité du profit procuré par la société ou l'exonérant de la totalité des pertes, celle excluant un associé totalement du profit ou mettant à sa charge la totalité des pertes sont réputées non écrites"; hierzu Ferid/Sonnenberger, Das Französische Zivilrecht, Band 2, 2. Aufl. 1986, S. 365 sowie nachfolgend unter C.V.1.

267 Französischer Kassationsgerichshof, 20.5.1986, Revue des societés 1986, 613.

268 Vgl. unter C.III.3.

am (negativen) Ergebnis bestehe, könnte eine Anwendbarkeit des Verlustbeteiligungsgebots auch auf diese Klauseln erstreckt werden. Überzeugender erscheint es jedoch, den Zweck des Verlustbeteiligungsgebots darin zu sehen, die Einlagepflicht des Gesellschafters dagegen abzusichern, dass diese durch ein Versprechen der Verlustfreistellung konterkariert wird.[269] Damit erfasst das Verlustbeteiligungsgebot aber gar nicht den Fall, dass ein Geschäft auf die Übertragung einer Beteiligung angelegt ist. Andernfalls könnte ein wirtschaftlich sinnvoller, von beiden Parteien gewollter tranchenweiser Unternehmens-Übergang unter Verwendung von (Doppel-)Optionen an einer Vorschrift des Innengesellschaftsrechts scheitern. Es gibt keine Anhaltspunkte dafür, dass der Gesetzgeber einen derartigen Eingriff in die Privatautonomie der Parteien bezwecken wollte.

Gegen eine Anwendbarkeit auf den Fall des Beteiligungserwerbs lassen sich schließlich auch EG-rechtliche Bedenken anführen: Soweit Art. 2265 c.c. dem Erwerb von Beteiligungen an italienischen Gesellschaften durch einen Erwerber aus dem EU- oder EWR-Ausland mit Hilfe der vorgenannten, auch z.B. in Deutschland nicht unüblichen, Gestaltungen entgegenstehen sollte, wäre die Vereinbarkeit von Art. 2265 c.c. mit der Kapitalverkehrs- oder Niederlassungsfreiheit nach Art. 56 EG beziehungsweise Art. 43 EG fraglich.[270] Denn dann würde die Vorschrift eine Beschränkung des Beteiligungserwerbs in Italien darstellen. Der potentielle Erwerber wäre in seiner durch Art. 56 EG geschützten Freiheit zur Kapitalanlage, die Gesellschaft in ihrer Freiheit zur Kapitalbeschaffung betroffen. Hält man die Kapitalverkehrsfreiheit für einschlägig, würde eine Nichtanwendbarkeit als Folge der EG-Rechtswidrigkeit nach dem Wortlaut von Art. 56 Abs. 1 EG auch gegenüber Drittstaaten zu gelten haben. Hierbei ist jedoch zu beachten, dass aufgrund der Standstill-Klausel des Art. 57 Abs. 1 EG die Vorschrift Bestandsschutz genießen sollte und mithin nicht gegenüber Drittstaaten zur Anwendung gelangen dürfte.

Es ist fraglich, ob diese Beschränkung der Grundfreiheiten durch zwingende Erfordernisse des Allgemeininteresses gerechtfertigt werden kann. Denn aufgrund der Schwierigkeiten, einen Normzweck für Art. 2265 c.c. zu bestimmen, fällt auch eine Rechtfertigung der Beschränkung unter dem Gesichtspunkt eines zwingenden wirtschaftspolitischen Interesses schwer.

Hieraus folgt, dass die Vorschrift des Art. 2265 c.c. jedenfalls bei Beteiligungserwerb mit grenzüberschreitendem Bezug eine ungerechtfertige Beschränkung der EG-Grundfreiheiten (Art. 43, 56 EG) darstellen kann und in diesen Fällen möglicherweise unangewendet zu bleiben hat. Ähnlich wie in Deutschland (Art. 23 Abs. 1 Satz 2 GG) erkennt auch die italienische Verfassung in ihrer Auslegung durch den

269 Vgl. unter C. II.

270 Zur Bestimmung der einschlägigen Grundfreiheit bei Beteiligungserwerb an Kapitalgesellschaften MüKo-AktG/Altmeppen, Europäisches Aktienrecht Rn 17ff.; zum Vorliegen von indirekten Beschränkungen der Kapitalverkehrsfreiheit von der Groeben/Schwarze/Kiemel, Art. 56 Rn 9ff.

Verfassungsgerichtshof (Corte Costituzionale) eine teilweise Souveränitätsübertragung auf die EG an. Die Grundlage hierfür bietet Art. 11 der italienischen Verfassung.[271]

f) Garantieklauseln

Schließlich sind Abmachungen denkbar, durch die ein Gesellschafter von den anderen Gesellschaftern von seiner Verlusttragungspflicht freigestellt bzw. ihn die Rückgewähr seiner Einlage zugesichert wird. Regelmäßig verpflichten sich die anderen Gesellschafter ihm gegenüber im Innenverhältnis, anfallende Verluste zu tragen. Dabei weisen diese Vereinbarungen die Eigenart auf, dass den anderen Gesellschaftern gerade daran gelegen ist, auf diese Art und Weise den „Löwen" als Gesellschafter zu gewinnen.

Auch bei diesen Vereinbarungen stellen sich ähnliche Fragen wie bei der Anwendung des Art. 2265 c.c. auf Kaufverträge: Handelt es sich um ein gesellschaftsrechtliches Geschäft und wenn nicht, wie wäre eine Anwendung von Art. 2265 c.c. methodisch zu begründen? Allerdings ist bei diesen Vereinbarungen stets zu fragen, warum diese außerhalb des Gesellschaftsvertrages abgeschlossen wurden. Wenn tragendes Motiv hierfür die Existenz von Art. 2265 c.c. wäre, kommt eine Anwendung von Art. 2265 c.c. in Betracht. Insgesamt deckt sich diese Problematik weitgehend mit der der bereits behandelten patti parasociali.[272]

g) Abtretung zukünftiger Gewinnansprüche

Wenn ein Gesellschafter seine Gewinnansprüche aus seiner Beteiligung an einen Dritten abtritt stellt sich ebenfalls die Frage der Anwendung des Art. 2265 c.c., da sich auf diese Weise der Gesellschafter eines „jeden" Gewinnbezugsrecht entledigt.[273]

Es wird im Schrifttum betont, dass durch ein solches Geschäft der Gesellschafter nicht von den Chancen der Gesellschaft ausgeschlossen werde, sondern nur über seine (Gewinnbezugs-)Rechte disponiere, mithin diese Gewinnchancen zu Geld mache. Das sei von Art. 2265 c.c. nicht erfasst.[274] Stattdessen werfe ein derartiges Rechtsgeschäft allgemeine zivilrechtliche Probleme auf, insbesondere das, die Gegenleistung zu bestimmen.[275]

h) Verlustübernahmeversprechen durch Dritte

Auch bei einem Verlustübernahmeversprechen durch einen Nichtgesellschafter wird argumentiert, dass der Gesellschafter damit nicht von der Verlusttragung ausge-

---

271 Corte Costituzionale, 27.12.2973 – „Frontini", EuGRZ 1975, 311ff.; hierzu sowie zu dem durch das Gericht vorbehaltenen „Kontrollvorbehalt" Streinz, in: FS-Steinberger, S. 1464f.

272 Vgl. unter C.IV.1 b) und c.

273 Barcellona, S. 50.

274 Barcellona, S. 53.

275 Barcellona, S. 53.

schlossen werde, sondern das Risiko des Verlustes nur auf einen anderen – in der Regel entgeltlich – überträgt.[276]

5. Zusammenfassung

Die Anwendungsfälle von Art. 2265 c.c. reichen weit über Klauseln innerhalb von Gesellschaftsverträgen hinaus. Alle schuldrechtlichen Abreden, die einen Gesellschafter zumindest vorübergehend von der Gewinn- oder Verlustbeteiligung ausschließen, sind geeignet, mit dem Patto leonino in Konflikt zu geraten. Dabei ist Gewinn nicht nur der laufende Gewinn, sondern umfasst auch mit der Beteiligung verbundene stille Reserven. Auch Beteiligungskaufverträge können nach bestrittener Ansicht in Widerspruch zu Art. 2265 c.c. geraten, soweit aufgrund von Optionsgestaltungen ein Gesellschafter vorübergehend vom Ergebnis ausgeschlossen wird. Dabei ist jedoch zu beachten, dass im EU-grenzüberschreitenden Sachverhalt eine Unanwendbarkeit der Vorschrift wegen Verstoßes gegen die Verletzung der EG-Grundfreiheiten in Betracht kommen kann.

V. Zur Rechtsfolge eines Patto leonino

Zur Rechtsfolge einer leoninischen Vereinbarung werden mehrere Auffassungen vertreten.

1. Erste Ansicht: Gesellschaftsvertrag nichtig

Die ältere Lehre, die unter Geltung des Zivilgesetzbuches von 1865 vorherrschte, sah im Einklang mit der römischrechtlichen Lösung[277] als Ergebnis einer leoninischen Abrede den gesamten Gesellschaftsvertrag als nichtig an.[278] Diese Lösung entsprach auch der herrschenden Ansicht im französischen Recht[279], bis dort 1966 das Gesetz geändert wurde. Nunmehr ist dort nach dem Gesetz nur noch die Klausel unwirksam.[280]

---

276 Barcellona, S. 55.

277 Vgl. oben unter B.II.1.

278 Sraffa, Riv. Dir. Comm. 1915, I, 956.

279 Vgl. bereits Pothier, S. 14, sowie Rodière, S. 49f., mit Verweis auf Art. 1855 Code civil alte Fassung und eine Rechtsänderung 1969, seit der – für Kapitalgesellschaften – eine Nichtigkeit wegen einer clause léonine gesetzlich ausgeschlossen ist.

280 Vgl. Art. 1844-1 Abs. 2 Code civil „...sont reputées non écrites“; vgl. bereits unter C.IV.4.e)cc)..

2. Zweite Ansicht: Lediglich Klausel nichtig

Letzteres vertritt auch eine weitere Auffassung zum italienischen Recht: Im Hinblick auf die Ergebnisverteilung griffe die dispositive Vorschrift des Art. 2263 c.c ein.[281] Auch der Kassationsgerichtshof hat sich dieser Auffassung angeschlossen.[282]

3. Dritte Ansicht: Teil- oder Gesamtnichtigkeit nach Art. 1419f. c.c.

Schließlich wird die Lösung vertreten, dass die Nichtigkeit der Klausel dann gemäß Art. 1419 Absatz 1 c.c. den gesamten Gesellschaftsvertrag erfasse, wenn ohne die leoninische Abrede der Gesellschaftsvertrag nicht geschlossen worden wäre.[283] In der mindestens dreigliedrigen Gesellschaft ist danach die gesamte Gesellschaft gemäß Art. 1420 c.c. nichtig, wenn sie ohne diesen Gesellschafter nicht vereinbart worden wäre.

4. Vierte Ansicht: Anwendbarkeit der Vorschriften zum Scheingeschäft (Art. 1414-1417 c.c.)

Diskutiert wird, ob dann, wenn das mit der Sanktion der Nichtigkeit wegen Verletzung des Art. 2265 c.c. zu belegende Geschäft in Wahrheit eine (verdeckte) Darlehensgewährung darstellt auf dieses nach den Regelungen zum Scheingeschäft (Art. 1414ff. c.c.) Darlehensvertragsrecht anzuwenden sei. In Betracht kommt das insbesondere in Konstellationen, in denen ein „finanzierender" Gesellschafter von der Verlusttragung freigestellt wird und sich gleichzeitig verpflichtet, seine Verwaltungsrechte nach Weisung eines anderen Gesellschafters auszuüben. In diesem Fall ist seine Stellung der eines Darlehensgebers zumindest angenähert

Die Folge wäre dann aber, dass der finanzierende Gesellschafter in seinen Ansprüchen gegen die Gesellschaft die Stellung eines Dritten hätte, mithin im Falle der Insolvenz bessergestellt wäre als ein Gesellschafter. Das lässt die Lösung nach Art. 1414ff. c.c. als unangemessen erscheinen.[284]

5. Zur Zulässigkeit einer Umdeutung (Art. 1424 c.c.)

Strittig ist schließlich die Möglichkeit der Umdeutung einer wegen Verletzung von Art. 2265 c.c. nichtigen Abrede in einen (wirksamen) Darlehensvertrag. Da das Rechtsgeschäft die Erfordernisse eines Darlehensvertrages erfüllen können muss, kommen hierfür nicht die eigentlichen gesellschaftsvertraglichen, sondern nur neben dem Gesellschaftsvertrag getroffene Abreden (patti parasociali) in Betracht.

Gegen eine Umdeutungsmöglichkeit wird angeführt, dass diese ausscheiden müsse, wenn die von den Parteien verfolgte Absicht mit dem Zweck des Art. 2265 c.c. in Widerspruch stehe. Zudem würde Art. 2265 c.c. in seiner Sanktionswirkung leerlaufen, wenn die Vereinbarung als Darlehen aufrecht erhalten werden könnte.

---

281 Simonetto, S. 195f.

282 Cass., 3.3.1955, n.626, N. Riv. dir. com 1956 II, 61, 61.

283 Vgl. Graziani, S. 48.

284 Vgl. zum Ganzen Abriani, S. 150f.

Zuletzt sei eine Umdeutung auch wegen des ganz unterschiedlichen funktionalen Charakters von Gesellschafts- und Darlehensvertrag problematisch.[285] Diese Ansicht beruht allerdings auf der – zweifelhaften – Auffassung, dass Art. 2265 c.c. eine Vorschrift des wirtschaftspolitischen ordre public sei.[286] Wenn man Art. 2265 c.c. tatsächlich nur auf Abreden, die auf eine Änderung der gesellschaftsrechtlichen Stellung abzielen, anwendet, sollte eine Umdeutung ausscheiden.

6. Zur Diskussion

Grundsätzlich kommt der Frage der Rechtsfolge eines Patto leonino eingeschränkte Bedeutung zu. Denn dem Gewinnausschlussverbot fehlt nach vorzugswürdiger Ansicht wegen der Existenz von Art. 2247 c.c. eine eigenständige Bedeutung, so dass die Frage der Rechtsfolge einer Verletzung hier eine theoretische ist.

Ein Verstoß gegen Art. 2265 c.c. kann damit insgesamt nur dadurch erfolgen, dass ein Gesellschafter gegen den völligen Verlust seiner Einlage abgesichert wird.

Der Wortlaut der Vorschrift („Patto") läßt offen, ob nur die leoninische Klausel oder der gesamte Gesellschaftsvertrag gemeint ist.

Gegen die Auffassung von der Nichtigkeit des gesamten Vertrages sprechen damit einhergehende Abwicklungsschwierigkeiten: Die Nichtigkeit hätte zur Folge, dass jeder Gesellschafter seine Einlage als nicht geschuldet nach Bereicherungsrecht (Art. 2033 c.c.) herausverlangen dürfte. Weiterhin würde den Gesellschaftsgläubigern mit den Anteilen der ausgeschiedenen Gesellschaftern Haftungsmasse verloren gehen.[287] Vergleichbare Probleme treten auf, wenn man unter Anwendung der Teilnichtigkeitsregeln (Art. 1419f. c.c.) zur Nichtigkeit der Gesellschaft gelangt.

Konfrontiert mit solchen Abwicklungsschwierigkeiten hat sich der französische Gesetzgeber für die „kleine Lösung" entschieden. Als Rechtsfolge einer *clause léonine* gilt nur die Klausel als nicht vereinbart.[288] Wegen vergleichbarer Schwierigkeiten bei Fehlerhaftigkeit von Gesellschaftsverträgen hat sich auch in Deutschland die Lehre von der fehlerhaften Gesellschaft etabliert, die in Ausnahme vom Grundsatz der Rückwirkung von Anfechtung und anderen Mängeln einer Vertragsaufhebung nur ex-nunc-Wirkung zuerkennt.[289] Es wäre - bei ergänzender Heranziehung der deutschen Rechtsgrundsätze - auch kein Grund ersichtlich, der eine rückwirkende Nichtigkeit ausnahmsweise durchgreifen ließe. Denn ein durch Art. 2265 c.c. geschütztes Interesse ist schwer zu greifen und sollte jedenfalls nicht einem Gesetzes- oder Sittenverstoß gleichkommen, der nach deutscher Zivilrechtsdogmatik eine Zerstörung des Bestandsschutzes zur Folge hätte.

---

285 Abriani, S. 147f.
286 Abriani, S. 148.
287 Abriani, S. 93.
288 Vgl. Art. 1844-I Code civil.
289 Vgl. unter D.III.7.

In Italien existiert eine verwandte Diskussion zur Frage, ob sich die Art. 2332 c.c. auch im Personengesellschaftsrecht mit der Folge eines Bestandsschutzes der durch die Gesellschaft bis zur Geltendmachung eines Mangels vorgenommenen Rechtshandlungen anwenden lässt.[290]

Von den dargestellten Auffassungen vermeidet im Übrigen nur diejenige Auffassung, die Art. 2263 c.c. als Verteilungsregel subsidiär eingreifen lässt, diese Abwicklungsschwierigkeiten. Gegen diese Lösung - das subsidiäre Eingreifen von Art. 2263 c.c. - könnte zweierlei sprechen: Art. 2263 c.c. setzt eine Regelungslücke in der von den Parteien getroffenen Abrede voraus. Im Fall einer leoninischen Vereinbarung würde eine Willensbildung der Parteien in Bezug auf die Ergebnisverteilung nicht fehlen, sondern der tatsächliche Wille ersetzt werden. Eine unmittelbare Anwendung von Art. 2263 c.c. ist daher problematisch. Bei einer (analogen) Anwendung von Art. 2263 c.c. stellt sich das Problem einer geltungserhaltende Reduktion: Ein Verstoß gegen Art. 2265 c.c. wäre für die Parteien risikolos, da schlimmstenfalls die Anwendung der Verteilungsregel des Art. 2263 c.c. zu befürchten wäre.

Es wurde deshalb vorgeschlagen, die Teilnichtigkeitsregeln der Art. 1419f. c.c. eingreifen zu lassen, diese aber in teleologischer Reduktion unangewendet zu lassen, wenn dieses im Einzelfall dem Schutzzweck des Art. 2265 c.c. widerspreche.[291] Dieser Weg erscheint eher umständlich. Wegen der nur in engen Grenzen anzuerkennenden Schutzfunktion des Art. 2265 c.c. sind keine Gründe ersichtlich, die einer Ersetzung der leoninischen durch eine der dispositiven gesetzlichen Regelung entsprechenden Abrede entgegenstehen würden. Regelmäßig handeln die Parteien jedenfalls willensfehlerfrei. Die Folge der geltungserhaltenden Reduktion ist deshalb in Kauf zu nehmen. Eine Rückwirkung kann allenfalls in den Fällen durchgreifen, in denen die leoninische Abmachung auf einem Willensmangel oder auf eine gestörte Vertragsparität zurückzuführen ist. Doch nach Sinn und Zweck soll – mit der Rechtsprechung und heute überwiegenden Ansicht - Art. 2265 c.c. gar keinen Schutz vor derartigen Willensmängeln leisten. Die Norm erscheint hierfür aufgrund ihrer tatbestandlichen Struktur und Ansiedlung im Gesellschaftsrecht auch ungeeignet.

Insgesamt berühren die vorgebrachten Ansätze tiefgehende Fragen der italienischen Zivilrechtsdogmatik. Eine umfassende Auseinandersetzung ist der italienischen Rechtswissenschaft vorzubehalten.

Zusammenfassend ist davon auszugehen, dass bei Vorliegen einer leoninischen Abrede der Gesellschaftsvertrag insgesamt erhalten bleibt und die Ergebnisbeteiligungs-Bestimmung durch die gesetzlichen Regeln (im Zweifel Art. 2263 c.c.) ersetzt wird.

---

290 Vgl. Buonocore, S. 126.

291 Abriani, S. 95f.

VI. Zusammenfassung

Der Patto leonino nach Art. 2265 c.c. ist eine nicht leicht verständliche oder handhabbare Vorschrift. Der Normgehalt ist nicht einfach zu ergründen. Nach vorzugswürdiger Ansicht haben Gewinnbeteiligung einerseits und das Verbot des Verlustausschlusses andererseits einen unterschiedlichen Zweck. Die Gewinnbeteiligungspflicht ist wegen der Vorgaben des Art. 2247 c.c. jedoch rein deklaratorischer Natur. Das Verlustbeteiligungsgebot wiederum verstärkt die Beitragsleistungspflicht des Gesellschafters. Nach der heute dominierenden Auffassung jedoch soll die Vorschrift insgesamt die Inpflichtnahme des Gesellschafters über die Ergebnisbeteiligung gewährleisten. Insoweit kann das Verlustbeteiligungsgebot eine Abgrenzungsfunktion zwischen Gesellschaft und Darlehensvertrag erfüllen. Im Kapitalgesellschaftsrecht ist die Vorschrift nach vorzugswürdiger Ansicht weder analog noch ein ihr zugrundeliegender Rechtsgedanke anwendbar. Demgegenüber bejaht der Kassationsgerichtshof die Anwendbarkeit.
Bei wortlautgenauer Auslegung läßt sich Art. 2265 c.c. leicht umgehen, da nur der Ausschluss von *jeder* Beteiligung an Gewinn oder Verlust erfasst ist. Eine „materielle" Betrachtung, die auch den nur annähernd völligen Ausschluss erfassen will, bedarf sorgfältiger Begründung, da die Vorschrift in die Vertragsfreiheit eingreift. Das gilt erst recht, wenn in ihren Anwendungsbereich vorgebliche Umgehungstatbestände, die nicht nur das Gesellschaftsrecht betreffen, einbezogen werden sollen. Einige dieser potentiellen Gestaltungen sind auch in Deutschland geübte Praxis und dienen einem legitimen wirtschaftlichen Ziel. Das gilt namentlich für die kombinierte Verwendung von Put- und Call-Optionen in Anteilskaufverträgen mit dem Ziel des gestreckten, tranchenweisen Übergangs von Unternehmensbeteiligungen. Diese Gestaltungen haben sich als Ergebnis eines Interessenausgleichs bei der Veräußerung von Unternehmen herausgebildet. Bei grenzüberschreitendem Bezug könnte einer Anwendung von Art. 2265 c.c. zudem das Europarecht (hier namentlich die Niederlassungsfreiheit, Art. 43 EG) entgegenstehen, da die Vorschrift eine ungerechtfertige Beschränkung des Anteilserwerbs darstellt.
Art. 2265 c.c. in der derzeitigen Fassung könnte als Beispiel einer im Schrifttum konstatierten Überalterung des Codice civile angesehen werden.[292] Es sind aus rechtsvergleichender – zivilrechtlicher - Sicht somit zunächst keine zwingenden Gründe ersichtlich, um eine vergleichbare Vorschrift in Deutschland zu schaffen.

292 Sacco, S. 256.

D. „Löwengesellschaft“ und (andere) Grenzen der Gestaltungsfreiheit bei der Ergebnisbeteiligung nach deutschem Zivilrecht

Anders als das italienische und das französische Zivilgesetzbuch beschäftigt sich keine Norm des geltenden deutschen Zivilrechts ausdrücklich mit der Problematik einer „Löwengesellschaft“ oder leoninischen Abmachung. Gleichwohl war man sich bei der Abfassung des BGB ausweislich der Motive der Problematik der societas leonina bewußt.[293] Der Umgang mit der Problematik ist damit Rechtsprechung und Rechtswissenschaft überlassen.

I. Zum Begriff der societas leonina im deutschen Recht

Da das deutsche Gesetzesrecht keine allgemeingültige Definition der societas leonina oder „Löwengesellschaft“ bereithält, ist der Gebrauch des Terminus’ schwankend. Nach einer Definition ist eine societas leonina ein Vertrag, der ausschließlich im Interesse eines Beteiligten geschlossen wird.[294] Nach anderer Definition liegt eine Löwengesellschaft bei einem Vertrag vor, dessen Vorteile nur einem Teil der Beteiligten zugute kommen.[295] Enger – auf den materiellen Vorteil beschränkt - ist dasjenige Begriffsverständnis, wonach Verbindungen gemeint sind, bei denen nur einer der Beteiligten vom wirtschaftlichen Erfolg profitiert.[296] Schließlich ist jedoch auch die ursprüngliche Form der societas leonina, nämlich dass ein Gesellschafter nur am Verlust beteiligt sei, während (nur) die anderen ein Anrecht auf den Gewinn hätten, verbreitet.[297]
Der isolierte Ausschluss eines Gesellschafters von der Verlusttragungspflicht wird hingegen, soweit ersichtlich, nicht in Zusammenhang mit der Thematik der Löwengesellschaft erörtert.
Die uneinheitliche beziehungsweise unscharfe Begriffsverwendung wird auch anhand der BGH-Rechtsprechung deutlich. Der BGH greift in seiner einzigen ersichtlich gewordenen Entscheidung, die den Terminus societas leonina verwendet[298], auf das römischrechtliche Begriffsverständnis von der societas leonina als Ausschluss eines Gesellschafters von der Gewinnbeteiligung zurück. Er zitiert jedoch Autoren, die ein voneinander abweichendes Verständnis von diesem Rechtsbegriff haben. Der zitierte *Geiler* hingegen sieht nur dann eine societas leonina als vorliegend an, wenn ein Gesellschafter zum einen vom Gewinn ausgeschlossen ist und zum anderen auch nicht

---

293 Vgl. unter B.VI.
294 Hueck/Windbichler, § 5 I 3.
295 Müller-Gugenberger, S. 274.
296 Böhmer, JZ 1994, 982, 989, nach dem diese Definition allgemein für die societas leonina im deutschen Recht stehen soll.
297 Ermann/Westermann, § 705 Rn 32; Flume, § 3 V; Ballerstedt, JuS 1964, 253, 255.
298 BGH, 14.7.1954 - II ZR 342/53, NJW 1954, 1563.

in sonstiger Weise an der Existenz der Gesellschaft interessiert ist.[299] Ein weiterer zitierter Autor äußert sich in der zitierten Fundstelle zur Zulässigkeit eines gleichzeitigen Ausschlusses von Gewinn und Verlust.[300] Diese Unschärfen illustrieren die Problematik einer exakten Begriffsbestimmung der societas leonna im geltenden deutschen Recht,

Darüber hinaus werden in Zusammenhang mit dem Begriff der societas leonina Fallgestaltungen diskutiert, bei denen es um den Umfang der einem starken Gesellschafter gegenüber anderen Gesellschaftern obliegenden Treupflichten geht.[301] In diese Richtung geht eine Entscheidung des Oberlandesgerichts Schleswig aus dem Jahre 2002.[302] Hier war ein stiller Gesellschafter zwar nicht von der Beteiligung an Gewinn und Verlust der Gesellschaft ausgeschlossen. Die Gewinnaussichten des stillen Gesellschafters aus der Beteiligung waren jedoch derart vage, dass das Gericht in einer Gesamtwürdigung der Beitrittsvereinbarung des stillen Gesellschafters von einer der societas leonina vergleichbaren Konstellation spricht und die Nichtigkeit der Abrede annimmt.[303]

Dieser abweichende Sprachgebrauch ist bei der Befassung mit dem Phänomen der societas leonina im deutschen Recht zu beachten.

Das vorliegend zu behandelnde Sachproblem umfasst – in Anlehnung an *Müller-Gugenberger* [304]– solche gesellschaftsrechtlichen Absprachen, deren Vorteile nur einem Teil der Beteiligten zugute kommen. Dabei soll bei Analyse des deutschen Rechts zunächst vom Verbot des Gewinnausschlusses, wie es der societas leonina nach Römischem Recht entspricht, ausgegangen werden. Weiterhin ist zu untersuchen, wie sich das deutsche Gesellschaftsrecht zu einem Gebot der Verlustbeteiligung verhält.

II. Gesellschaftszweck und societas leonina

Durch die Vereinbarung eines gemeinsamen Zwecks unterscheidet sich der Grundtypus der deutschen Gesellschaften, die Gesellschaft bürgerlichen Rechts, von rein schuldrechtlichen Austauschverträgen sowie denjenigen Rechtsgeschäften, die nur die Förderung der Interessen eines Vertragspartners bezwecken, namentlich Auftrag (§ 662 BGB) und Schenkung (§ 516 BGB).[305] Dem Merkmal des gemeinsamen Zwecks kommt zur Bestimmung des „Wesens“ der Gesellschaft mithin eine ähnliche

---

299 Staudinger (10. Auflage)/Geiler, vor § 705 Rn 32.

300 Soergel (8. Auflage)/Erdsiek, § 705 Rn 3.

301 Burgard, Das Wettbewerbsverbot des herrschenden Aktionärs, in: Festschrift für Marcus Lutter zum 70. Geburtstag, Köln 2000, S. 1034, in Bezug auf die möglichen Pflichten von beherrschenden Aktionären im Sinne des § 17 AktG gegenüber schwächeren Aktionären.

302 OLG Schleswig, 13.6.2001, 5 U 78/01, ZIP 2002, 1244ff.

303 Vgl. zu diesem Fall im Einzelnen noch unter D.II.2.c.

304 Müller-Gugenberger, S. 274.

305 Vgl. Böhmer, JZ 1994, 982, 982.

Bedeutung zu wie in der französischen[306] und der italienischen Rechtsordnung dem affectio societatis.[307]
Bei der Frage der Vereinbarkeit möglicher „leoninischer Abmachungen" mit den Gesellschaftstypen des deutschen Zivilrechts ist zu differenzieren. Ausgehend vom römischrechtlichen Verständnis der Unvereinbarkeit eines Gewinnausschlusses mit dem „Wesen" der Gesellschaft ist zunächst zu fragen, ob bei Ausschluss eines Gesellschafters vom Gewinn(-stamm)recht gleichwohl ein zulässiger Gesellschaftszweck vorliegen kann.

1. Personengesellschaftsrecht

Im Personengesellschaftsrecht lässt § 722 BGB für deren Grundtypus, die Gesellschaft bürgerlichen Rechts (§§ 705ff. BGB), eine freie gesellschaftsvertragliche Bestimmung der Ergebnisanteile zu. Die Vorschrift hält für den Fall des Fehlens einer solchen Regelung die Bestimmung bereit, dass Gewinn und Verlust nach Köpfen verteilt werden. Die §§ 705ff. werden durch das Recht der offenen Handelsgesellschaft, §§ 105ff. HGB, als auch durch das Recht der Kommanditgesellschaft, §§ 161ff. HGB, in Bezug genommen (einerseits § 105 Abs. 3 HGB, andererseits § 161 Abs. 2 i.V.m. § 105 Abs. 3 HGB). Schließlich besteht eine Anwendbarkeit dieser Grundnorm des deutschen Gesellschaftsvertragsrechts auch nach § 1 Abs. 4 PartGG für die Partnerschaft von Freiberuflern.
Mithin lassen sich den Vorschriften des Personengesellschaftsrechts keine Vorgaben für die Ergebnisverteilung oder für das „Wesen" der Gesellschaft entnehmen. Einen Sonderfall bildet die stille Gesellschaft, für die eine abweichende Gesetzeslage besteht.[308]
Damit bleibt die Frage der Zulässigkeit einer Löwengesellschaft durch Gewinnausschluss den Rechtsanwendern überlassen.

a) Gewinnausschluss und Gesellschaftszweck

Nicht unumstritten ist, ob es an einem gemeinsamen Zweck im Sinne des § 705 BGB fehlt, wenn einem Gesellschafter nach Ausgestaltung des Gesellschaftsvertrags kein Anteil am Gewinn zukommt. Dem Ausschluss von Anfang an gleichzustellen ist der Fall, dass ein Gesellschaftsvertrag nachträglich durch wirksamen Gesellschafterbeschluss dahingehend geändert wird.

306 Vgl. Böhmer, JZ 1994, 982, 987 zum affectio societatis als ungeschriebenem Tatbestandsmerkmal der französischen societé civile.
307 Vgl. zum italienischen Recht Cass., 30.4.1969, n.1392; hierzu unter E. IV.
308 Vgl. unter D.II.2.

aa) Erste Ansicht: Gewinnbeteiligung aller Gesellschafter nicht konstitutiv für Gesellschaftszweck

Nach einer Ansicht kann trotz Gewinnausschlusses eines Gesellschafters ein gemeinsamer Zweck der Gesellschafter vorliegen.[309] Der gemeinsame Zweck des Personenverbandes sei von den Motiven der Gesellschafter zu abstrahieren. Die Gesellschafter seien frei in der Vereinbarung jeglicher Gewinn- und Verlustanteile. Ob sich ein Gesellschafter aus eigennützigen oder aus uneigennützigen Gründen an der Gesellschaft beteiligt, sei irrelevant.

Dieser Ansicht folgt im Ergebnis auch der Bundesgerichtshof,[310] wenngleich die BGH-Rechtsprechung facettenreich ist.[311]

bb) Zweite Ansicht: Erfordernis des „materiellen Vorteils“

Nach anderer Auffassung ist keine Gewinnerzielungsabsicht des Gesellschafters zu verlangen, wohl aber, dass jeder Gesellschafter zumindest ein (sonstiges) materielles Interesse an der Zweckverfolgung hat.[312]

cc) Dritte Ansicht: Bei Erwerbsgesellschaften Gewinnbeteiligung aller Gesellschafter erforderlich

Eine dritte Ansicht unterscheidet, ob eine Erwerbs- oder eine andere („ideelle“) Gesellschaft vorliege. Danach kann durch einen Gesellschaftsvertrag, bei dem ein Gesellschafter vom Gewinn ausgeschlossen ist, keine Gesellschaft gegründet werden, wenn die Gesellschaft auf Gewinnerzielung ausgerichtet ist.[313] Der gemeinsame Zweck werde in der Erwerbsgesellschaft über die Beteiligung am Ergebnis hergestellt. Innere Motive zur Beteiligung an dem Rechtsverhältnis seien nicht nachprüfbar und mithin nicht geeignet, das Gesellschaftsrechtsverhältnis von einem rein schuldrechtlichen Rechtsverhältnis abzugrenzen.

Diese Auffassung überträgt damit das Verbot der societas leonina im römischrechtlichen Sinne jedenfalls für Erwerbsgesellschaften ins geltende deutsche Recht. Gleichwohl bleibt auch nach dieser Auffassung eine societas leonina grundsätzlich als Gesellschaft zulässig. Unzulässig ist sie aber dann, wenn eine Erwerbsgesellschaft vorliegt.

dd) Diskussion

Zunächst unterscheidet sich die gesetzliche Konzeption des deutschen Gesellschaftsvertrages nach § 705 BGB von der der römischrechtlichen societas, welche heutzutage noch stärker auf romanische Rechtsordnungen als auf die deutsche

---

309 MüKo/Ulmer, § 705 Rn 149; Staudinger/Habermeier, § 705 Rn 17; K. Schmidt, § 4 I 1.

310 BGH, 6.4. 1987 - II ZR 101/86, NJW 3124, 3125 (Geschäftsführervergütung als Gewinnbeteiligung).

311 Hierzu nachfolgend unter D.II.1.dd).

312 Westermann, Personengesellschaftsrecht, S. 22; Ballerstedt, JuS 1963, 253, 254.

313 Ballerstedt, JuS 1963, 253, 255f; Schulze-Osterloh, S. 22ff.

Rechtsordnung ausstrahlt.[314] Der Wortlaut des § 705 BGB verlangt die Förderung eines gemeinsamen Zwecks, nicht aber, dass die Gesellschaft auf Gewinnerzielung ausgerichtet sein müsse. Die Gewinnbeteiligung ist nach dieser positiven Entscheidung des Gesetzgebers kein „Wesensmerkmal" der Gesellschaft bürgerlichen Rechts. In der Rechtswirklichkeit kennt das deutsche Recht auch die „ideelle" Gesellschaft und erkennt dieser zugrundeliegende Vereinbarungen als Gesellschaftsverträge an.[315] Hier ist mangels Gewinnorientierung der Gesellschaft erst recht nichts für das Erfordernis der Gewinnbeteiligung des Gesellschafters ersichtlich. Notwendig, aber auch ausreichend ist die Pflicht zur Zweckförderung des Gesellschafters.[316]

Diese Vorgaben sind folglich weniger eng als die des Art. 2247 c.c. Die Gesellschaft bürgerlichen Rechts als – echter - Grundtypus des Gesellschaftsrechts entstammt nicht dem Recht der Personen-Handelsgesellschaften.

Somit stellt sich die Frage der konstitutiven Wirkung der Gewinnbeteiligung nur bei auf Gewinnerzielung ausgerichteten Gesellschaften (Erwerbsgesellschaften). Insoweit ist *Schulze-Osterloh* zu folgen.

Für diese Gesellschaften veranschaulicht das im Schrifttum diskutierte Beispiel der Familien-Personengesellschaft (z.B. KG oder oHG)[317], die der Vater mit seinem Sohn gründet, ohne für sich selbst einen Gewinnanteil zu beanspruchen, dass Gesellschaftszweck und Motive der einzelnen Gesellschafter auseinanderzuhalten sind. Der gemeinsame Wille der Gesellschafter geht hier dahin, die Gesellschaft zu wirtschaftlichem Erfolg zu führen. Weiterhin besteht bei dem Vater das Motiv, das Erwirtschaftete dem Sohn zur Schaffung einer eigenen Lebensgrundlage zuzuwenden – also nicht selbst wirtschaftlich zu partizipieren. Aber auf letzteres sollte es nicht ankommen. Es ist ausreichend, dass ein gemeinsamer Wille zur Verfolgung des definierten wirtschaftlichen Zwecks besteht. Es ist zu unterscheiden zwischen dem Willen zur Gewinnerzielung der Gesellschaft einerseits und dem – unbeachtlichen - Willen, selbst an diesem Gewinn teilzuhaben. Wirtschaftlichen Erfolg durch die Gesellschaft erreichen zu wollen wird nicht dadurch ausgeschlossen, dass dieses – der individuelle Anspruch auf Gewinnbeteiligung – einem Dritten zugewendet wird.

Sofern der gemeinsame Verbandszweck nur irgendwie durch die Gesellschafter gefördert wird, kann grundsätzlich auch bei der Erwerbsgesellschaft dahinstehen, welches Motiv ein Gesellschafter an der Förderung dieses Zwecks hat.[318] Demgegenüber ist der Einwand, dass sich der gemeinsame Zweck in Grenzfällen schwer nachweisen lässt, ernst zu nehmen. Hier würde das Erfordernis einer Ergebnisbeteiligung für mehr Klarheit sorgen und Abgrenzungsschwierigkeiten vermeiden. Der Gesetzgeber hat sich jedoch dagegen entschieden.

---

314 Vgl. hierzu unter E.II.

315 MüKo/Ulmer, § 705 Rn 144.

316 MüKo/Ulmer, § 705 Rn 153f.

317 Vgl. Böhmer, JZ 1994, 982, 990; K. Schmidt, § 4 I 1.

318 So auch MüKo/Ulmer, § 705 Rn 151.

Das teilweise einschränkend verlangte Kriterium des (materiellen) Vorteils bleibt ohne Konturen. Wer Interesse am Erfolg der Gesellschaft hat und seiner Zweckförderungspflicht genügt, wird sich hiervon irgendeinen Vorteil versprechen. Dieser braucht kein materieller zu sein. Auch hier ließe sich das Gegenteil nicht mit der Grundentscheidung des Gesetzgebers zugunsten des offenen Gesellschaftszweck-Begriffs nach § 705 BGB vereinbaren.
Somit bietet das Kriterium der Gewinnbeteiligung nicht mehr als einen Anhaltspunkt für das Vorliegen eines gemeinsamen Gesellschaftszwecks und mithin einer Gesellschaft. Es ist hierfür jedoch nicht erforderlich.

ee) Zwischenergebnis
Für das Vorliegen eines Gesellschaftszwecks bei Personengesellschaften im Sinne von § 705 BGB ist eine Gewinnbeteiligung eines jeden Gesellschafters nicht erforderlich.

b) Verlustbeteiligung und Gesellschaftszweck
Weiterhin stellt sich die Frage, ob nach deutschem Recht die Beteiligung eines jeden Gesellschafters am Verlust für das Vorliegen eines Gesellschaftszwecks erforderlich ist.
Dieses Problem lässt sich zwar nicht auf die Wurzeln der societas leonina zurückführen. Es wird in Deutschland – daher nicht ganz überraschend - regelmäßig nicht als Problem einer Löwengesellschaft aufgefasst. Dessen ungeachtet handelt es sich auch hierbei um den Problemkreis „leoninischer Abmachungen“, wie sich rechtshistorisch[319] und rechtsvergleichend - mit Blick auf das italienische und französische Recht - nachweisen lässt[320].
Die Frage nach der Notwendigkeit einer Verlustbeteiligung wird uneinheitlich beantwortet.

aa) Erste Ansicht: Verlustbeteiligung konstitutiv für Gesellschaftszweck
Zum Teil wird vertreten, dass die Verlustbeteiligung konstitutiv für das Vorliegen eines Gesellschaftszwecks sei.[321] Daraus folgt, dass bereits bei fehlender Verlustbeteiligung eines Gesellschafters keine Gesellschaft mehr wirksam vereinbart werden könne.

bb) Zweite Ansicht: Abdingbarkeit der Verlustbeteiligung
Anderer Auffassung sind das überwiegende Schrifttum[322] und die Rechtsprechung.[323] Danach darf die Beteiligung eines Gesellschafters am Verlust grundsätzlich abbedungen werden.

---

319 Vgl. hierzu im Einzelnen unter B.
320 Vgl. unter C.
321 Schulze-Osterloh, S. 38.
322 MüKo/Ulmer, § 705 Rn 116; Staudinger/Habermeier, § 705 Rn 17.

cc) Stellungnahme und Zwischenergebnis

Für letztgenannte Ansicht sprechen zunächst die für die fehlende Notwendigkeit einer verpflichtenden Gewinnbeteiligung durchgreifenden Gründe. Das Gesetz schreibt keine Erforderlichkeit der Verlustteilnahme fest. Somit führt auch der von Schulze-Osterloh angestellte Vergleich mit dem französischen Recht nicht weiter. Das französische als auch das italienische Recht legen einen anderen, engeren Gesellschafts-Begriff zugrunde. Nach dem Wortlaut des französischen Code civil ist ein Gesellschafter zur Verlusttragung verpflichtet.[324] Damit ist die Ausgangslage des französischen Gesetzestextes eine andere.

Auch für die Gesellschaftsgläubiger ist eine derartige, das Innenverhältnis betreffende, Verlustfreistellungsabrede eines Gesellschafters unbeachtlich. Das Risiko der Inanspruchnahme des Gesellschafters durch Gesellschaftsgläubiger wird durch die gesellschaftsvertragliche Verlustfreistellungsabrede nicht ausgeschlossen. Damit sprechen auch keine Gründe der Stellung der Gesellschaft im Rechtsverkehr für ein Verbot der Verlustfreistellung im Innenverhältnis der Gesellschafter.

Wenig überzeugend ist schließlich, dass *Schulze-Osterloh* jede, auch minimale, Beteiligung an Gewinn oder Verlust ausreichen lässt.[325] Damit wäre, wie bereits die Juristen des Mittelalters anhand des Problems des nummum unus erkannt haben, ein Gebot der Verlusttragung leicht zu umgehen.[326]

Allerdings verlangt § 705 BGB eine beitragsmäßige Beteiligung am Gesellschaftszweck. Diese kann nicht abbedungen werden. Selbst eine Abrede, die einen Gesellschafter von der Verlustteilnahme ausschließt, kann demnach nicht dahin gehen, dass der Gesellschafter auch von der Beitragspflicht entbunden wird. Dabei ist es den Gesellschaftern anheim gestellt, wie sie diese Beitragspflicht ausgestalten. Die Beitragspflicht kann sich auch auf Dienstleistungen (§ 706 Abs. 3 BGB) oder eine Verlustübernahme beschränken. Letzteres wird teilweise – eher irreführend - unter dem Schlagwort der „beitragsfreien Gesellschaft“ diskutiert.[327] Zumindest im Sinne einer Zweckförderungspflicht – als Beitragspflicht im weiteren Sinne – ist die Beitragspflicht mithin unentbehrlich.[328]

c) Zwischenergebnis

Im Recht der deutschen Personengesellschaften ist ungeachtet des gesondert zu behandelnden Rechts der stillen Gesellschaft[329] die Beteiligung eines jeden

---

323 BGH, 6.4.1987 - II ZR 101/86, NJW 1987, 3124, 3125; BAG, 15.4.1993, 2 AZB 32/92, NJW 1993, 2458, 2460.

324 Art. 1832-I Satz 3 Code civil: "Les associés s'engagent à contribuer aux pertes"; hierzu Ferid/Sonnenberger, S. 366.

325 Schulze-Osterloh, S. 38.

326 Vgl. schon oben, unter B.III.3.

327 Vgl. Jauernig/Stürner, § 706 Rn 9.

328 MüKo/Ulmer, § 706 Rn 17.

329 Vgl. unter D.II.2.

Gesellschafters am Ergebnis der Gesellschaft nach ganz herrschender und zutreffender Ansicht in Rechtsprechung und Schrifttum nicht konstitutiv für das Vorliegen eines Gesellschaftswecks. Selbst der völlige Ausschluss eines Gesellschafters vom Ergebnis der Gesellschaft lässt, für sich allein betrachtet, den Zweck einer Personengesellschaft nicht entfallen.
Damit bleibt zunächst offen, welche weiteren Umstände hinzutreten müssen, um zur Aberkennung eines Gesellschaftsverhältnisses wegen zu weitgehender Beschränkung der Gesellschafterstellung zu gelangen.

2. Sonderfall stille Gesellschaft

Eine Sonderstellung im Hinblick auf die gesetzliche Ausgestaltung der vermögensrechtlichen Position ihrer Mitglieder nimmt die in den §§ 230ff. HGB geregelte stille Gesellschaft ein. Diese ist ebenfalls Gesellschaft im Sinne von § 705 BGB.[330] Auch ihr liegt ein gemeinsamer Zweck zugrunde. Sie unterscheidet sich jedoch von den anderen Gesellschaftstypen, da sie stets Innengesellschaft und kein Subjekt des Rechtsverkehrs ist. Das vom stillen Teilhaber dem Unternehmer gewidmete Vermögen wird nicht Gesellschaftsvermögen (§ 718 BGB), sondern ist demjenigen Gesellschafter – grundsätzlich zu Eigentum[331] - übertragen, der in seinem Namen das Handelsgewerbe (Wortlaut des § 230 Abs. 1 HGB) der Gesellschaft betreibt, § 230 Abs. 2 HGB.[332] Mithin besteht kein gesamthänderisch gebundenes Vermögen.
Diese Besonderheiten stehen dem Vorliegen eines Zweckverbandes nach heute vorherrschender Auffassung nicht entgegen.[333] Die Ansicht, wonach diese reine Ertragsgemeinschaft ohne Vermögensgemeinschaft nicht auf einem gemeinsamen Zweck im Sinne des § 705 BGB beruhe, wird, soweit ersichtlich, mit Ausnahme der bereits erwähnten differenzierenden Darstellung von *Schulze-Osterloh*,[334] nicht vertreten.[335] Gleichzeitig ist vor dem Hintergrund der besonderen Charakteristik der stillen Gesellschaft als reiner Innengesellschaft die Frage der Abgrenzung zu (partiarischen) Darlehensverträgen in besonderer Weise strittig.[336] Die Abgrenzung erfolgt anhand des Merkmals des gemeinsamen Zwecks. Das italienische Recht geht einen anderen Weg, indem es die associazione in partecipazione (Art. 2549 c.c.) nicht

---

330 K. Schmidt, § 62 I 1 b).

331 Schön, ZGR 1993, 210, 213.

332 Gleichwohl können die Gesellschafter ein Sondervermögen bilden. Diesbezüglich wird aber regelmäßig eine Bruchteilsgemeinschaft der Gesellschafter vorliegen. Vgl. K. Schmidt, § 62 I 1 c).

333 Vgl. im Einzelnen Schön, ZGR 1993, 210, 219f.

334 Schulze-Osterloh, S. 37.

335 Vgl. im Einzelnen die Nachweise bei MüKo-HGB/K. Schmidt, § 230 Rn 4, Schön, ZGR 1993, 210, 219f.

336 Vgl. nur Schön, ZGR 1993, 210ff.

als Gesellschaft, sondern als Vereinigung außerhalb des Gesellschaftsrechts behandelt.[337]
Zu klären ist vor diesem Hintergrund, ob für den Gesellschaftszweck der stillen Gesellschaft mit Blick auf die Ergebnisbeteiligung Besonderheiten gelten.

a) Gewinnbeteiligung von Stillem sowie Unternehmensinhaber
Zur Ergebnisbeteiligung in der stillen Gesellschaft bestimmt § 231 Absatz 2 HGB:

> *„Im Gesellschaftsvertrag kann bestimmt werden, dass der Gesellschafter nicht am Verlust beteiligt sein soll; seine Beteiligung am Gewinn kann nicht ausgeschlossen werden."*

Die Vorschrift nimmt damit Bezug auf beide Varianten einer denkbaren leoninischen Vereinbarung. Die Abdingung der Verlusttragungspflicht des stillen Gesellschafters ist demnach zulässig, sein Gewinnausschluss nicht.
Für das Zustandekommen einer stillen Gesellschaft ist nach dem Gesetzeswortlaut die Gewinnbeteiligung des stillen Gesellschafters konstitutiv. Sie kann jedoch beschränkt werden. Letzteres kann beispielsweise erfolgen, indem die Beteiligung am Gewinn aus bestimmten Geschäften abbedungen wird oder indem Höchst- oder Mindestbeträge für die Gewinnbeteiligung festgelegt werden.[338] Nur der völlige Ausschluss von der Gewinnbeteiligung ist danach im Rahmen einer stillen Gesellschaft unzulässig.
Wird die Gewinnbeteiligung des Stillen entgegen § 231 Abs. 2, 2. HS HGB abbedungen, entfällt nach einer Auffassung damit in jedem Fall die stille Gesellschaft und es liegt, je nach Konstellation, ein Darlehen oder – da der Gewinnausschluss hier zulässig ist - eine Gesellschaft bürgerlichen Rechts vor.[339] Weitergehend wird nach anderer Ansicht differenziert, dass, wenn trotz des Gewinnausschlusses eine stille Gesellschaft ernstlich gewollt sei, die stille Gesellschaft als solche aufrechtzuerhalten und diese – nichtige - Klausel durch einen angemessenen Gewinnanteil zu ersetzen sei.[340]
Die stille Gesellschaft ist ein Institut des Handelsrechts. Die „ideelle" stille Gesellschaft erscheint unzulässig, weil Gegenstand der Gesellschaft die Beteiligung an dem Handelsgewerbe eines anderen ist (§ 230 Abs. 1 HGB).[341] Zuletzt macht die Gewinnbeteiligung des Stillen nach der Konzeption dieses Gesellschaftstypus' gerade – ausnahmsweise für eine Gesellschaftsform des deutschen Rechts – den Zweck dieser Gesellschaftsform aus.[342]

337 Vgl. oben, unter C.III.5.
338 Baumbach/Hopt/Hopt, § 231 Rn 2.
339 Baumbach/Hopt/Hopt, § 231 Rn 2; Koller/Roth/Morck/Koller, § 231 Rn 2.
340 Ebenroth/Boujong/Joost/Gehrlein, § 231 Rn 9.
341 Allerdings ist die gemeinnützige GmbH – Formkaufmann! – zulässig; vgl. nachfolgend unter E.IV.1.
342 MüKo-HGB/K. Schmidt, § 230 Rn 38; Lasa, Der Gewinnanteil des stillen Gesellschafters, 2007, S. 98.

Als Zwischenergebnis lässt sich festhalten, dass bei der stillen Gesellschaft eine Gewinnbeteiligung des Stillen für das Vorliegen einer Gesellschaft erforderlich ist. Es kann hier, mit *Flume* gesprochen[343], ein Gesellschaftszweck nur „über das Ergebnis" hergestellt werden. Nach Konzeption der stillen Gesellschaft ist die nicht-gewinnorientierte stille Gesellschaft ebenso wenig denkbar wie der Gewinnausschluss des Stillen.
Damit ist noch nicht gesagt, inwieweit der Geschäftsinhaber seinerseits von der Gewinnbeteiligung ausgeschlossen werden kann. Dessen Gewinnausschluss begegnet jedoch keinen Bedenken. Diese Konstruktion liegt praktisch nahe, wenn der stille Gesellschafter wirtschaftlich der eigentliche Unternehmensträger sein soll.[344]

b) Verlustbeteiligung

Dagegen kann der stille Gesellschafter von der Verlustbeteiligung ausgeschlossen werden[345], wie sich schon aus dem Wortlaut des § 231 Abs. 2 1. HS HGB ergeben sollte. Ein Verlustausschluss liegt auch in der Zusicherung eines Mindestgewinns.[346]
Nach Schulze-Osterloh ist bei Ausschluss von der Verlusttragungspflicht das Vorliegen eines Gesellschaftszwecks im Sinn des Rechts der stillen Gesellschaft nicht als sicher gegeben anzusehen.[347] Jedenfalls sei bei Vorliegen eines Verlusttragungsausschlusses das Vorliegen eines Gesellschaftszwecks besonders sorgfältig zu prüfen. Für derartige Bedenken spricht, dass die Besonderheiten der stillen Gesellschaft schon frühere Autoren veranlasst haben, von einem „gesellschaftsähnlichen Rechtsverhältnis" auszugehen.[348] Diese Auffassung wird durch vergleichende Betrachtung des italienischen Rechts, die das vergleichbare Rechtsinstitut nicht als solches des Gesellschaftsrechts ansieht, gestützt.[349]
Dennoch erscheint es zu weitgehend, bei Verlustfreistellung des Stillen stets vom Fehlen eines gesellschaftsrechtlichen Verhältnisses auszugehen. Die Abgrenzung der stillen Gesellschaft vom partiarischen Rechtsverhältnis oder, allgemeiner, die Abgrenzung der stillen Gesellschaft von rein schuldrechtlichen Vertragsverhältnissen lässt sich anhand der Kriterien des gemeinsamen Zwecks und der Förderungspflicht sachgerecht treffen. Wo eine Verlustfreistellung vereinbart ist muss jedoch auf die Feststellung beider Merkmale des Gesellschaftsverhältnisses besonderer Wert gelegt werden. Zudem ist zu beachten, dass sich der stille Gesellschafter nach dem Gesetzeswortlaut mit einer Vermögenseinlage an der Gesellschaft zu beteiligen hat (§ 230 Abs. 1 HGB). Das könnte darauf schließen lassen, dass eine Zweckförderung durch Dienstleistungen, wie nach § 706 Abs. 3 BGB für die GbR zulässig, hier nicht möglich

343 Flume, § 3 IV.
344 Ebenroth/Boujong/Joost/Gehrlein, § 231 Rn 11.
345 Vgl. nur Koller/Roth/Morck/Koller, § 231 Rn 4.
346 Koller/Roth/Morck/Koller, § 231 Rn 4.
347 Schulze-Osterloh, S. 35/S. 37.
348 Schulze-Osterloh, S. 35ff., mit weiteren Nachweisen.
349 Vgl. unter C.III.5.

ist. Damit würde den Stillen in jedem Fall ein Verlustrisiko im Hinblick auf einen konkreten Vermögensgegenstand drohen. Die eigene Arbeitsleistung ist nicht einlagefähig. Die gegenteilige Auffassung von älterer Rechtsprechung und Teilen des Schrifttums, wonach auch eine Dienstleistung einen einlagefähigen Vermögensvorteil i.S.v. § 230 HGB darstellen soll,[350] überzeugt nicht. Hiergegen spricht schon der Wortlaut des § 230 HGB. Die Vermögenseinlage muss in das Vermögen des Inhabers der Gesellschaft übergehen. Eine persönliche Dienstleistung ist gesellschaftsrechtlich nicht einlagefähig. Das Aktienrecht schreibt das ausdrücklich für die im Gegensatz zur Bareinlage zu sehende Sacheinlage fest (§§ 27 Abs. 2 S. 2 AktG, vgl. auch § 5 Abs. 4 GmbHG). Nichts anderes sollte für die Begrifflichkeiten des Personengesellschaftsrechts der stillen Gesellschaft gelten.
Beschränkt man aber die Verlustbeteiligungspflicht auf den Wert der Einlage ist zuzugeben, dass dadurch nicht der aus Sicht des Rechtsanwender praktische Vorteil, über das Kriterium der Verlustbeteiligung eine Grenzlinie zum (partiarischen) Darlehensvertrag zu ziehen, erreicht wird: Denn das hingegebene Kapital steht auch beim Darlehenvertrag auf dem Spiel. Nur die weitergehende, persönliche, Verlustteilnahme lässt sich nicht mehr unter das Darlehensvertragsverhältnis nach § 488 BGB subsumieren.[351] Doch ebenso wie im sonstigen Personengesellschaftsrecht sollte die Abgrenzung des Gesellschaftsrechts-Verhältnisses von einer rein schuldrechtlichen (Darlehensvertrags-)Beziehung sich nicht auf die Betrachtung der vermögensrechtlichen Positionen beschränken. Vorzugswürdig ist eine wertende Einzelfallentscheidung über das Vorliegen eines gemeinsamen Zwecks. Es könnte beispielsweise darauf abgestellt werden, inwiefern der Unternehmensinhaber gegen den Willen des Stillen den Unternehmensgegenstand – mithin den Gesellschaftszweck – ändern kann.[352] Charakteristisch für das partiarische Darlehen ist, dass der Darlehensgeber keinen Einfluss auf die genaue Mittelverwendung hat.[353] Deshalb ist trotz Ausschlusses von der Verlusttragungspflicht des Stillen eine stille Gesellschaft dann anzunehmen, wenn eine Änderung des mit Hilfe seiner Leistung verfolgten Zwecks von seiner Zustimmung abhängt.
Daneben steht bei über das Risiko der Einbuße der Einlage hinausgehender Verlustbeteiligung des Gesellschafters regelmäßig fest, dass kein Darlehen vorliegt. Hingegen hindert nach der positiven Entscheidung des Gesetzgebers der Ausschluss des Stillen von der Verlustteilnahme nicht an sich das Entstehen der stillen Gesellschaft. Es bedarf einer Prüfung des Einzelfalls.

---

350 Baumbach/Hopt/Hopt, § 230 Rn 20.

351 Vgl. Schön, ZGR 1993, 210, 220.

352 BGH, 10.10.1994 - II ZR 32/94, DStR 1995, 106.

353 Ebenroth/Boujong/Joost/Gehrlein, § 230 Rn 76; zu Einflussnahmemöglichkeiten des Darlehensnehmers vgl. jedoch Schön, ZGR 1993, 210, 226ff.

c) Fallstudie: OLG Schleswig, Urteil vom 13.6. 2002

In besonderen Fallkonstellationen kann es an einer stillen Gesellschaft demnach mangels Gemeinsamkeit des Gesellschaftszwecks fehlen, weil in Wahrheit die Beteiligten eigene Interessen verfolgen.

Ein 2002 ergangenes Urteil eines Oberlandesgerichts veranschaulicht die rechtliche Relevanz des Begriffs des Gesellschaftszwecks für das Recht der stillen Gesellschaft auch in Zusammenwirken mit weiteren Rechtsgrundsätzen, die bei einer „einseitigen" Ergebnisverteilung eine Rolle spielen können. Das OLG Schleswig hatte in Zusammenhang mit dem Beitritt eines stillen Gesellschafters zu einer für die Zwecke eines „Kleinanlegers" – jedenfalls bei Außerachtlassung ertragsteuerlicher Aspekte - ungünstig ausgestalteten stillen (Publikums-)Gesellschaft im Jahre 2002 über die Wirksamkeit eines Gesellschaftsvertrags zu befinden. Im Ergebnis ließ das Gericht das Gesellschaftsverhältnis (auch) am Fehlen eines Gesellschaftszwecks scheitern.[354]

Dem Fall lag - vereinfacht - der folgende Sachverhalt zugrunde:

Der Kläger unterschrieb einen „Zeichnungsschein", laut dessen er sich als „atypischer stiller Gesellschafter" an der Beklagten im Wege eines „Ratensparprogramms" mit einer monatlichen Einzahlungsrate von 300 DM für 180 Monate zzgl. 5% Agio (2700 DM), insgesamt also mit 56.700 DM, unter Verzicht auf ein Entnahmerecht sowie eine Mitentscheidung bei der Wiederanlage der jährlichen Ausschüttung beteiligen sollte. Schließlich kündigten die Bevollmächtigten des Klägers gegenüber der Beklagten die Beteiligung. Zuvor hatte der Kläger mitgeteilt, dass er finanzielle Mittel benötige und - da die vorliegenden Unterlagen „in diesem Punkt sehr vage und für uns Laien äußerst unverständlich" seien - darum bitte, ihm „in einer auch einem Nichtjuristen verständlichen Form mitzuteilen", wie er die eingezahlten Beträge „aktivieren" könne. Im für den Beitritt als atypisch stiller Gesellschafter maßgeblichen Gesellschaftsvertrag hieß es auszugsweise:

> *„§ 1 Begründung der atypischen stillen Gesellschaft*
> *1. Die F.-AG ist Inhaberin des Unternehmens mit dem Gegenstand der Vermittlung, des Erwerbs, der Verwaltung und Verwertung von Immobilien, Wertpapieren, Beteiligungen sowie Vermögensanlagen jeglicher Art für eigene Rechnung, die Beteiligung an Unternehmen jeder Art und jeder Rechtsform im In- und Ausland, die treuhänderische Verwaltung von fremdem Vermögen und jede sonstige Tätigkeit, die dem Unternehmenszweck förderlich ist.*
> *Die F.-AG ist ferner berechtigt, Zweigniederlassungen im In- und Ausland zu errichten sowie Unternehmen im In- und Ausland zu gründen oder zu erwerben. Ebenso ist die Gesellschaft berechtigt zur Gewährung von atypischen stillen Beteiligungen zwecks Kapitalbeschaffung. …*
> …
> *§ 2 Dauer der atypischen stillen Gesellschaft, Geschäftsjahr*
> *1. Die atypisch stille Gesellschaft wird entsprechend der im Zeichnungsschein getroffenen Wahl des stillen Gesellschafters zunächst auf die Dauer von 10 bis 40 Jahre geschlossen. Die Mindestvertragsdauer soll nur volle, in monatlichen Raten bezifferte Jahre betragen. …*
> …

---

354 OLG Schleswig, 13.6.2002 – 5 U 78/01, ZIP 2002, 1244.

§ 4 Agio
1. Der atypisch stille Gesellschafter leistet zusätzlich eine Eintrittsgebühr (Agio) in Höhe von 5% der Zeichnungssumme. ...
...
§ 6 Haftung, Nachschusspflicht
1. Die unmittelbare Haftung des atypisch stillen Gesellschafters für Verbindlichkeiten (einschließlich Steuerverbindlichkeiten) der Inhaberin gegenüber Dritten ist ausgeschlossen. Die Beteiligung gilt nur im Innenverhältnis.
2. Soweit ein anteiliger Auseinandersetzungswert des atypisch stillen Gesellschafters im Falle der Beendigung der stillen Gesellschaft auf Grund Zeitablaufes oder Liquidation der Inhaberin nicht ausreicht, um ein eventuell entstandenes negatives Kapitalkonto auszugleichen, ist der stille Gesellschafter verpflichtet, den insoweit bestehenden Differenzbetrag nachzuschießen. Diese Verpflichtung ist auf den Betrag der getätigten Entnahmen beschränkt.
...
§ 10 Gewinn- und Verlustbeteiligung
1. Der atypisch stille Gesellschafter ist am Gewinn und Verlust der Gesellschaft beteiligt. ... An einem Jahresfehlbetrag sind nur die atypisch stillen Gesellschafter beteiligt und nicht die Aktiengesellschaft. Die atypisch stillen Gesellschafter nehmen an den Verlusten maximal bis zur Höhe ihrer einbezahlten Gesellschaftseinlage teil. Übersteigen die Verluste die Einlage der atypisch stillen Gesellschafter, wird der Restverlust von der Aktiengesellschaft übernommen.
2. Vom Gewinn erhält die Aktiengesellschaft einen Vorabgewinn in Höhe von 30% des ausgewiesenen Jahresüberschusses. Der verbleibende Jahresüberschuss in Höhe von 70% wird im Verhältnis des Eigenkapitals der Aktiengesellschaft zu der Summe der Kapitalkonten der stillen Gesellschafter aufgeteilt, wobei Verlustvorträge nicht berücksichtigt werden.
3. Für die Gesellschafterbetreuung und Anlegerkontoverwaltung stehen der Geschäftsinhaberin jährlich 1% der verwalteten Zeichnungssummen zu. Die Geschäftsinhaberin kann die Gebühr jährlich auf Beschluss der Hauptversammlung bis auf 0,1% der verwalteten Zeichnungssummen reduzieren. ...
...
§ 12 Informations- und Kontrollrechte
1. Dem atypisch stillen Gesellschafter stehen die Informations- und Kontrollrechte gem. § 233 Abs. 1 HGB und gem. § 716 BGB zu. Dem atypisch stillen Gesellschafter ist der Geschäftsbericht von der Inhaberin auszuhändigen. ...
...
§ 15 Kündigung
1. Während der im Zeichnungsschein (Beitrittserklärung) vereinbarten Mindestvertragsdauer der atypisch stillen Gesellschaft ist das ordentliche Kündigungsrecht ausgeschlossen. ...
...
§ 18 Beteiligung am Vermögen
1. Im Falle des Ausscheidens des atypisch stillen Gesellschafters und bei Liquidation des Unternehmens der Inhaberin erhält dieser einen Anteil an den auf die Gesamtheit der atypisch stillen Gesellschafter entfallenden Beteiligungen an dem seit seinem Beitritt in dem Unternehmen der Inhaberin gebildeten Vermögen, an den stillen Reserven der bilanzierten materiellen Wirtschaftsgüter und am Geschäftswert der Inhaberin.
2. Im Innenverhältnis ist der atypisch stille Gesellschafter mit schuldrechtlicher Wirkung am Anlage- und Umlaufvermögen der Inhaberin beteiligt. Dingliche Rechte am Vermögen der Inhaberin stehen den stillen Gesellschaftern nicht zu."

Das OLG gab dem Klägerbegehren auf Rückzahlung der erbrachten Einlage unter dem Gesichtspunkt ungerechtfertigter Bereicherung wegen Unwirksamkeit des Gesellschaftsbeitritts statt. Zur Begründung wurde auf eine in der gesellschaftsrechtlichen Konstruktion begründete schwerwiegende Disparität der Chancen und Risiken der Beteiligung verwiesen. Die Vertragsgestaltung verstoße damit auch gegen gesellschaftsrechtliche Strukturprinzipien. Es fehle vor allem an einem bestimmten gemeinsamen Zweck, da dem Beitretenden nicht erkennbar gewesen sei, in welche Anlageformen die Gesellschaft letztlich investiere. Die der Gesellschaft eingeräumte hohe Flexibilität bei der Anlageentscheidung hätte allenfalls durch einen durch den Stillen mitzubeschickenden „Beirat“ eingegrenzt werden können, an dem es vorliegend gefehlt hatte. So aber sei der Gesellschaftszweck nicht verbindlich zu bestimmen. Im Übrigen verstoße die Konstruktion dadurch zugleich gegen den Grundsatz der Gleichbehandlung der Gesellschafter.[355]
Insgesamt erscheinen die der Aktiengesellschaft als weiterem Gesellschafter eingeräumten Vorzüge als problematisch - insbesondere ein Vorabgewinn in Höhe von 30% des Bilanzgewinns bei gleichzeitiger teilweiser Freistellung von der Verlusttragungspflicht: Soweit ein Verlust durch das eingelegte Kapital des Stillen gedeckt werden könne, sollte nur der Stille haften. Insoweit war der weitere Gesellschafter von der Verlustteilnahme ausgeschlossen. Nur ein darüber hinausgehender Verlust ist im Innenverhältnis von dem Inhaber, zu tragen.
Verbunden mit dem als „Agio“ bezeichneten, bei der Gesellschaft verbleibenden „Eintrittsgeld“ von 5% und Verwaltungsgebühren von 1% p.a. minderte der Gewinnvorzug der AG die Renditeerwartungen des Stillen erheblich und ließ die Ertragschancen im Vergleich zu alternativen Anlageformen nach Auffassung des Gerichts weit unterdurchschnittlich erscheinen. Eventuelle einkommensteuerliche Vorteile des Modells zur Kompensation konnte die Beklagte nicht substantiieren.
Das Revisionsverfahren wurde durch Vergleich beendet, so dass eine höchstrichterliche Befassung nicht erfolgte.
Die Argumentation des Gerichts ist im Schrifttum auf Kritik gestoßen.[356] Moniert wird, dass das Fehlen des gemeinsamen Zwecks für sich gesehen die Rechtsverbindlichkeit der Abrede nicht entfallen lässt, sondern nur zu einer Umqualifizierung der stillen Gesellschaft in ein schuldrechtliches partiarisches Darlehensvertragsverhältnis führe.[357] Dem ist zwar grundsätzlich zuzustimmen. Dabei ist jedoch zu berücksichtigen, dass das Gericht im Ergebnis eine auf § 138 BGB gestützte Nichtigkeit der Vereinbarung wegen Fehlens des Gesellschaftszwecks in Kumulation mit einem Verstoß gegen den gesellschaftsrechtlichen Gleichbehandlungsgrundsatz angenommen hat.

---

355 Zu diesem Grundsatz vgl. unter D.III.2.

356 Schäfer, BKR 2002, 1010.

357 Schäfer, BKR 2002, 1010, 1010.

3. Kapitalgesellschaftsrecht

Kapitalgesellschaften können aufgrund ihrer – in besonderem Maße die Aktiengesellschaft kennzeichnenden – korporativen Organisationsstruktur als Gesellschaften im weiteren Sinne bezeichnet werden, da sie anders als die Personengesellschaften nicht auf die Gesellschaft bürgerlichen Rechts nach § 705 BGB, sondern auf den Verein im Sinne von § 21 BGB als Grundtypus zurückzuführen sind.[358]

Gleichwohl setzt das Kapitalgesellschaftsrecht auf die Konzeption des Gesellschaftszwecks im Sinne des § 705 BGB auf.[359] Bei der im Kapitalgesellschaftsrecht zulässigen Einpersonengründung tritt an die Stelle des Gesellschaftszwecks der Organisationszweck,[360] auch wenn § 1 GmbHG hier ebenso vom Gesellschaftszweck spricht. Weiterhin ist der Gesellschafts- beziehungsweise Organisationszweck vom in die Satzung nach § 3 Abs. 1 Satz 2 GmbHG beziehungsweise § 23 Abs. 3 Nr. 2 AktG aufzunehmenden sowie ins Handelsregister einzutragenden Unternehmensgegenstand zu unterscheiden. Letzterer richtet sich an Dritte, an den Rechtsverkehr.[361]

Auf der Grundlage der zum Personengesellschaftrecht entwickelten Erkenntnisse ist wegen des offenen Gesellschaftszweck-Begriffs im Ausgangspunkt auch im Kapitalgesellschaftsrecht von der Zulässigkeit des Ausschlusses von der Ergebnisbeteiligung auszugehen. Zu prüfen bleibt, ob sich aus Sondervorschriften zur Gewinn- oder Verlustteilnahme anderes ergibt.

Dabei kann die Darstellung auf die Frage der Zulässigkeit des Gewinnausschlusses verengt werden. Denn eine Verlustbeteiligung, die über den Verlust der Einlageleistung hinausgeht, ist für den Gesellschafter der Kapitalgesellschaft aufgrund der beschränkten Haftung des Gesellschafters nach § 13 Absatz 2 GmbHG beziehungsweise § 1 Abs. 1 S. 2 AktG (Trennungsprinzip zwischen der Vermögenssphäre von Gesellschaft und Gesellschafter) – abgesehen von Fällen des ausnahmsweisen Durchgriffs[362] - nicht möglich. Zu denken ist hier nur an eine eventuelle Nachschussverpflichtung. Die Nachschussverpflichtung des GmbH-Rechts nach § 26 GmbHG bedarf jedoch einer Grundlage im Gesellschaftsvertrag oder eines satzungsändernden Beschlusses.[363] Demgemäß stellt sich die Frage nach Möglichkeit und Grenzen eines Verlusttragungsausschlusses im Recht der Kapitalgesellschaften insgesamt nicht.

---

358 Müko-AktG/Heider, § 1 Rn 13f.

359 Roth/Altmeppen/Roth, § 1 Rn 4; Baumbach/Hueck/Hueck/Fastrich, § 1 Rn 5; für die Aktiengesellschaft Hüffer, § 1 Rn 2.

360 Baumbach/Hueck/Hueck/Fastrich, § 1 Rn 5.

361 Baumbach/Hueck/Hueck/Fastrich, § 1 Rn 5; zur Abgrenzung MüKo-AktG/Pentz, § 23 Rn 70ff.

362 Vgl. zu den Haftungsdurchgriffstatbeständen Baumbach/Hueck/Hueck/Fastrich, § 13 Rn 10; MüKo-AktG/Heider, § 1 Rn 45ff.

363 Roth/Altmeppen/Altmeppen, § 26 Rn 8; Baumbach/Hueck/Hueck/Fastrich, § 26 Rn 3ff.

a) GmbH-Recht: § 29 GmbHG

Im GmbH-Recht wird die Ergebnisverteilung durch § 29 GmbHG geregelt.
Dort heißt es:

> *„(1) Die Gesellschafter haben Anspruch auf den Jahresüberschuss zuzüglich eines Gewinnvortrags und abzüglich eines Verlustvortrages (...)*
>
> ...
>
> *(3) Die Verteilung erfolgt nach Verhältnis der Geschäftsanteile. Im Gesellschaftsvertrag kann ein anderer Maßstab der Verteilung festgelegt werden."*

Die GmbH-Satzung kann demnach gemäß § 29 Abs. 3 GmbHG einen eigenen Verteilungsmaßstab wählen. Aus der Vorschrift ist nicht erkennbar, ob ein völliger Gewinnausschluss zulässig ist.

aa) Herrschende Ansicht: Gewinnausschluss zulässig

Nach als allgemein bezeichneter Ansicht[364] können Gesellschafter dabei mit ihrem Einverständnis zeitweise oder auf Dauer ganz vom Gewinn ausgeschlossen werden.

bb) Zweite Ansicht: Gewinnbeteiligung oder –ausschluss nur einheitlich für alle Gesellschafter

Die früher vertretene Ansicht, entweder jeder oder kein Gesellschafter müsse am Gewinn beteiligt sein, damit es einen gemeinsamen Zweck gebe[365], wird, soweit ersichtlich, gegenwärtig nicht vertreten.

cc) Dritte Ansicht: Gewinnausschluss nur, wenn andere Vorteile verbleiben

Im Schrifttum wird weitergehend differenziert: Erstreckt sich ein Ausschluss vom laufenden Ergebnis zugleich auf das Stimmrecht, so sei er nur zulässig, wenn die Beteiligung dem Gesellschafter noch andere Vorteile bringt, z.B. durch Teilnahme am Liquidationserlös.[366]

dd) Rechtsprechung: Kumulation von Ausschluss von Vermögens- und Verwaltungsrechten problematisch

Der BGH hatte 1954 Gelegenheit, zur Frage des Gewinnausschlusses von GmbH-Gesellschaftern Stellung zu beziehen.[367]
Er zog dabei für die Gestaltungsfreiheit eine weite Grenze. Einerseits könne kaum bezweifelt werden, dass derjenige, welcher weder Stimmrecht noch Gewinnrecht noch

---

364 Baumbach/Hueck/Hueck/Fastrich, § 29 Rn 52.
365 Brodmann, § 29 Anm. 2.
366 Scholz/Emmerich, § 29 Rn 31.
367 BGH, 14.7.1954 - II ZR 342/53, NJW 1954, 1563.

einen Anspruch auf einen Liquidationsanteil besitze, nicht Gesellschafter sei. Andererseits verstoße erst die Kumulation dieser Beschränkungen gegen das Wesen der GmbH.[368] Die Auffassung von *Brodmann*, der einen alternativen Ausschluss bereits als mit dem Wesen der GmbH für unvereinbar ansah, wurde ausdrücklich verworfen. Es wurde darauf hingewiesen, dass eine GmbH zu jedem beliebigen Zweck gegründet werden könne, so dass sich das Problem des möglicherweise unzulässigen Gewinnausschlusses nur im Recht der die Verfolgung des Vorteils ihrer Mitglieder bezweckenden GmbH stellen könne. Der BGH ging dann auf den Diskussionsstand im Hinblick auf den Gewinnausschluss bei der Gesellschaft bürgerlichen Rechts ein und stellte klar, dass bereits wegen der durch § 72 GmbHG verbürgten Teilnahme des GmbH-Gesellschafters am Liquidationserlös sich diese Diskussion nicht unterschiedslos auf das GmbH-Recht übertragen lasse. Das Gericht stellte im Streitfall darauf ab, dass der Ausgeschlossene einen Anteil am Liquidationserlös behielt und damit am wirtschaftlichen Ergebnis der GmbH beteiligt blieb.
Zur Frage, ob auch der Ausschluss vom Liquidationsvorteil - damit von insgesamt jedem wirtschaftlichen Vorteil - unschädlich sei, musste der Bundesgerichtshof nicht abschließend Stellung beziehen. Zu der Schrifttumsauffassung im GmbH-Recht, dass auch der vorteilslose Ausschluss des Gesellschafters zulässig sein müsse, stellt das Gericht etwas kryptisch fest, dass dieser „keinesfalls von der Hand zu weisen" sei.[369] Zuvor hatte auch das Reichsgericht der Gestaltungsfreiheit breiten Raum zugebilligt.[370] Eine Gestaltung, bei der einzelne Gesellschafter im Wesentlichen vom Gewinnbezugsrecht und zusätzlich von der Teilnahme an den Gesellschafterversammlungen ausgeschlossen worden waren, bezeichnete das Reichsgericht als „ungewöhnlich", ohne daraus bereits einen Verstoß gegen das Wesen der Gesellschaft abzuleiten.[371] Im Einzelfall sah es erst in dem Gesellschafterbeschluss der beiden geschäftsführenden Gesellschafter, mit dem die übrigen Gesellschafter endgültig um einen Anteil am Ergebnis gebracht wurden, ohne an dem Beschluss mitwirken zu können, einen Treupflichtverstoß und mithin eine unzulässige Rechtsausübung.

ee) Zwischenergebnis

Für das GmbH-Recht ist davon auszugehen, dass der gesellschaftsvertragliche Ausschluss eines oder sogar aller Gesellschafter vom Gewinnbezugsrecht grundsätzlich möglich ist. Der Ausschluss aller Gesellschafter ist sogar zwingend, wenn die Gesellschaft, wie in deutschen GmbH-Recht zulässig, steuerbegünstigte (gemeinnützige, mildtätige und kirchliche) Zwecke im Sinne von §§ 51 AO verfolgt.[372] Gleiches gilt aber auch für Gesellschaften mit gewinnorientierter Zielsetzung.

---

368 BGH, 14.7.1954 - II ZR 342/53, NJW 1954, 1563.
369 BGH, 14.7.1954 - II ZR 342/53, NJW 1954, 1563.
370 RG, 24.4.1941- II 117/40, RGZ 167, 65ff.
371 RG, 24.4.1941- II 117/40, RGZ 167, 65, 73.
372 Baumbach/Hueck/Hueck/Fastrich, § 1 Rn 6; Hachenburg/Goerdeler/Müller, § 9 Rn 57.

Allerdings ist nach der BGH-Rechtsprechung nicht höchstrichterlich entschieden, ob die Zulässigkeit des Gewinnausschlusses davon abhängt, dass dem Gesellschafter ein sonstiger wirtschaftlicher Vorteil durch seinen Geschäftsanteil verbleibt. Als solcher kommt die Beteiligung am Liquidationserlös (§ 72 GmbHG) in Betracht.
Außerdem kann der Gewinnausschluss im Einzelfall gegen andere Rechtsgrundsätze des allgemeinen Zivilrechts oder Gesellschaftsrechts verstoßen, wie bereits aus der Rechtsprechung des Reichsgerichts folgt.

b) Aktienrecht

Sedes materiae des Problems im Aktienrecht ist § 60 AktG. Dieser lautet auszugsweise:

> *„(1) Die Anteile der Aktionäre am Gewinn bestimmen sich nach ihren Anteilen am Grundkapital.*
>
> ...
>
> *(3) Die Satzung kann eine andere Art der Gewinnverteilung bestimmen."*

Der Gesetzgeber gewährt insoweit Satzungsautonomie,[373] da die Gewinnverteilung nur das Verhältnis der Aktionäre untereinander betreffe und privatautonomer Gestaltung zugänglich sei.[374] Aktien mit unterschiedlichen Rechte bilden eigene Gattungen (§ 11 AktG). Ein abweichender Verteilungsmaßstab muss allerdings durch die Satzung explizit und verbindlich festgelegt werde; die Festsetzung durch Beschluss der Hauptversammlung ist unzulässig.[375] Soll der Gewinnverteilungsschlüssel nachträglich geändert werden, so ist nach herrschender Meinung nicht nur eine Satzungsänderung nach §§ 179ff. AktG, sondern zusätzlich die Zustimmung jedes einzelnen Aktionärs, zu dessen Nachteil die Änderung erfolgen soll, notwendig.[376] Nach anderer Auffassung soll ein mit qualifizierter Mehrheit zu fassender Sonderbeschluss der benachteiligten Aktionäre ausreichen.[377] Im Ergebnis führen beide Auffassungen materiell zum selben Ergebnis.
Ebenso wie das GmbH-Recht schweigt das Aktien-Gesetz zur Frage des völligen Ausschlusses des Aktionärs von Gewinn und Verlust. Die Antwort durch Schrifttum und Rechtsprechung erscheint jedoch eindeutig: Die Gewinnverteilung könne in der Satzung völlig frei, ohne Beachtung irgendwelcher Beschränkungen, geregelt werden.[378] Alle oder auch nur einzelne Aktien könnten ganz oder teilweise oder bedingungsabhängig vom Gewinnbezug ausgeschlossen werden. Deshalb darf die

373 BGH, 28.6.1982 - II ZR 69/81, BGHZ 84, 303, 310.
374 Schmidt/Lutter/Fleischer, § 60 Rn 12.
375 BGH, 28.6.1982 - II ZR 69/81, BGHZ 84, 303; Hüffer, § 60 Rn 6; Schmidt/Lutter/Fleischer, § 60 Rn 14.
376 Schmidt/Lutter/Fleischer, § 60 Rn 16 m.w.N.
377 Spindler/Stiltz/Cahn, § 60 Rn 21ff.
378 MüKo-AktG/Bayer, § 60 Rn 18; Schmidt/Lutter/Fleischer, § 60 Rn 18; KölnerKomm/Lutter, § 60 Rn 2, 13, 15, 20.

Satzung Vorzugsaktien vorsehen oder auf andere Art und Weise Aktionäre begünstigen, etwa durch Gewährung eines Mehrbetrages auf die Stammdividende.[379] Auch Spartenaktien (Tracking Stocks) sind möglich.[380]
Auch hinsichtlich der Verteilung eines Liquidationsüberschusses ist die Satzungsgestaltung abweichend vom Verhältnis der Beteiligung am Grundkapital zulässig, § 271 Abs. 2, 2. HS AktG. Die Beteiligung am Abwicklungsüberschuss darf auch ganz ausgeschlossen werden.[381]
Zulässig ist weiterhin der Verzicht eines Aktionärs auf den künftigen schuldrechtlichen Gewinnauszahlungsanspruch durch verfügenden Erlaßvertrag.[382] Damit entsteht der konkrete Gewinnauszahlungsanspruch des verzichtenden Aktionärs von vornherein nicht und der Bilanzgewinn verteilt sich auf die übrigen Aktionäre.[383] Ansonsten kommt mangels Selbständigkeit des mitgliedschaftlichen Gewinnrechts nur eine Aufhebung nach den Regeln des Aktienrechts, mithin in der Satzung, in Betracht.[384]
Unzulässig ist der Verzicht auf das mitgliedschaftliche Gewinnstammrecht. Dem steht das allgemeine gesellschaftsrechtliche Abspaltungsverbot entgegen.[385] Dessen Reichweite ist noch zu klären.[386]

4. Zusammenfassung

Ein generelles Verbot des Ausschlusses von der Ergebnisbeteiligung lässt sich – abgesehen vom Sonderfall der stillen Gesellschaft – nicht aus dem Gesellschaftszweck-Begriff oder dem Wesen der jeweiligen Gesellschaft herleiten. Es ergibt sich auch nicht aus einzelgesetzlichen Regelungen. Verengt man die Betrachtung auf Erwerbsgesellschaften, sind die einzelnen Gesellschaftsformen in der normativen Ausgestaltung ihres jeweiligen „Wesens" gesondert zu betrachten.
Im Kapitalgesellschaftsrecht stellt sich die Frage nach der Reichweite eines Ausschlusses von der Ergebnisbeteiligung wegen der von vornherein gegebenen nur beschränkten Haftung des Gesellschafters grundsätzlich nur im Hinblick auf die Gewinnbeteiligung. Am unproblematischsten erscheint dabei die Aktiengesellschaft. Ein Gewinnausschluss des Aktionärs ist ohne weiteres zulässig. Wegen der Formenstrenge des Aktienrechts ist allerdings nur der Ausschluss durch die Satzung unproblematisch.

---

379 Hüffer, § 60 Rn 7.

380 Schmidt/Lutter/Fleischer, § 60 Rn 18; hierzu rechtsvergleichend mit Italien Bader, Die Bildung von Sondervermögen als rechtspolitische Alternative zu Spartenaktien, 2005.

381 MüKo-AktG/Hüffer, § 60 Rn 5.

382 Schmidt/Lutter/Fleischer, § 60 Rn 20; MüKo/Bayer § 60 Rn 38.

383 Schmidt/Lutter/Fleischer, § 60 Rn 20; MüKo/Bayer § 60 Rn 30.

384 Horbach, AG 2001, 78, 82.

385 Schmidt/Lutter/Fleischer, § 60 Rn 21; MüKo/Bayer, § 60 Rn 38.

386 Vgl. unter D.III.1.

Bei der GmbH stellt sich die Frage, ob der Gewinnausschluss von der Gewährung eines sonstigen wirtschaftlichen Vorteils, namentlich der Beteiligung am Liquidationserlös, abhängt. Diese Frage wird auch im Recht der Personengesellschaften diskutiert. Sie stellt sich aber nur dann, wenn die Gesellschaft nach ihrem Zweck die Verfolgung von Vorteilen zugunsten ihrer Mitglieder beabsichtigt. Ganz überwiegend wird davon ausgegangen, dass eine entsprechende Kompensation nicht erforderlich sei. Letzte Klarheit lässt sich aus der BGH-Rechtsprechung zum GmbH-Recht jedoch nicht gewinnen.
Damit lässt sich zunächst festhalten, dass der Ausschluss von der Beteiligung am laufenden Gewinn nur bei Hinzutreten weiterer Umstände unzulässig sein kann. Welche Umstände das sind und wie die Unzulässigkeit dann normativ herzuleiten wäre bleibt zu klären.
Der Ausschluss von der Verlustbeteiligung spielt nur im Personengesellschaftsrecht eine Rolle. Ein Ausschluss lässt hier nicht automatisch die Gesellschafterstellung entfallen. In diesem Fall ist jedoch die Überprüfung der gesellschaftsrechtlichen Natur des Rechtsverhältnisses in besonders sorgfältiger Weise vorzunehmen, da die Abgrenzung zum Darlehen in Frage steht.

III. Schranken der gesellschaftsrechtlichen Gestaltung der Ergebnisbeteiligung

Es verbleibt die Frage, inwieweit andere Schranken der Gestaltungsfreiheit bei Gesellschaftsvertragsgestaltung und –änderung im deutschen Recht auf ein Verbot leoninischer Abmachungen, verstanden als Gebot der Ergebnisbeteiligung der Gesellschafter, hinauslaufen. Neben dem ursprünglichen Gesellschaftsvertrag ist dabei die gesellschaftsvertragsändernde Beschlussfassung durch die Gesellschafterversammlung in den Blick zu nehmen. Der Schutz der Rechtsstellung des Gesellschafters bei Abfassung des Gesellschaftsvertrages hilft nicht weiter, wenn die Gesellschafterversammlung die Ergebnisverteilung gegen den Willen einzelner Gesellschafter zu ändern vermag.
Dabei sind sowohl gesellschaftsrechtliche als auch aus allgemeinem Zivilrecht folgende Schranken zu untersuchen. Strukturell geht es bei den in Betracht kommenden gesellschaftsrechtlichen dogmatischen Ansätzen – mit Ausnahme von Abspaltungsverbot und eingeschränkt bei den Treupflichten - im Kern um die Frage, wie weit zum einen der Schutz von Minderheitsgesellschaftern und zum anderen die Verpflichtungen der Gesellschaftermehrheit reichen können.

1. Abspaltungsverbot

Eine erste in Betracht zu ziehende gesellschaftsrechtliche Grenze der Möglichkeit, die Ergebnisbeteiligung eines Gesellschafters zu begrenzen ist das Abspaltungsverbot. Dieses in § 717 BGB unter der Überschrift „Nichtübertragbarkeit der Gesellschafterrechte" niedergelegte Verbot folgt aus der Einheitlichkeit der Mitgliedschaft in der Gesellschaft: Anders als die aus den Mitgliedschaftsrechten erwachsenen Ansprüche sind die *Mitgliedschaftsrechte selbst* nicht von der

Mitgliedschaft trennbar.[387] Das Verbot dient dem Schutz anderer Gesellschafter vor einer Konfrontation mit einem Außenstehenden und ist zum anderen Ausdruck der unselbständigen Natur der einzelnen, in ihrer Gesamtheit die Mitgliedschaft ausmachenden Rechte.[388]

Vor dem Hintergrund des Abspaltungsverbots wird vorrangig die Übertragung von Verwaltungsrechten diskutiert. Diese können nach der BGH-Rechtsprechung wegen ihrer Verbundenheit mit dem Gesellschafteranteil grundsätzlich nicht von diesem losgelöst selbständig übertragen werden.[389] Daran anknüpfend wird auch im Schrifttum hierin insoweit ein Ausfluss des Selbstbestimmungsrechts des Verbandes beziehungsweise eine Ausprägung der im Verbandsrecht für die Privatautonomie bestehenden Schranken gesehen. Der Verband solle selbstgesteuert und nicht fremdgesteuert sein.[390]

Die Konkretisierung des Grundsatzes erweist sich im Übrigen als schwierig. Unzulässig seien die isolierte Übertragung von Teilhaberechten auf ein Nichtmitglied,[391] die Ermächtigung der Ausübung dieser Rechte im eigenen Namen[392] sowie – nach bestrittener Ansicht[393] - die unwiderrufliche verdrängende Bevollmächtigung eines Dritten zur Ausübung dieser Rechte.[394] Als problematisch erweisen sich die Subsumtion von Nießbrauch, Pfandrecht und Treuhand am Anteil. Charakteristisch ist in diesen Fällen, dass unterschiedliche Interessenssphären auf die Mitgliedschaft zugreifen. Materielle und formelle Mitgliedsstellung weichen voneinander ab. Nach bestrittener Auffassung werden hierdurch nicht einzelne Befugnisse abgespalten, sondern wird die Mitgliedschaft als Ganzes mit dem Recht eines Dritten belastet.[395]

In erster Linie handelt es sich beim Abspaltungsverbot damit grundsätzlich um ein Problem der Beschränkung beziehungsweise des Ausschlusses von Verwaltungsrechten. Diese sind „höchstpersönlich".

Anders zu beurteilen ist die Abspaltung von Vermögensrechten. „Verfügungen über Vermögensrechte" sind grundsätzlich nach § 717 S. 2 BGB zulässig. Dabei erfasst Satz 2 obligatorische Ansprüche gegen die Gesamthand, die sich nach ihrer Entstehung von der Mitgliedschaft gelöst haben und zu selbständigen Gläubigerrechten geworden sind.[396] Gleichwohl kann die Verfügung über das

387 K. Schmidt, § 19 III 4.

388 Goette, DStR 1996, 714, 714.

389 BGH, 10.11.1951, II ZR 111/50, BGHZ 3, 354, 357.

390 K. Schmidt, § 19 III 4.

391 BGH, 17. 11. 1986 - II ZR 96/86, NJW 1987, 780ff.

392 Wiedemann, S. 289.

393 Kritisch Grunewald, S. 37f. und S. 276f.

394 BGH, 10.11.1951, II ZR 111/50, BGHZ 3, 354, 358f.

395 K. Schmidt, § 19 III 4 – a.A. für den Nießbrauch (mitgliedschaftsspaltend) Hachenburg/Hüffer, § 47 Rn 51 mwN.

396 MüKo/Ulmer, § 717 Rn 14.

Gewinn*stamm*recht mit dem Abspaltungsverbot in Konflikt geraten.[397] Das Vermögensstammrecht als Rechtsquelle des Gewinnbezugsrechts sowie der weiteren Vermögensrechtspositionen soll als unselbständiger Teil der Mitgliedschaft nicht abspaltbar sein.[398] Umstritten ist vor diesem Hintergrund insbesondere, inwieweit ein Nießbrauch an dem Gewinnstammrecht bestellt werden kann.[399] Regelmäßig wird bei einer solchen Gestaltung jedoch die Abtretung des (künftigen) Gewinnauszahlungsanspruchs gewollt sein, die nach § 717 S. 2 BGB zulässig ist.[400] Für die Entnahmerechte bei und gegenüber der Personenhandelsgesellschaft (vgl. § 122 HGB) wird davon ausgegangen, dass diesen das Abspaltungsverbot jedenfalls soweit nicht entgegenstehe, wie der Anspruch durch entsprechende Gewinne gedeckt sei.[401] Es wird deutlich, dass nach herrschendem Verständnis ein Ausschluss des Gesellschafters von Vermögensrechtspositionen anders als der Ausschluss von Verwaltungsrechten mit dem Abspaltungsverbot im Grundsatz vereinbar ist. Zweifelhaft erscheint hingegen die Zulässigkeit der Übertragung aller denkbaren aus dem Gewinnstammrecht folgenden vermögenswerten Ansprüche. Es fragt sich allerdings, inwieweit es sich hierbei noch um eine mit der „Löwengesellschaft" verwandte Problematik handelt. Sanktioniert wird nicht der Ausschluss eines Gesellschafters von der Ergebnisbeteiligung, sondern die Aufspaltung der Mitgliedschaft. Allerdings kann die Abspaltung der Vermögensrechtspositionen zugunsten eines anderen Gesellschafters erfolgen. Bei dieser Fallgestaltung - sofern ein vollständiger Ausschluss von jeglichen Vermögensrechten des Gesellschafters vorliegt - würde das Abspaltungsverbot ein Verbot des Ausschlusses von der Gewinnbeteiligung darstellen. Dass das deutsche Schrifttum in diesem Zusammenhang, soweit ersichtlich, nicht von einer Löwengesellschaft spricht oder sprechen würde, ist verständlich: Wie bereits eingangs gesagt, werden als „Löwengesellschaft" tendenziell Fallgestaltungen mit einem übermächtigen Gesellschafter bezeichnet. Eine solche liegt bei der Abspaltung von Vermögensrechten nicht per se vor. Demgegenüber hätte die italienische Rechtswissenschaft weniger Bedenken, eine „leoninische Abmachung" anzunehmen, da es sich hierbei strukturell um einen Verstoß gegen das Wesen der Gesellschaft handeln soll.[402]

In der deutschen Rechtsprechung lässt sich schließlich keine eindeutige Aussage darüber, inwieweit sich der vollständige Ausschluss von Vermögensrechtspositionen mit dem Abspaltungsverbot verträgt, nachweisen.[403] Damit bleibt die Frage un-

---

397 Vgl. z.B. OLG Oldenburg, 27.10.2006 -1 U 29/04, BeckRS 2007, 01722.

398 MüKo/Ulmer, § 705 Rn 188.

399 MüKo/Ulmer, § 705 Rn 108.

400 BFH, 9.4.1991 - IX R 78/88, NJW 1992, 335, 336.

401 MüKo/Ulmer, § 717 Rn 33 m.w.N.

402 Vgl. unter C.II.

403 Vgl. z.B. OLG Hamm, 12.5.1999, 8 U 242/98, wonach neben der Übertragung des Stimmrechts „möglicherweise aber auch die der Gewinnbeteiligung, sofern damit das

beantwortet, inwieweit der Beispielsfall der Familien-oHG vor dem Abspaltungsverbot Bestand haben kann, wenn man unterstellt, dass der Vater nicht nur dauerhaft vom Gewinn(bezugs-)recht, sondern auch vom Liquidationserlös ausgeschlossen ist. Ein Eingehen auf das Abspaltungsverbot sollte für diesen (Lehrbuch-)Fall nicht fernliegen.

2. Gleichbehandlungsgrundsatz

Der Ausschluss von der Ergebnisbeteiligung muss sich weiterhin am Gleichbehandlungsgrundsatz messen lassen.

Der gesellschaftsrechtliche Gleichbehandlungsgrundsatz ist im Aktienrecht in Umsetzung EG-rechtlicher Vorgaben[404] seit 1979 ausdrücklich normiert (§ 53a AktG) und hat als zentraler gesellschaftsrechtlicher Rechtssatz[405] im Personengesellschaftsrecht in einigen – dispositiven - Normen Niederschlag gefunden (§§ 706 Abs. 1, 709 Abs.1 und 2; 711, 722 Abs. 1, 734, 735 BGB). Er gilt ebenso im GmbH-Recht.[406] Überwiegend wird davon ausgegangen, dass der gesellschaftsrechtliche Gleichbehandlungsgrundsatz nicht aus Art. 3 GG folgt, sondern sich eigenständig aus dem privaten Korporationsrecht entwickelt habe, wobei die dogmatische Herleitung im Einzelnen strittig ist.[407]

§ 53a AktG spricht von einer Gleichbehandlung „unter gleichen Voraussetzungen". Er verlangt keine absolute Gleichstellung (Gleichheit), sondern nur eine relative Gleichbehandlung. Deshalb bleiben sich aus satzungsmäßigen Unterschieden bei der Ausgestaltung der Ergebnisverteilung ergebende Unterschiede grundsätzlich unberührt.[408] Inhaltlich ist der Grundsatz mithin auf das Verbot willkürlicher Ungleichbehandlung beschränkt, ohne eine „schematische" Gleichbehandlung der Gesellschafter zu erfordern.[409]

Die Ergebnisbeteiligungsabrede im Gesellschaftsvertrag kommt – ungeachtet der Zulässigkeit einer Entscheidung durch Mehrheitsbeschluss[410] - grundsätzlich mit Zustimmung des Gesellschafters zustande. Damit kommt eine Verletzung des Gleichbehandlungsgrundsatzes nur dann in Betracht, wenn diese auch bei Zustimmung des Betroffenen möglich ist. Zwar sind Fallgestaltungen denkbar, wo ein Gesellschafter in

---

Gewinnstammrecht gemeint gewesen sein sollte, gegen das Abspaltungsverbot" verstoßen habe.

404 Art. 42 der Zweite Gesellschaftsrechtliche EG-Richtlinie, ABl. Nr. L 26/1 vom 31.1.1977 – in Deutschland umgesetzt durch Gesetz vom 13.12.1978, BGBl. I 1978, 1959.

405 MüKo/Ulmer, § 705 Rn 244.

406 BGH, 16.12.1981 – II ZR 58/91, BGHZ 116, 359, 373; Schmidt/Lutter/Fleischer, § 53a Rn 7.

407 Vgl. nur K. Schmidt, § 16 II 4 b), auch mit Rekurs auf die staatsrechtliche Statuslehre; Partikel, S. 125f.

408 BGH, 16.12.1991 – II ZR 58/91, BGHZ 116, 359, 373; Schmidt/Lutter/Fleischer, § 53a Rn 3; K. Schmidt, § 16 II 4 b).

409 MüKo/Ulmer, § 705 Rn 244f.; Ermann/Westermann, § 705 Rn 37; Soergel/Hadding, § 705 Rn 65.

410 Vgl. hierzu unter D.III.6.

die Beschneidung seiner Gesellschafterrechte einwilligt, um aus anderen Gründen (wirtschaftlicher oder nur ideeller Natur[411]) Gesellschafter werden oder bleiben zu dürfen. Das ist jedoch zulässig, denn der Gleichbehandlungsgrundsatz ist dispositiv; der Gesellschafter übt sein Selbstbestimmungsrecht aus.[412]

„Willkür" zu Lasten eines Gesellschafters ist demnach nicht gegeben, wenn dieser in die Art der Ergebnisverwendung willensfehlerfrei einwilligt. Der Fall wiederum, dass sich ein Gesellschafter willensfehlerhaft auf einen Vertrag eingelassen hat, der ihn übervorteilt, ist ein Problem des § 138 BGB (und gegebenenfalls § 242 BGB), der die Willensentschließungsfreiheit schützt.[413]

Typisch erscheint insoweit der durch das OLG Schleswig entschiedene und bereits geschilderte Fall:[414] Durch eine Anlageberatung - die gleichzeitig Ansprüche aus Prospekthaftung sowie Verschuldens aus Vertragsschluss begründete - war der Kläger zum Beitritt zu einer stillen (Publikums-)Gesellschaft veranlasst worden, die keine für ihn sinnvolle Investition darstellte. Hier nahm das Gericht sowohl einen Verstoß gegen § 138 BGB als auch gegen den Gleichbehandlungsgrundsatz an. Der Fall verdeutlicht, dass ein Verstoß gegen den Gleichbehandlungsgrundsatz ohne gleichzeitigen Verletzung der durch § 138 BGB geschützte Willensentschließungsfreiheit schwer vorstellbar ist.

Demnach kann ein Verbot leoninischer Abmachungen aus dem Gleichbehandlungsgebot nicht hergeleitet werden. In der Rechtsprechung wird bei der Inhaltskontrolle von Gesellschaftsverträgen sowie vertragsändernden Beschlüssen dieser Grundsatz regelmäßig durch die Kernbereichslehre und – dem vorgelagert – den Bestimmtheitsgrundsatz überlagert.[415]

3. § 138 BGB

Ausnahmsweise kann eine Gestaltung, die einen der Gesellschafter vom Gewinn oder aber von der Verlusttragung ausschließt, aufgrund der Gesamtumstände nach § 138 BGB unzulässig sein.[416]

Dabei kommt eine Begründung des Verstoßes gegen die guten Sitten im Sinne der Generalklausel des § 138 BGB bei Verletzung der Willenentschließungsfreiheit eines Vertragspartners in Betracht. Einen solchen Verstoß sah das OLG Schleswig mit Hinblick auf den Beitritt eines Gesellschafters zu einer stillen Publikums-Gesellschaft nach den Gesamtumständen als gegeben und dessen Beitritt zu der Gesellschaft als

---

411 Vgl. Beispiele bei Partikel, S. 34.
412 MüKo/Ulmer, § 705 Rn 247; Partikel, S. 128.
413 Für sog. Gesellschafter minderen Rechts im Ergebnis ebenso Partikel, S. 128f.
414 OLG Schleswig, 13.6.2002 – 5 U 78/01, ZIP 2002, 1244; vgl. bereits unter D.II.2.c).
415 Vgl. BGH, 15. 1. 2007 - II ZR 245/05, NZG 2007, 259, 260.
416 MüKo/Ulmer, § 705 Rn 118; Soergel/Hadding, § 705 Rn 36; Flume, § 3 V.

unwirksam an.[417] Eine Aufrechterhaltung der gesellschaftsvertraglichen Beziehung nach den Grundsätzen der fehlerhaften Gesellschaft[418] verwarf das Gericht.
Mit Ausnahme von Publikumsgesellschaften jedoch ist die Rechtsprechung zurückhaltend bei der Bejahung eines Verstoßes gegen § 138 BGB bei der Inhaltskontrolle von Gesellschaftsverträgen und insbesondere Gesellschafterbeschlüssen. Die spezifische gesellschaftsrechtliche Schranke ist insofern die Treupflicht.[419] Nur bei Publikums-Gesellschaftsverträgen, für die insofern auch ein Sonder-(Gesellschafts-)Recht diskutiert wird[420] und bei denen die Rolle des Gesellschafters mit der eines Verbrauchers zusammenfallen kann,[421] erscheint der Rekurs auf § 138 BGB anstelle der gesellschaftsrechtlichen Treupflicht methodisch gerechtfertigt.

4. § 242 BGB – Inhalts- sowie Ausübungskontrolle

Eine Inhaltskontrolle des Vertrages soll auch am Maßstab des § 242 erfolgen können.[422] Das kann vor dem Hintergrund des spezifischen gesellschaftsrechtlichen Grundsatzes der gegenseitigen Treupflichten nicht völlig überzeugen.[423]
Gleiches gilt im Hinblick auf die Funktion der Vorschriften der §§ 242, 315 BGB als Maßstäbe der Ausübungskontrolle.[424] Auch insoweit werden diese allgemeinen Generalklauseln nach vorzugswürdiger Ansicht durch die gesellschaftsrechtlichen Treupflichten konkretisiert.[425] Die frühere Rechtsprechung des Reichsgerichts[426] dürfte als überholt gelten. Mithin sollte für eine eigenständige Anwendung von § 242 BGB neben den gesellschaftsrechtlichen Treupflichten[427] außerhalb des Rechts der Publikumsgesellschaften kein Anwendungsbereich verbleiben.

5. Treupflichten

Schließlich könnte ein Ausschluss des Gesellschafters von der Ergebnisbeteiligung – insbesondere von der Gewinnbeteiligung - auch gegen die gesellschaftsrechtliche Treupflichten verstoßen.
Bei diesen handelt es sich seit der Rechtsprechung des Reichsgerichts um einen zentralen Grundsatz des deutschen Gesellschaftsrechts.[428] Ihre dogmatische Herleitung

---

417 OLG Schleswig, 13.6.2002 – 5 U 78/01, ZIP 2002, 1244.
418 Hierzu MüKo/Ulmer, § 705 Rn 323ff.
419 Vgl. nachfolgend unter D.III.5.
420 Vgl. K. Schmidt, ZGR 2008, 1, 12ff.
421 Vgl. BGH, 5.5.2008 - II ZR 292/06, DStR 2008, 1100; hierzu Kindler/Libbertz, DStR 2008, 1335ff.
422 So Schäfer, BKR 2002, 1010, 1011; allgemein zur Bedeutung der Ausübungskontrolle nach § 242 BGB MüKo/Kramer, § 242 Rn 20 m.w.N.
423 Vgl. nachfolgend unter D.III.5.
424 Zur Bedeutung der Ausübungskontrolle nach § 242 BGB MüKo/Kramer, § 242 Rn 20 m.w.N.
425 Reiff/Ettinger, DStR 2004, 1258, 1260.
426 RG, 24.04.1941- II 117/40, RGZ 167, 65ff.
427 Vgl. nachfolgend unter D.III.5.
428 Darstellung der historischen Entwicklung bei MüKo/Ulmer, § 705 Rn 221f.

im Einzelnen ist umstritten.[429] Die zwischen Gesellschaftermehrheit und –minderheit gegeneinander bestehenden Treupflichten sind durch Rechtsprechung und Lehre verfeinert und auf alle Gesellschaftsformen ausgedehnt worden.[430] Aus ihr folgen über die gesellschaftsnotwendige Pflicht zur Förderung des Gesellschaftszwecks hinaus Pflichten zur Rücksichtnahme auf Belange der Mitgesellschafter als auch Belange der Gesellschaft.[431] Ursprünglich handelte es sich um ein reines Instrument des Minderheitenschutzes, doch sind die Treupflichten zu einem allgemeinen Grundsatz der Abwägung und Begrenzung mitgliedschaftlicher Rechte und Befugnisse weiterentwickelt worden, womit nunmehr auch die rechtsmißbräuchliche Ausübung von Minderheitenrechten erfasst ist.[432]

Es stellt sich die Frage des Verhältnisses von gesellschaftsrechtlicher Treupflicht zur allgemeinen Ausübungskontrolle wegen Missbräuchlichkeit nach § 242 BGB.[433] Zutreffend ist es, die Treupflichten als spezifische gesellschaftsrechtliche Konkretisierung der Generalklausel des § 242 BGB anzusehen.[434] Anderes kann bei Publikumsgesellschaften für den Verbraucher-Gesellschafter in Betracht kommen.

Ein Treupflichtverstoß kann demnach grundsätzlich durch eine zu Lasten von Minderheitsgesellschaftern erfolgende Vertragsänderung mittels einer satzungsändernden qualifizierte Mehrheitsentscheidung erfolgen, wenn sich das als rücksichtslos in Hinblick auf die Interessen anderer Gesellschafter erweist. Die Rechtsprechung hat es als treuwidrig angesehen, dass von einem vertraglich einge-räumten Übernahmerecht nicht zur Fortführung des Unternehmens, sondern vielmehr nur deshalb Gebrauch gemacht wurde, um den zu erwartenden Liquidationsgewinn ungeteilt zu erlangen.[435] Weiterhin ist die Auffassung vertreten worden, dass es die gesellschaftsrechtlichen Treupflichten geböten, willkürliche Schädigungen zu unterlassen und nur ausgewogene Vertragsgestaltungen zu treffen.[436] In der Konsequenz dieses Ansatzes würde die mitgliedschaftliche Treupflicht einer unausgewogenen, nicht durch andere Vertragsregelungen kompensierten, Ergebnisverteilung entgegen stehen.

Diese Fallgestaltungen betreffen die Gewinnbeteiligungen, lassen sich jedoch auch auf eine nachträgliche, durch die Gesellschaftermehrheit beschlossene Lastenvermehrung (Verlustteilnahme beziehungsweise Nachschusspflicht) anwenden.

---

429 Vgl. MüKo-AktG/Bungeroth, vor § 53a Rn 19ff.; K. Schmidt, § 20 IV 1 b); Henze, BB 1996, 489, 491f.

430 Vgl. im Einzelnen MüKo/Ulmer, § 705 Rn 221f.; Henze, BB 1996, 489ff.

431 MüKo/Ulmer, § 705 Rn 222, 226ff.

432 BGH, 20.03.1995 - II ZR 205/94, BGHZ 129, 136; K. Schmidt, § 20 IV 1 b).

433 Kritisch insbesondere Partikel, S. 137, die eigene Anwendungsbereiche von § 242 BGB im Verhältnis zu Treupflichten im Gesellschaftsrecht bestimmt.

434 Reiff/Ettinger, DStR 2004, 1258, 1258.

435 BGH, 10.7.1958 - II ZR 71/57, NJW 1958, 432.

436 Manke, Das Recht zur Ausschließung aus der Personengesellschaft kraft Vertrages, 1978, S. 57ff.

Als Zwischenergebnis lässt sich festhalten, dass aufgrund der Treupflichten eine Gesellschaftermehrheit verpflichtet sein kann, ihren Willen in der Gesellschaft nicht dahingehend durchzusetzen, dass die Ergebnisbeteiligung unter den Gesellschaftern zu Lasten einer Minderheit und gegen deren Willen geändert wird.
Dabei sollte die Treupflicht jedoch nur insoweit eingreifen, wie nicht bereits spezifische Instrumente des Minderheitenschutzes einer solchen Umverteilung der Ergebnisbeteiligung entgegenstehen.[437] Hierzu zählen Bestimmtheitsgrundsatz, Kernbereichslehre und Belastungsverbot.

6. Spezifischer Minderheitenschutz: Bestimmtheitsgrundsatz, Kernbereichslehre, Belastungsverbot

Neben die Treupflicht als allgemeinem, die Gesellschafter verpflichtendem Rechtsgrundsatz treten die spezifischen Instrumente des gesellschaftsrechtlichen Minderheitenschutzes, wenn die Ergebnisbeteiligung erst durch eine Änderung des Gesellschaftsvertrages in Richtung einer nach „leoninischen" Gesichtspunkten problematischen Beteiligung an den Vermögensrechten und Lasten verschoben wird.
Die Verpflichtung zur Rücksichtnahme auf berechtigte Interessen einer Minderheit beschränkt die Ausübung einer Mehrheitsmacht innerhalb der Gesellschaft.[438] Das folgt im Grundsatz bereits aus dem Treupflichtgebot. Anders als im insoweit für das Kapitalgesellschaftsrecht Maßstäbe setzenden Aktienrecht[439] ist der Minderheitenschutz im Recht der Personengesellschaften nicht gesetzlich normiert, sondern durch die Rechtsprechung näher ausgeformt worden. Das verwundert wegen des gesetzlich vorgesehenen Einstimmigkeitsgrundsatzes im Personengesellschaftsrecht nicht. Für die Gesellschaft bürgerlichen Rechts folgt dieser aus § 709 Abs. 1 BGB und für die Personenhandelsgesellschaften aus § 119 Abs. 1 HGB sowie §§ 161 Abs. 2, 119 Abs. 1 HGB. Schließlich soll der Einstimmigkeitsgrundsatz auch aus der Struktur der Personengesellschaft als persönlicher Zusammenschluss der Gesellschafter auf vertraglicher Grundlage ohne Verselbstständigung der Gesellschaft zur juristischen Person folgen.[440]
Auch im Personengesellschaftsrecht eröffnet jedoch bereits das Gesetz die Möglichkeit, im Interesse der Flexibilität und Handlungsfähigkeit der Gesellschaft auf das Mehrheitsprinzip auszuweichen (vgl. §§ 709 Satz 2 BGB, 119 Abs. 2, 161 Abs. 2 HGB).
Wenn nach dem Gesellschaftsvertrag eine Änderung der Ergebnisbeteiligung durch Mehrheitsbeschluss zulässig sein soll, stellen sich zwei Fragen: Die eine ist die, ob der entsprechenden gesellschaftsvertraglichen Klausel mit der notwendigen Bestimmtheit

---

437 Vgl. unter D.III.6.
438 Wiedemann/Frey, S. 9
439 Vgl. im Einzelnen Henze, DStR 1993, 1823, 1824.
440 MüKo/Ulmer § 705 Rn 81; im Einzelnen zum Einstimmigkeitsgrundsatz Giedinghagen/Fahl, DStR 2007, 1965, 1965.

zu entnehmen ist, dass eine Neuregelung der Ergebnisbeteiligung durch Mehrheitsbeschluss zulässig ist (Bestimmtheitsgrundsatz). Hierbei handelt es sich nach der Rechtsprechung nicht allein um eine Frage des Minderheitenschutzes. Der Gesellschafter soll durch den Bestimmtheitsgrundsatz das Maß der durch eine Mitgliedschaft eingegangenen Belastung einschätzen können. Damit diene der Grundsatz auch der Fehlerfreiheit der Willensbildung.[441]
Die andere ist die (Folge-)Frage, ob die Mehrheits-Klausel respektive ein Gebrauchmachen hiervon einen unzulässigen Eingriff in den Kernbereich der Mitgliedschaft darstellt (Kernbereichslehre).
Reichweite sowie Verhältnis dieser beiden Instrumente des Minderheitenschutzes zu einander sind nicht ganz geklärt.[442]
Im Zusammenhang mit diesen spezifischen Minderheitenschutzinstrumenten kann – neben den bereits dargestellten gesellschaftsrechtliche Treupflichten – zudem das „Belastungsverbot" relevant werden.

a) Bestimmtheitsgrundsatz

Der Bestimmtheitsgrundsatz beruht auf der Erkenntnis, dass im Zeitpunkt der Unterwerfung der Minderheit unter den Mehrheitswillen durch Mehrheitsklauseln gewisse Entwicklungen noch nicht vorhersehbar sind.[443] Bereits das Reichsgericht entschied 1917, dass allgemeine Mehrheitsklauseln, die sich auf die Änderung des Gesellschaftsvertrages beziehen, nicht für alle Beschlussgegenstände Geltung beanspruchen können.[444] Eine schrankenlose Unterwerfung unter die Mehrheitsherrschaft sei sittenwidrig. Konkret entwickelte das Gericht dies zu mehrheitlich beschlossenen Beitragserhöhungen, durch die § 707 BGB abbedungen werden soll. Es sei eine ausdrückliche Verabredung der Mehrheitsentscheidung über diese Frage erforderlich. Hieran anknüpfend entschied der Bundesgerichtshof, dass eine einfache Mehrheitsklausel nur gewöhnliche oder übliche Maßnahmen abdecken könne, wohingegen sich für weitergehende Maßnahmen das Mehrheitsprinzip ausdrücklich aus dem Vertrag entnehmen lassen müsse.[445] Was „gewöhnliche Geschäftsführungsmaßnahmen" sind ist nicht einfach zu bestimmen. Die Praxis hat zur Wahrung des Bestimmtheitsgrundsatzes in den Gesellschaftsverträgen Kataloge von Gegenständen entwickelt, für die das Mehrheitsprinzip eingreifen soll. Nach der Rechtsprechung gehört die Änderung des Gewinnverteilungsschlüssels nicht zu den gewöhnlichen Geschäftsführungsmaßnahmen und kann jedenfalls nicht auf Grundlage

441 BGH, 23. 1. 2006 - II ZR 306/04, DStR 2006, 624, 625.
442 Vgl. BGH, 15.1.2007, II ZR 245/05, DStR 2007, 494, 495 f.; zur Diskussion im Schrifttum vgl. Henze DStR 1993, 1863, 1867; Goette NJW 1995, 196; Priester DStR 2007, 28ff.
443 BGH, 12.11.1952, II ZR 260/51, NJW 1953, 102; 15.1.2007, II ZR 245/05, DStR 2007, 494, 495 f.
444 RG, 23.11.1917 – Rep. II 242/17, RGZ 91, 166ff.
445 BGH, 12. 11. 1952 – II ZR 260/51, BGHZ 66, 82, 85.

einer einfachen Mehrheitsklausel (Generalklausel) im Rahmen eines mehrheitlichen Gesellschafterbeschlusses erfolgen.[446]
Diese Rechtsprechungsgrundsätze sollten ungeachtet einer durch die jüngere Rechtsprechung erfolgten Lockerung des Bestimmtheitsgrundsatzes Bestand haben. Nach neuerer Rechtsprechung soll sich der Bestimmtheitsgrundsatz auch aus einer Gesamtauslegung des Vertrages ergeben können.[447] Der Nachweis hierfür obliegt der Gesellschaftermehrheit. Hingegen ist für eine Lastenvermehrung nach der Rechtsprechung nach wie vor eine spezifizierte Legitimationsgrundlage im Gesellschaftsvertrag erforderlich.[448]
Anders stellt sich die Lage bei Publikums-Personengesellschaften dar. Hier hat der Bundesgerichtshof den Bestimmtheitsgrundsatz 1978 aufgegeben.[449] Danach ist aus Gründen der Praktikabilität bei diesen Gesellschaften eine einfache Mehrheitsklausel ausreichend.[450] Das Gericht stellt dabei darauf ab, dass sich diese Gesellschaftsform vom ursprünglichen Leitbild der Personengesellschaft gelöst habe, so dass ein einstimmiger Gesellschafterbeschluss aufgrund der Vielzahl der Gesellschafter fast unmöglich sei.[451] Zum anderen hielt das Gericht auch wegen der Vielzahl der in Betracht kommenden und ggf. in den Vertrag aufzunehmenden Änderungstatbestände die Anwendung des Grundsatzes nicht für praktikabel. Gleichwohl verbleibt es bei einer Inhaltskontrolle des gefassten Beschlusses im Sinne der Kernbereichslehre, namentlich auf das Vorliegen eines unzulässigen Eingriffs in eine Rechtsposition eines Gesellschafters.[452] Zum Ausgleich für das Nichteingreifen des Bestimmtheitsgrundsatzes kann dem überstimmten Gesellschafter ein außerordentliches Kündigungsrecht (vgl. § 723 BGB) zustehen.[453] Das ist insbesondere bei wesentlicher Umgestaltung des Gesellschaftsverhältnisses durch Mehrheitsbeschluss der Fall.[454] Das kann aber selbst im Recht der Publikumsgesellschaften die nicht erfolgte Zustimmung eines Gesellschafters zu vermehrten Lasten nicht ersetzen.[455] Hier muss der Gesellschaftsvertrag eine Obergrenze sowie weitere Kriterien zur Eingrenzung des Erhöhungsrisikos erkennen lassen.[456] Der Gesellschafter kann andernfalls weder wegen

---

446 BGH, 29.9.1986, II ZR 285/85, NJW-RR 1987, 285ff.
447 BGH, 15.1.2007, II ZR 245/05, DStR 2007, 494, 496.
448 BGH, 15.1.2007, II ZR 245/05, DStR 2007, 494, 496 mit Hinweisen auf die zuvor in dieser Frage schwankende Rechtsprechung.
449 BGH, 13.3.1978 - II ZR 63/77, NJW 1978, 1382; vgl. auch BGH, 19.11.1984 - II ZR 102/84, NJW 1985, 972.
450 BGH, 13. 3. 1978 - II ZR 63/77, NJW 1978, 1382, 1383.
451 Vgl. auch BGH, 15.11.1982 - II ZR 62/82, NJW 1983, 1056 zu einer aus 133 Gesellschaftern bestehenden Kommanditgesellschaft, für die der BGH den Bestimmtheitsgrundsatz wegen ihrer „körperschaftlichen Verfassung“ gleichfalls für unanwendbar hält.
452 BGH, 13.3.1978 - II ZR 63/77, NJW 1978, 1382, 1382.
453 BGH, 21.4.1980 - II ZR 144/79, WM 1980, 868, 868; Palandt/Sprau, § 705 Rn 16.
454 BGH, 13.3.1978 - II ZR 63/77, NJW 1978, 1382, 1383.
455 BGH, 23.1.2006 - II ZR 306/04, DStR 2006, 624, 625.
456 BGH, 23.1.2006 - II ZR 306/04, DStR 2006, 624, 624.

einer ihm der Gesellschaft oder der Gesellschaftermehrheit obliegenden Treupflicht zur Zustimmung verpflichtet noch auf sein Sonderkündigungsrecht verwiesen werden.[457]

Zusammenfassend und unter Bezugnahme auf die aktuelle Rechtsprechung[458] sowie jüngste Stellungnahmen im Schrifttum[459] lässt sich sagen, dass nach heutigem Verständnis der Bestimmtheitsgrundsatz als Ermächtigungsregel im Rahmen eines regelmäßig zweistufig ausgestalteten Schutzes der Gesellschafterminderheit anzusehen ist. Für die Gewinnbeteiligung hat er nur dann Bedeutung, wenn der Beschluss über die Gewinnverwendung überhaupt einer Mehrheitsentscheidung zugänglich ist. Das ist nur bei Publikums-Personengesellschaften der Fall.

Eine Lastenmehrung durch Mehrheitsbeschluss ist demgegenüber unzulässig.

b) Kernbereichslehre

Neben den Bestimmtheitsgrundsatz als „formalem" Kriterium tritt die Kernbereichslehre als spezielles materielles Korrektiv. Der BGH wendet beide Instrumente des Minderheitenschutzes nebeneinander an, wie er in seiner jüngsten Rechtsprechung klargestellt hat.[460]

Nach der Kernbereichslehre greifen bestimmte Entscheidungen derart in wichtige Mitgliedschaftsrechte ein, dass diese zwingend der Zustimmung aller Gesellschafter bedürfen. Nicht abschließend geklärt ist, was zum Kernbereich der Mitgliedschaft zählt. Hauptanwendungsfälle sind „struktur- und zweckändernde Beschlüsse".[461] Zum Kernbereich gezählt werden neben dem Informationsrecht Erhöhungen von Gesellschafterleistungen sowie nachteilige Veränderungen des Stimmrechts, der Gewinnquote und des Auseinandersetzungsguthabens.[462] Ohne Zustimmung ist die Mehrheitsentscheidung nur dann ausnahmsweise zulässig, wenn der Gesellschafter aufgrund seiner gesellschaftsrechtlichen Treupflicht zur Zustimmung verpflichtet ist.[463]

Es obliegt nach dieser Rechtsprechung allerdings der sich auf eine treupflichtwidrige Mehrheitsentscheidung berufenden Minderheit, den Nachweis hierfür zu führen. Danach muss die Mehrheit entgegen Stimmen im Schrifttum[464] nicht die sachliche Rechtfertigung ihres Beschlusses nachweisen.

Beide Schutzinstrumente greifen nicht ein, wenn der Gesellschafter der Art und Weise der Ergebnisbeteiligung beziehungsweise deren Änderung zustimmt. Die Ergebnisbeteiligung zählt nicht zu den unentziehbaren Gesellschafterrechten, wie das

---

457 BGH, 23.1.2006 - II ZR 306/04, DStR 2006, 624, 625.

458 BGH, 15.1.2007, II ZR 245/05, DStR 2007, 494ff.

459 K. Schmidt, ZGR 2008, 1, 32.

460 BGH, Urteil vom 15.1. 2007, II ZR 245/05, DStR 2007, 494, 496.

461 Formulierung nach Giedinghagen/Fahl, DStR 2007, 1965, 1966.

462 Im Einzelnen MüKo/Ulmer, § 709 Rn 93; Palandt/Sprau, § 705 Rn 16.

463 BGH, 19.11.1984 - II ZR 102/84, NJW 1985, 974, 974; 23.1.2006 - II ZR 306/04, NJW 2006, 624, 625.

464 MüKo/Ulmer, § 709 Rn 100f.

Recht auf Teilnahme an der Gesellschafterversammlung, auf Erhebung der kassatorischen Klage bei rechtswidrigen Beschlüssen oder das Austrittsrecht aus wichtigem Grund.[465]
Damit lässt sich zusammenfassend feststellen, dass aufgrund der Kernbereichslehre eine Beschneidung des Gewinnbezugsrechts durch Mehrheitsbeschluss gegen den Willen des betroffenen Gesellschafters nicht möglich ist. Der Schutz durch die Kernbereichslehre umfasst darüber hinaus auch das Recht zur Beteiligung am Liquidationserlös.[466]
Demgegenüber ist in Italien eine freie Entscheidung des Gesellschafters über eine Beteiligung am Ergebnis nur in den durch Art. 2247, 2265 c.c. gesetzten Schranke möglich.

c) Belastungsverbot

Die materielle Inhaltskontrolle von Mehrheitsbeschlüssen wird ergänzt durch das Belastungsverbot. Danach ist es der Gesellschaftermehrheit untersagt, einem Gesellschafter durch Mehrheitsbeschluss zusätzliche Lasten aufzuerlegen.[467] Hierbei soll es sich um ein allgemeines Institut des Gesellschaftsrechts handeln.[468] Einen Anhalt hierfür bilden gesetzliche Regelungen: Nach § 707 BGB sind die Gesellschafter einer Personengesellschaft nicht zur Erhöhung der vereinbarten Beiträge verpflichtet. Nach §§ 180 Abs. 1 AktG, 53 Abs. 3 GmbHG bedarf eine Satzungsänderung, die Aktionären Nebenverpflichtungen oder GmbH-Gesellschaftern eine Vermehrung ihrer Leistungen auferlegt, der Zustimmung der Betroffenen.
Allerdings ist das Belastungsverbot nicht „absolut“. Ihm kann bei ausreichender Bestimmtheit des Gesellschaftsvertrages genügt sein und dem Gesellschafter können durch Mehrheitsbeschluss gegen seinen Willen Lasten auferlegt werden. Dem Gesellschafter muss dann aus einem im Gesellschaftsvertrag objektiv ableitbaren Maßstab klar werden, in welchem Umfang nachträgliche Beitragserhöhungen möglich sein sollen.[469] Damit ist dem Belastungsverbot genügt.
Daran wird deutlich, dass - wenn diese Bestimmtheit gegeben ist - keine Verletzung des Belastungsverbots durch eine nachträgliche Änderung der Ergebnisbeteiligung vorliegt. Es lässt sich folgern, dass eine Inhaltskontrolle am Maßstab des Belastungsverbots gelingt, wenn eine wirksame „antizipierte“ Zustimmung zu der Lastenerhöhung im Gesellschaftsvertrag vorliegt.
Interessanterweise betrifft das Belastungsverbot eine Konstellation, die weder durch die societas leonina noch durch den um das Gebot der Verlustbeteiligung ergänzten Patto leonino in den Blick genommen wird. Zwar beinhaltet der Patto leonino ein

465 Vgl. nur Priester, DStR 2007, 28, 30.
466 K. Schmidt, ZGR 2008, 1, 19.
467 K. Schmidt, § 16 III 3 b) cc); ders. ZGR 2008, 1, 19.
468 K. Schmidt, § 16 III 3 b) cc).
469 BGH, 5.3.2007 - II ZR 282/05, NJW-RR 2007, 757ff.; 4.7.2005 - II ZR 354/03 NZG 2005, 753f.; 14.5.1956 - II ZR 229/54, BGHZ 20, 363, 369; K. Schmidt, § 16 III b) cc).

Gebot der Verlustbeteiligung. Er schützt jedoch nicht vor nachträglichen Vermögenslasten des Gesellschafters, die nicht auf einen Ausschluss von Gewinn oder Verlust hinauslaufen. Eine Parallele zum italienischen Patto leonino lässt sich somit nur im Fall einer einseitigen Lastenmehrung, die auf den Ausschluss einzelner Gesellschafter von der nachträglichen Verlustteilnahme hinausläuft, ziehen.

7. Zu den Rechtsfolgen der Verletzung von Schranken

Mithin können „leoninische" Gestaltungen unter verschiedenen Blickwinkeln im deutschen Recht problematisch sein können.

Ein differenziertes Bild bietet sich auch im Hinblick auf die jeweiligen Rechtsfolgen. Inhaltsmängel nach § 138 BGB führen im Personengesellschaftsrecht grundsätzlich zur Nichtigkeit des Gesellschaftsvertrags beziehungsweise des Gesellschafterbeschlusses.[470] Das ergibt sich für den Gesellschaftsvertrag aus der allgemeinen Rechtsgeschäftslehre. Eine wichtige Einschränkung folgt jedoch aus den Grundsätzen der fehlerhaften Gesellschaft, wenn der (geänderte) Gesellschaftsvertrag in Vollzug gesetzt ist und die Änderung Bedeutung für die Gesellschaftsorganisation hat.[471] Die fehlerhafte (Außen-)Gesellschaft genießt im Interesse des Rechtsverkehrs Bestandsschutz. Strittig ist, ob diese Grundsätze auch bei einer Innengesellschaft eingreifen.[472] Eine erfolgreiche Berufung auf den Mangel führt unter diesen Voraussetzungen nur zur Unwirksamkeit des Gesellschaftsvertrages ex nunc, es sei denn, vorrangige Wertungen (namentlich Minderjährigenschutz, aber auch ein Verstoß gegen §§ 134, 138 BGB) gebieten die Nichtigkeit ex tunc. Diese Bestandsschutzgrundsätze gelten – erst recht – auch im Recht der Körperschaften.[473] Die Entscheidung des OLG Schleswig[474] zeigt, dass es bei einer societas leonina zu einer Durchbrechung des durch das Institut der fehlerhaften Gesellschaft gewährleisteten Bestandsschutzes kommen kann. Das ist insbesondere dann gegeben, wenn sich die Gestaltung als Anwendungsfall von § 138 BGB darstellt.

Bestandsschutz greift grundsätzlich auch bei fehlerhaften Gesellschafterbeschlüssen. Hier kann außerdem eine Heilung in Betracht kommen, sofern die societas leonina keinen Verstoß gegen § 138 BGB darstellt. Insbesondere können die Gesellschafter die Wirksamkeit des Beschlusses durch unwidersprochenen Vollzug in Kenntnis des Mangels herbeiführen.[475] Ansonsten muss der Mangel innerhalb einer angemessenen Frist geltend gemacht werden. Was angemessen ist, richtet sich im Aktien- und im Wege der analogen Anwendung auch im GmbH-Recht nach den Fristen des Aktiengesetzes, im Übrigen nach dem Grundsatz der Verwirkung[476] sowie der jedem

---

470 MüKo/Ulmer, § 709 Rn 108.
471 MüKo/Ulmer, § 709 Rn 109; im Einzelnen Bälz, Hdb GesR. I, § 100 Rn 2ff.
472 Ablehnend Bälz, Hdb. GesR. I § 100 Rn 319.
473 Bälz, Hdb GesR. I, § 100 Rn 19.
474 OLG Schleswig, 13.6.2002 – 5 U 78/01, ZIP 2002, 1244; vgl. unter D.II.2.c).
475 MüKo/Ulmer, § 709 Rn 110.
476 BGH, 7.6.1999, II ZR 278/98, DStR 1325, 1325.

Gesellschafter insoweit obliegenden Treupflicht.[477] Im Kapitalgesellschaftsrecht wird ein Mangel nicht nur durch Verwirkung, Neuvornahme oder Bestätigung, sondern auch durch registerrechtliche Eintragung geheilt.[478] Hingegen hat im Personengesellschaftsrecht die – bei der BGB-Gesellschaft ohenhin nicht mögliche – Register-Eintragung keine heilende Wirkung.[479]
Das Rechtsprechungsbeispiel des OLG Schleswig zeigt allerdings, dass bei Vorliegen einer „Löwengesellschaft" eine ex tunc-Abwicklung durchgreifen kann. Das betrifft diejenigen Fälle des Rechts der Publikums-Personengesellschaften, in denen eine Ergebnisverteilungsabrede wegen Verstoßes gegen § 138 BGB für nichtig befunden wird.
Kaum erörtert erscheint die Frage, was zu gelten hat, wenn eine Ergebnisbeteiligungsabrede wegen Verletzung des Abspaltungsverbots für unwirksam erklärt werden sollte. Diese Möglichkeit ist nach der bis hierhin erfolgten Analyse nicht völlig von der Hand zu weisen.[480] Soweit eine Abspaltung Verwaltungsrechte betrifft soll diese gegen § 717 BGB verstoßende Übertragung nichtig sein.[481] Dasselbe müsste demgemäß für die Abspaltung der gesamten Vermögensrechtsposition aus einem Gesellschaftsanteil auf einen Dritten – im Falle einer leoninischen Abmachung: auf einen anderen Gesellschafter – gelten. Die Folge wäre eine Nichtigkeit des Gewinnausschlusses zugunsten eines anderen Gesellschafters mit der Konsequenz, dass der von den Vermögensrechten ausgeschlossene Gesellschafter Inhaber dieser Vermögensrechtspositionen bliebe.

IV. Sonderproblem des Kapitalgesellschaftsrechts: Kapitalerhöhung und Bezugsrechtsausschluss

Schließlich könnte der Schutz der (Vermögens-)Rechtspositionen des Gesellschafters entleert werden, wenn seine Rechtsstellung durch Kapitalmaßnahmen der Gesellschaft gegen seinen Willen geschmälert werden kann. Ein besonderes Augenmerk verdient vor diesem Hintergrund der Bezugsrechtsausschluss von (Minderheits-)Gesellschaftern anlässlich einer Kapitalerhöhung. Der Ausschluss vom Bezugsrecht kann einem (teilweisen) Ausschluss aus der Kapitalgesellschaft gleichkommen. Die Frage der Zulässigkeit des Bezugsrechtsausschlusses berührt ein klassisches Thema des Kapitalgesellschaftsrechts.[482]
Wirtschaftlicher Hintergrund des Bezugsrechtsausschlusses kann sein, dass die Gesellschaft beabsichtigt, neue Anteile an einen bestimmten Gesellschafter oder neuen

477 MüKo/Ulmer, § 709 Rn 110.
478 Bälz, Hdb GesR. I, § 100 Rn 7.
479 Bälz, Hdb GesR. I, § 100 Rn 17.
480 Vgl. unter D.III.1.
481 MüKo/Ulmer, § 717 Rn 7.
482 MüKo-AktG/Peifer, § 186 Rn 2/56; ausführlich Kindler, ZGR 1998, 35ff.

Investor zu vergeben. In einem solchen Fall hat die Gesellschaft kein Interesse daran, allen Alt-Gesellschafter den Bezug von neuen Anteilen zu ermöglichen.[483]
Die für die Aktiengesellschaft gesetzlich ausgeformten Grundsätze lassen sich nach dem neueren Schrifttum zumindest im Grundsatz auch ohne Bestimmungen zum Bezugsrechtsausschluss im GmbH-Gesetz ins GmbH-Recht übertragen.[484]

1. Bezugsrechtsausschluss im Aktienrecht

Durch die Kapitalerhöhung wird die Eigenkapitalbasis der Kapital-gesellschaft gestärkt. Hierbei wird durch das in § 186 Abs. 1 AktG als subjektives Recht[485] verbürgte Bezugsrecht jedem Aktionär grundsätzlich die Möglichkeit verschafft, an der Kapitalerhöhung entsprechend seiner Beteiligungsquote zu partizipieren, womit er gleichzeitig auch gegen eine Verwässerung des Aktienkurses geschützt ist.[486] Zum einen kann der Gesellschafter durch Ausübung des Bezugsrechts sein Stimmgewicht aufrechterhalten. Im Hinblick auf seine vermögensrechtliche Stellung kann durch hierdurch der Anteil an der Substanz der Gesellschaft einschließlich ihrer Entwicklungspotentiale gewahrt werden. Weiterhin kann der Aktionär auch durch Bezugsrechtsveräußerung einen finanziellen Ausgleich für die Minderung seiner Beteiligung an der Gesellschaft und den Wertverlust, der durch die Verwässerung des Wertes der Altaktien eintritt, erhalten, wenn er das Bezugsrecht nicht wahrnehmen kann oder will.
Damit stellt ein Ausschluss vom Bezugsrecht einen schweren Eingriff in die Mitgliedschaftsrechte des Gesellschafters dar (Kernbestand).[487]
Grundsätzlich ist dieser ausweislich von § 186 Abs. 3 und 4 AktG im Rahmen des Kapitalerhöhungsbeschluss jedoch möglich und kann im Interesse der Gesellschaft geboten sein.[488] Formell ist für den Kapitalerhöhungsbeschluss eine Mehrheit von mindestens drei Vierteln des bei der Beschlussfassung vertretenen (Grund-)Kapitals vorgesehen (§ 186 Abs. 3 AktG). Hinzu kommen weitere formelle Anforderungen nach § 186 Abs. 4 AktG: Die Ausschließungsabsicht muss ausdrücklich und ordnungsgemäß bekanntgemacht und durch den Vorstand gegenüber der Hauptversammlung schriftlich begründet werden.
Hingegen schweigt das Gesetz zu materiellrechtlichen Anforderungen an einen Bezugsrechtsausschluss. Vor diesem Hintergrund hat sich in der deutschen Rechtswissenschaft ein Meinungsspektrum entwickelt. Bei dieser Problematik ist zum einen das Verhältnis der Gesellschafter(-gruppen) zueinander (Minderheitenschutz), zum anderen das Interesse der Gesellschaft an einer flexiblen Finanzierung in Ausgleich zu bringen.

---

483 MüKo-AktG/Peifer, § 186 Rn 2.
484 K. Schmidt, § 37 V 1 a) ee) – Näher unter D.IV.2.
485 MüKo-AktG/Peifer, § 186 Rn 1.
486 K. Schmidt, § 29 III 2 d).
487 BGH, 15.5.2000, II ZR 359/98, BGHZ 144, 290; MüKo-AktG/Peifer, § 186 Rn 1.
488 K. Schmidt, § 29 III 2 d).

Hierbei scheinen diejenigen dogmatischen Ansätze auf, die auch ganz allgemein als Schranken der Beschneidung von Gesellschafter-(Vermögens-)Rechten herangezogen werden.

a) Erste Ansicht: Willkürverbot als Schranke

Nach älterer Rechtsprechungsansicht unterliegt die Entscheidung der qualifizierten Mehrheit über den Bezugsrechtsausschluss einzig dem Willkürverbot.[489]

b) Zweite Ansicht: §§ 138 BGB, 243 Abs. 2 AktG, 53a AktG als Schranken

Nach anderer Ansicht wird das Ermessen der Hauptversammlung bei der Entscheidung über einen Bezugsrechtsausschluss nur durch eine sich an §§ 138 BGB, 243 Abs. 2 AktG, 53a AktG orientierenden Mißbrauchskontrolle beschränkt.[490]

c) Dritte Ansicht: Erfordernis sachlicher Rechtfertigung

Überwiegend wird davon ausgegangen, dass der Ausschluss des Bezugsrechts einer sachlichen Rechtfertigung bedürfe.[491] Der Gesetzgeber habe genau das mit der Einführung des Begründungserfordernisses nach § 186 Abs. 4 S. 2 AktG[492] anerkannt, da sich der Begründungszwang mit der Freiheit „beliebiger" Entscheidung nicht vereinbaren lasse.[493] Eine sachliche Rechtfertigung in diesem Sinne sei dann gegeben, wenn der Bezugsrechtsausschluss einem Zweck dient, der im Interesse der Gesellschaft liegt, zur Erreichung des beabsichtigten Zwecks geeignet und überdies erforderlich sowie verhältnismäßig ist.[494]

Dem Erfordernis sachlicher Rechtfertigung ist genügt, wenn alle betroffenen Aktionäre dem Ausschluss des Bezugsrechts zustimmen.[495]

Dabei liegt der Bezugsrechtsausschluss dann im Interesse der Gesellschaft, wenn er dazu dient, im Rahmen des Unternehmensgegenstandes den Gesellschaftszweck zu fördern. Hierbei kommt jedes Interesse der Gesellschaft in Betracht, nicht jedoch das persönliche Interesse einzelner Gesellschafter.[496] Anerkannte Interessen der Gesellschaft können dabei bei einer Kapitalerhöhung gegen Sacheinlage, bei einer anschließenden Börsenplatzierung der Aktien, bei einem Ausschluss des Spitzenbetrags oder auch zur Abwendung des Scheiterns der Sanierung der Gesellschaft in Betracht kommen.[497] Geeignet ist der Bezugsrechtssausschuss nach als

---

489 BGH, 6.10. 1960, II ZR 150/58, NJW 1961, 26.

490 Baumbach/Hueck, § 186 AktG Rn 15.

491 Hüffer, § 186 Rn 25; Heidel/Rebmann, § 186 Rn 40.

492 Angefügt durch Gesetz vom 2.8. 1994, BGBl. I, S. 1961.

493 Heidel/Rebmann, § 186 Rn 40.

494 Hüffer, § 186 Rn 25; Heidel/Rebmann, § 186 Rn 40.

495 Hüffer, § 186 Rn 25.

496 Hüffer, § 186 Rn 26 mit weiteren Nachweisen, auch zur Streitfrage, ob ein „Konzerninteresse" ausreicht.

497 Pluskat, NZG 2007, 725, 727.

allgemein bezeichneter Ansicht, wenn der angestrebte Zweck mit ihm erreicht werden kann.[498] Erforderlichkeit liegt vor, wenn eine Entscheidungsalternative nicht besteht oder der Bezugsrechtsausschluss unter mehreren Möglichkeiten den Zweck am besten zu fördern vermag.[499] Schließlich ist das Erfordernis der Verhältnismäßigkeit erfüllt, wenn das Gesellschaftsinteresse höher zu bewerten ist als das Interesse der Aktionäre am Erhalt ihrer Rechtsposition, was eine umfassende Abwägung erforderlich machen kann.[500]

Mithin versagt das Schrifttum einem Bezugsrechtsausschluss in Konsequenz des vorgenannten Ansatzes die Wirksamkeit, wenn bestimmte Gesellschafterinteressen überwiegen. Das kann beispielsweise der Fall sein, wenn an bestimmte Beteiligungsquoten geknüpfte Minderheitenrechte gefährdet sind.[501]

Zu beachten ist, dass das Bezugsrecht der Aktionäre in der rechtspolitischen und durch die Rechtsentwicklung im internationalen Kapitalmarktrecht bestimmten Diskussion in den Verdacht geraten ist, den Finanzierungsinteressen der Gesellschaft hinderlich zu sein.[502] Vor diesem Hintergrund ist nicht ausgeschlossen, dass die Anforderungen an den Bezugsrechtsausschluss (weiter) gelockert werden.

d) Zwischenergebnis

Vorläufig ist mit der ganz überwiegenden Meinung festzuhalten, dass ein Bezugsrechtsausschluss im Aktienrecht durch einen sachlichen Grund gerechtfertigt werden kann, aber auch muss. Jedes andere Ergebnis würde einen unverhältnismäßigen Eingriff in die Eigentumsposition des Aktionärs darstellen.

2. Bezugsrechtssausschluss im GmbH-Recht

Das GmbH-Gesetz schweigt zu einem etwaigen Bezugsrecht, obwohl es Regelungen zur Kapitalerhöhung beinhaltet (§§ 55ff. GmbHG). Dabei besteht bei der - oft personalistisch geprägten - GmbH tendenziell ein größeres Bedürfnis nach Erhaltung der Beteiligungsquoten als bei der Aktiengesellschaft.[503] Begründet wird das Bezugsrecht sowie der Ausschluss hiervon bei der GmbH teilweise mit der gesellschaftsrechtlichen Treupflicht, welche der Gesellschaftermehrheit gegenüber der Minderheit obliege,[504] nach anderer Auffassung finden die §§ 186ff. AktG analog Anwendung.[505] In der Sache bleibt dieser Meinungsstreit ohne erkennbare Aus-

---

498 Hüffer, § 186 Rn 27.
499 Hüffer, § 186 Rn 27.
500 Hüffer, § 186 Rn 28 mit Nachweisen zur Rechtsprechung.
501 MüKo-AktG/Peifer, § 186 Rn 79.
502 Überblick bei MüKo-AktG/Peifer, § 186 Rn 58.
503 K. Schmidt, § 37 V 1 a) ee); Raiser/Veil, § 39 Rn 6.
504 Raiser/Veil, § 39 Rn 7.
505 Baumbach/Hueck/Zoellner, § 55 Rn 21ff.; offengelassen durch BGH, 18.4.2005 - II ZR 151/03, DStR 2005, 975, 977.

wirkungen.[506] Auch bei der GmbH ist ein Bezugsrechtsausschluss im Ergebnis unter sinngemäßer Heranziehung der im Aktienrecht entwickelten Rechtmäßigkeitsanforderungen möglich.[507]
Die durch einen Bezugsrechtsausschluss drohende Verwässerung der vermögensrechtlichen Stellung eines Gesellschafters ist an formale Kriterien sowie das Vorliegen eines im Sinne der Gesellschaft liegenden sachlichen Grundes gebunden.

V. Zwischenergebnis: Dogmatische Ansätze zur Erfassung „Leoninischer Vereinbarungen" im deutschen Recht

Das deutsche Recht lässt der Vertragsfreiheit im Hinblick auf die Beteiligung der Gesellschafter am Ergebnis breiten Raum. Nur bei der stillen Gesellschaft stellt sich die Frage, ob die Gewinnbeteiligung für die Anerkennung der Gesellschaft als solche erforderlich ist. Hier gilt, dass eine Vereinbarung, die einen Gesellschafter vom Gewinn ausschließt, nach der Grundentscheidung des Gesetzgebers gegen das Wesen dieser Gesellschaftsform verstößt. Hingegen ist die Gewinnbeteiligung nach heute herrschender und zustimmungswürdiger Meinung kein Wesensmerkmal sonstiger Gesellschaften, selbst wenn diese als Erwerbsgesellschaften auf Gewinnerzielung ausgerichtet sind.
Grenzen für die freie Gestaltung der Ergebnisbeteiligung ergeben sich aus anderen gesellschaftsrechtlichen Grundsätzen. Nicht ausreichend geklärt erscheint dabei die Bedeutung des Abspaltungsverbots (nach § 717 BGB sowie als allgemeiner Grundsatz des Gesellschaftsrechts) in den Fällen, in denen ein völliger Ausschluss des Gesellschafters von jeder vermögensrechtlichen Position aus der Mitgliedschaft durch Übertragung auf einen Dritten vorliegt. Viele, jedoch nicht alle dieser Fälle lassen sich durch Auslegung und Umdeutung als Vorausabtretung von zukünftigen vermögensrechtlichen Ansprüchen im Sinne von § 717 S. 2 BGB erfassen.
Ein Gesellschaftsvertrag (sowie der vertragsändernde Gesellschafterbeschluss) unterliegt einer Inhaltskontrolle, die bei Publikumsgesellschaften in Konkretisierung von § 138 BGB, ansonsten nach der Kernbereichslehre durch Rechtsprechung und Praxis ausgeformt wurden. Im Einzelfall kann dem Gebrauchmachen von durch den Gesellschaftsvertrag eingeräumten Rechtspositionen eine Ausübungskontrolle nach Maßgabe von § 242 BGB, nach vorzugswürdiger Auffassung jedoch konkretisiert durch die gesellschaftsrechtliche Treupflicht der Gesellschaftermehrheit gegenüber der –minderheit entgegenstehen.
Hiervon abgesehen ist der Ausschluss eines Gesellschafters von Vermögensrechtspositionen jedenfalls dann zulässig, wenn dafür ein sachlicher Grund

506 Im Einzelnen Heckschen, DStR 2001, 1437, 1438f.
507 Baumbach/Hueck/Zoellner, § 55 Rn 26f.

besteht und der Ausschluss nicht willkürlich erscheint. Beispielhaft zeigen das die Rechtsgrundsätze zum Bezugsrechtsausschluss.
Der Ausschluss eines Gesellschafters von der Verlustbeteiligung ist nach herrschendem Verständnis im deutschem Gesellschaftsrecht nur insofern von Relevanz, als hierdurch im Personengesellschaftsrecht eine besondere Überprüfung des Vorliegens eines Gesellschaftsrechtsverhältnisses in Abgrenzung vom (partiarischen) Darlehensvertragsverhältnis erforderlich wird, da nur bei Verlustbeteiligung ein Darlehensvertragsverhältnis sicher ausgeschlossen werden kann. Deutlich breiteren Raum nimmt in der deutschen Rechtswissenschaft hingegen die Frage ein, inwiefern einem Gesellschafter nachträglich gegen seinen Willen weitere Vermögenslasten aufgebürdet werden können. Diese Diskussion ist mit der Frage der isolierten Verlustfreistellung nach dem Patto leonino nur entfernt verwandt, da das Vorliegen eines Patto leonino unabhängig vom Willen des Gesellschafters ist. Allerdings wird auch in Italien diskutiert, ob eine nachträgliche Lastenerhöhung durch Mehrheitsbeschluss gegen den Willen eines betroffenen Gesellschafters möglich sein soll.[508]

E. Unterschiede der Gesellschaftsrechtsordnungen mit Relevanz für die „Löwengesellschaft" als Rechtsproblem

Die bisherigen Ausführungen haben bereits grundsätzliche Unterschiede zwischen der italienischen und der deutschen Gesellschaftsrechtsordnung offenbar werden lassen. Die den Ausgangspunkt dieser Arbeit bildende Vorschrift des Art. 2265 c.c. und die zu ihrer Rechtfertigung vorgetragenen Argumente veranschaulichen das. Weder für die Vorschrift selbst noch für die zu ihrer Unterstützung vorgetragenen Argumente lassen sich eindeutige Entsprechungen in Deutschland nachweisen. Einige abweichende Strukturmerkmale beider Rechtsordnungen wirken sich auf die Beantwortung der Frage, wie beide Rechtsordnungen die Möglichkeiten zur Regelung der Ergebnisbeteiligung eines Gesellschafters beschränken, in besonderer Weise aus. Auf diese ist kurz einzugehen.

I. Vorbemerkung: „Löwengesellschaft" als abweichendes Sachproblem

Ausgangspunkt ist ein unterschiedliches Begriffsverständnis. In Italien ist der Rechtsbegriff der „Löwengesellschaft" durch die gesetzliche Definition der Leoninischen Vereinbarung(en) vorbestimmt. Entsprechend wird im Kontext mit derartigen Abreden, anknüpfend an die gesetzliche Terminologie, soweit ersichtlich, ausschließlich die Frage des Ausschlusses von Gesellschaftern von der

---

508 Vgl. unter F.I.4.b).

Ergebnisbeteiligung diskutiert. Die Diskussion greift in Einzelfällen auf kaufrechtliche Gestaltungen über, wie das Beispiel der Diskussion um die Anwendbarkeit auf Anteilskaufverträge mit Put-/Call-Optionskaufverträge zeigt. Im Rahmen dieser Diskussion nicht in den Blick genommen wird die Frage, inwieweit die Stellung eines Gesellschafters grundsätzlich beschränkt werden kann, ohne dass insgesamt eine gesellschaftsvertragliche Gestaltung unwirksam ist oder zumindest nicht als solche des Gesellschaftsrechts anzuerkennen ist. Ein Zusammenhang zwischen der vermögensrechtlichen und der (sonstigen) verwaltungsrechtlichen Stellung des Gesellschafters wird im Rahmen der Auseinandersetzungen mit dem Patto leonino nur insoweit hergestellt, wie nach teilweise vertretener Auffassung ein Ausschluss von der Ergebnisbeteiligung auch eine im Interesse der Gesellschaft erfolgende Wahrnehmung von Verwaltungs- und Kontrollrechten des Gesellschafters nicht mehr gewährleiste.[509]
In Deutschland ist ein Rechtsbegriff der Löwengesellschaft nicht gesetzlich definiert. Auch die Rechtsprechung hat dieses Vakuum nicht gefüllt. Die in Rechtsprechung und Lehre diskutierten Konzeptionen einer Löwengesellschaft oder societas leonina sind vielgestaltig. Es lässt sich dabei die Tendenz erkennen, die Frage der Ergebnisbeteiligung nicht isoliert, sondern in Zusammenhang mit der Frage der Rechtsstellung des Gesellschafters insgesamt zu diskutieren.[510]
Weiterhin dient die societas leonina in beiden Rechtsordnungen bei Zugrundelegung der jeweils, soweit ersichtlich, vorherrschenden Auffassungen einem unterschiedlichen Zweck. In Deutschland handelt es sich bei abweichendem Sprachgebrauch zumeist um Fallgruppen gesellschaftsvertraglicher Absprachen, welche als ungerecht empfunden werden. In Italien hat das Verbot der leoninischen Vereinbarung nach heute überwiegendem Verständnis die Funktion, Vertragsgestaltungen aus „objektiven", wirtschaftspolitischen Gründen nicht als Gesellschaftsverträge anzuerkennen.
Dieser Befund überrascht, weil sich das Rechtsinstitut des Patto leonino einerseits und der Rechtsbegriff von der „Löwengesellschaft" andererseits auf die identische rechtshistorische Wurzel der societas leonina zurückführen lassen.
Die divergierende Rechtslage lässt sich nur vor dem Hintergrund abweichender Strukturmerkmale mit Auswirkungen auf die Gesellschaftsrechtsordnungen erklären.

II. Das Verhältnis Typenzwang - Vertragsfreiheit

Ein erster relevanter Unterschied ist in der Formenstrenge des italienischen Gesellschaftsrechts, die den Grundsatz der Vertragsfreiheit (Art. 1322 c.c.) insoweit durchbrechen kann, begründet.
Die Privatautonomie ist durch Artikel 2 sowie 41 Absatz 1 der italienischen Verfassung geschützt. Neben der negativen Vertragsfreiheit ist im Grundsatz auch das

509 Vgl. im einzelnen Abriani, S. 38f sowie unter C.II.2.
510 Exemplarisch BGH, 14.7.1954 - II ZR 342/53, NJW 1954, 1563ff.

Recht, Vertragspartner und –typus zu wählen, von ihr umfasst.[511] Damit sind zwar grundsätzlich auch außerhalb der gesetzlichen Vertragstypen Vertragsgestaltungen möglich. Jedoch soll das wegen Art. 1322 Satz 2 c.c. nur gelten, wenn eine ökonomische Sinnhaftigkeit dieser Art des Vertrages festzustellen ist.[512] Damit ist bei Verträgen sui generis (Innominatverträgen) das Vorliegen einer anerkennenswerten causa[513] erforderlich. Das läuft auf eine Prüfung einer ökonomischen Sinnhaftigkeit hinaus.[514]

Wenngleich sich die Konsequenzen aus dem Erfordernis der causa aus Sicht des deutschen Juristen nicht einfach erschließen lassen, sollten vor diesem Hintergrund auch die Versuche einer wirtschaftspolitischen Ausdeutung des Normzwecks des Patto leonino verständlicher erscheinen.

In ihrem Ursprung lässt sich der im Vergleich zu Deutschland ausgeprägtere Typenzwang auf das Kontraktschema des Römischen Rechts zurückführen. Eine Gesellschaft ohne Gewinnbeteiligung eines jeden Gesellschafters – vorbehaltlich der Frage, ob die Beteiligung am wirtschaftlichen Vorteil ausreicht - gab es nach traditioneller Auffassung dort nicht.[515]

Ähnlich formenstreng erscheint das italienische Erbrecht, welches den Erbvertrag oder das gemeinschaftliche Testament im Grundsatz verbietet (Art. 458 c.c. sowie Art. 589 c.c.).[516]

Auswirkungen ergeben sich hieraus auch auf die Möglichkeit, Rechtsgeschäfte umzudeuten. So soll ein Gesellschaftsvertrag, der als solcher keine Anerkennung verdient, nicht im Wege der Umdeutung (Art. 1424 c.c.) als Darlehensvertrag aufrechterhalten werden dürfen. Die Umdeutung sei nur zulässig, wenn sich dem Willen der Parteien entnehmen lasse, dass in Wahrheit ein anderer Vertrag – nämlich ein Darlehensvertrag – gewollt sei. Das könne beispielsweise der Fall sein, wenn sich der „finanzierende" Gesellschafter durch Stimmrechtsvereinbarung verpflichte, seine Verwaltungsrechte nach Weisung des „Unternehmer-Gesellschafters" auszuüben.[517]

Das deutsche Recht geht zunächst ebenso wie das italienische von einem numerus clausus der Gesellschafts-Formen aus. Zum einen sind die Gesellschaftsformen in ihren Grundanforderungen jedoch flexibler, was sich am offenen Gesellschaftszweck-Begriff (§ 705 BGB) zeigt. Zum anderen hat die deutsche Rechtsprechung auf der Grundlage geringerer positiv-rechtlicher Vorgaben frühzeitig „hybride" Gesellschaftsformen zugelassen (Grundtypenvermischung durch „kapitalistische" Personengesellschaft mit Komplementär-Kapitalgesellschaft) und damit die

511 Näher Kindler, § 10 Rn 2ff.; Grundmann, in: Grundmann/Zaccaria, S. 200f.

512 Grundmann, in: Grundmann/Zaccaria, S. 207f.

513 Zum Begriff der causa im italienischen Recht Grundmann, in: Grundmann/Zaccaria, S. 207ff.; Kindler, § 10 Rn 26f.

514 Grundmann, in: Grundmann/Zaccaria, S. 208; vgl. auch Kindler, § 10 Rn 4.

515 Vgl. unter B.II.1.

516 Näher Grundmann/Massari, in: Grundmann/Zaccaria, S. 387.

517 Abriani, S. 149.

Abgrenzung zwischen Personen- und Kapitalgesellschaftsrecht verwischt. Über die historische und durch das positive Recht nachgezeichnete Unterscheidung zwischen Personengesellschaften und Körperschaften wurde damit hinweggegangen, auch aus steuerlichen Motiven.[518]
Zu konstatieren ist jedoch, dass sich die beiden Rechtsordnungen aufeinander zubewegen. Das betrifft – bisher - vorrangig das Kapitalgesellschaftsrecht. Durch die Gesellschaftsrechtsreform 2003/04 wurde in Italien allerdings auch die Beteiligung einer Aktiengesellschaft (Art. 2361 Abs. 2 c.c.) oder anderen Kapitalgesellschaft[519] an einer Personengesellschaft zugelassen, womit eine vorherige gegenteilige Rechtsprechung hinfällig wurde.[520]

III. Zum Verhältnis Zivilrecht - Gesellschaftsrecht

Gesellschaftsrecht nach traditionellem italienischen Verständnis ist Handelsrecht, umfasst also das Recht von Zweckverbänden, die auf Gewinnerzielung im Interesse der wirtschaftlichen Vorteile eines jeden Gesellschafters angelegt sind. Das kommt im Wortlaut des Art. 2247 c.c. sowie der Systematik des Abschnitts über die Gesellschaften (Art. 2247ff. c.c.) zum Ausdruck. Gesellschaftsrecht ist hier – jedenfalls nach der gesetzgeberischen Systematik – Unternehmensrecht.
In Deutschland hingegen wurzelt zumindest das Personengesellschaftsrecht in einem Schuldverhältnis nach allgemeinem Zivilrecht, der Gesellschaft nach § 705 BGB. Auf dieser Grundlage ist das Gesellschaftsrecht hier zu einem Recht der privaten Zweckverbände ausgeformt worden. Die GbR ist Grundypus der Personengesellschaften. Diese Aussage lässt sich für die società semplice des italienischen Rechts (Art. 2251 c.c.) so nicht treffen. Dieser Gesellschaftypus ist von geringer praktischer Bedeutung und ohne lange Tradition. Zudem muss sich eine società semplice - „informatorisch", damit nicht konstitutiv - registrieren lassen. Im Gesetz wird die im Vergleich geringe Bedeutung daran deutlich, dass allgemeine gesellschaftsrechtliche Vorschriften, die in Deutschland dem GbR-Recht zugewiesen sind, „vor die Klammer" der Regelungen zu den einzelnen Gesellschaftstypen gezogen sind (Art. 2247 – 2250 c.c.).[521]
Zusammenfassend ist zu sagen, dass sich das italienische Gesellschaftsrechtsrecht als reines „Unternehmensrecht" versteht, das deutsche Gesellschaftsrecht hingegen als Recht der privaten Zweckverbände.

518 Tipke/Lang/Montag, § 18 Rn 300.
519 Art. 111 duedecies der Ausgangs- und Übergangsbestimmungen zum Codice civile. – vgl. Grundmann/Massari, in: Grundmann/Zaccaria, S. 392, mit weiteren Nachweisen zum italienischen Schrifttum.
520 Grundmann/Massari, in: Grundmann/Zaccaria, S. 392.
521 Im Einzelnen zur società semplice nachfolgend unter E.IV.3.

IV. Unterschiede beim Gesellschafts-Begriff

Die praktische Relevanz des soeben benannten systematischen Unterschieds zwischen den Rechtsordnungen wird deutlicher, wenn man den jeweiligen Gesellschafts-Begriffe einander gegenüberstellt.
In der Sache weicht das Verständnis vom zulässigen Gesellschaftszweck und damit vom „Wesen" einer Gesellschaft in beiden Rechtsordnungen voneinander ab. Das wird augenscheinlich, wenn man die – zumindest nach der gesetzlichen Konzeption - Grundformen der (Personen-)Gesellschaft näher vergleicht. Einige Unterschiede in den rechtlichen Voraussetzungen einer Gesellschaft bürgerlichen Rechts gemäß §§ 705ff. BGB einerseits und einer società semplice gemäß Art. 2251ff. c.c. andererseits sind bereits aufgezeigt worden.[522]
Besonders charakteristische Auffälligkeiten als Ergebnis eines solchen Vergleichs von Grundkonzeptionen des Gesellschafts-Begriffs unter besonderer Berücksichtigung der beiden grundlegenden Gesellschaftsformen lassen sich thesenartig verdichten.

1. Ideelle Gesellschaft nur in Deutschland unproblematisch als Gesellschaft zulässig

Bei *Abriani* heißt es sinngemäß, dass die gemeinsame Beteiligung eines jeden Gesellschafters an den aus der Gesellschaft resultierenden Gewinnen und Verlusten stets eine natürliche Bedingung des Gesellschaftsvertrages gewesen sei, in allen Rechtsordnungen, antiken wie modernen.[523] Diese Auffassung knüpft an die Definition des Gesellschaftsvertrages nach Art. 2247 c.c an. Dort heißt es, die Gesellschaft bezwecke die Verteilung der aus ihr resultierenden Gewinne beziehungsweise, wenn man ein weiteres Verständnis für zulässig erachtet, ihrer wirtschaftlichen Vorteile (utili).[524] Hier scheint die Verwurzelung des Gesellschaftsrechts im Handelsrecht auf.[525]
Diesem Grundverständnis ist für das deutsche Gesellschaftsrecht nicht zu folgen. Hiernach ist auch die Nicht-Erwerbsgesellschaft Gesellschaft, sofern sie die übrigen Voraussetzungen einer Gesellschaft erfüllt. Das deutsche Steuerrecht setzt die Existenz der ideellen (Kapital-)Gesellschaft in §§ 51, 52 AO sogar voraus.[526] Das Beispiel der gemeinnützigen Körperschaft (regelmäßig als gemeinnützige GmbH[527]) lässt eine Widersprüchlichkeit der deutschen Rechtsordnung erkennen: Einerseits erkennt das Handelsrecht den Kapitalgesellschaften kraft Rechtsform die Kaufmannseigenschaft zu (§ 6 Abs. 1 HGB). Andererseits ist es der gemeinnützigen Körperschaft, will sie

---

522 Vgl. zum einen unter D.II. (Deutschland), zum anderen unter C.III.1. (Italien).
523 Abriani, S. 1.
524 Siehe auch Cass., 6.8.1979, n. 4558.
525 Vgl. bereits unter C.III.1.
526 Die Personengesellschaft wird durch das Steuerrecht hingegen nicht als gemeinnützig zugelassen, § 51 AO.
527 Grabau, DStR 1994, 1032, 1035.

ihre steuerlichen Privilegien[528] nicht gefährden, verboten, Gewinne an ihre Gesellschafter auszuschütten[529] und sie ist verpflichtet, ausschließlich gemeinnützige, mildtätige oder kirchliche Zwecke zu verfolgen (§ 51 AO). Es wird deutlich, dass die Kaufmannseigenschaft hier einzig auf der gesetzlichen Fiktion des Formkaufmanns (§ 6 HGB) beruht.

Das hat jedoch keine Auswirkungen auf die Anerkennung als Gesellschaft. Eine gemeinsame Zweckverfolgung ist trotzdem gegeben und ausreichend, die Anerkennung als Gesellschaft scheitert hieran nicht. Ob der zu verfolgende Zweck ideeller der materieller Natur ist, ist dabei genauso unerheblich wie die Frage der individuellen Gewinn- oder Verlustbeteiligung, von den aufgezeigten Schranken[530] abgesehen. „Gesellschaftsrecht" ist danach in Deutschland annähernd deckungsgleich mit dem Recht der privatrechtlichen Zweckverbände, obwohl hierzu neben den Gesellschaften noch der Verein (§§ 21ff. BGB), die eingetragene Genossenschaft, der Versicherungsverein auf Gegenseitigkeit, die Europäische Wirtschaftliche Interessenvereinigung sowie die freiberufliche Partnerschaftsgesellschaft zu zählen sind.[531] Trotz dieser Vielgestaltigkeit der Organisationsformen findet ein Großteil der gemeinsamen Zweckverfolgung Privater tatsächlich im Rahmen der eigentlichen Gesellschaften statt.

Hingegen kennt die Grundkonzeption des italienischen Gesellschaftsrechts nach Art. 2247ff. c.c. die Gesellschaft zu ideellen Zwecken nicht und verweist auf andere Organisationsformen. Die strikte Trennung der gewinnorientierten von den nicht-gewinnorientierten Zweckverbänden stellt die Praxis jedoch vor Schwierigkeiten und wird nicht (mehr) durchgehend beachtet.[532] Es findet sich auch eine Aussage des Kassationsgerichtshofs, die ungeachtet der gesetzlichen Vorgabe durch Art. 2247 c.c. die gemeinsame Zweckverfolgung (affectio societatis) als die vertraglich vereinbarte Absicht zur Verfolgung eines gemeinsamen Interesses ansieht.[533] Diese Definition ähnelt dem Verständnis von der gemeinsamen Zweckverfolgung als zentralem Merkmal der Gesellschaft nach deutschem Recht. Ein solches Verständnis lässt die Folgerung zu, dass auch über die Grenzen des Wortlauts von Art. 2247 c.c. hinaus ein Gesellschaftsrechtsverhältnis angenommen werden kann. Einschränkend ist jedoch anzumerken, dass der Kassationsgerichtshof auch in späteren Entscheidungen am Erfordernis der Gewinnerzielungsabsicht festgehalten hat, aber auch die Beteiligung an einem sonstigen wirtschaftlichen Vorteil (hier: Erzielung von Einsparungen) als ausreichend ansah.[534]

---

528 Insbesondere bei Körperschaftsteuer, Gewerbesteuer, Umsatzsteuer, vgl. – zur seinerzeit gültigen Rechtslage - Grabau, DStR 1994, 1032, 1035.

529 Grabau, DStR 1994, 1032, 1032.

530 Vgl. unter D.III.

531 K. Schmidt, § 1 I a).

532 Vgl. Jaeger/Denozza, S. 118ff.

533 Cass., 30.4.1969, n.1392.

534 Cass., 6.8.1979, n.4558.

Zudem ist durch die Gesellschaftsrechtsreform 2003/2004 die Möglichkeit des – wegen der Unterschiedlichkeit der causa „rechtsträgerfremden“ - Formwechsels der Gesellschaft in einen anderen Zweckverband erleichtert worden (Art. 2500*septies*, Art. 2500*octies* c.c.). Schließlich ist bestimmten Zweckverbänden durch gesetzgeberischen Eingriff die Organisationsform der Kapitalgesellschaft oktroyiert worden.[535] Diese, auch vor dem Hintergrund europarechtlicher Harmonisierungspflichten zu sehenden Entwicklungen betreffen jedoch überwiegend das Kapitalgesellschaftsrecht. Hiervon unberührt bleiben die abweichenden gesetzlichen Strukturmerkmale des Personengesellschaftsrechts.

Zusammenfassend lässt sich sagen, dass innerhalb des Rechts der privaten Zweckverbände das Recht der Gesellschaften in Deutschland einen viel größeren Raum einnimmt als in Italien. Ein Grund dafür liegt im engeren Gesellschaftsbegriff des positiven italienischen Rechts, wonach sowohl die Gesellschaft auf die Erzielung materieller Vorteile ausgelegt sein muss und zum anderen nach herrschender Ansicht jeder Gesellschafter am Ergebnis teilhaben müsse. Ein weiterer – damit zusammenhängender – Grund liegt aber auch im engen Anwendungsbereich der italienischen società semplice im Vergleich zur deutschen BGB-Gesellschaft.[536]

2. Beteiligung an Gewinn oder sonstigem wirtschaftlichen Vorteil als Wesensmerkmal der Gesellschaft im Sinne von Art. 2247 c.c.

Das Wesen der Gesellschaft nach italienischem Recht bedingt nach dem Gesetzeswortlaut die aus der gemeinsamen Zweckverfolgung erwachsenen Vorteile (utili) zu teilen. Es fragt sich, ob „utili“ mit „Gewinnen“ oder auch mit „sonstigen Vorteilen“ übersetzt werden kann. Auffällig ist, dass das Vorgängergesetzbuch eindeutig von Gewinnen (guadagni) sprach und sich das Zivilgesetzbuch nunmehr für eine Formulierung entschieden hat, die durchaus auch mit wirtschaftlichem Vorteil übersetzt werden kann. Dieses genetische Argument spricht dafür, auch die Beteiligung an einen sonstigen wirtschaftlichen Vorteil für eine Gesellschafterstellung ausreichen zu lassen.

Entscheidend sollte sein, dass mittlerweile auch der Kassationsgerichtshof anerkannt hat, dass ein irgendwie gearteter materieller Vorteil den Anforderungen von Art. 2247 c.c. genügt.[537]

In Deutschland erübrigt sich eine vergleichbare Diskussion bereits deshalb, weil sich die GbR und andere Gesellschaftstypen auch zu ideellen Zwecken errichten lassen.

Fraglich ist weiterhin, ob sich beide Rechtsordnungen letztlich tatsächlich in Bezug auf die Notwendigkeit einer Verlustbeteiligung als Vorbedingung einer Gesellschafterstellung unterscheiden. Zwar lässt sich dem italienischen Schrifttum regelmäßig die Aussage entnehmen, dass die Verlustbeteiligung essentiell für eine

535 Vgl. Buonocore, S. 122f.

536 Vgl. nachfolgend unter E.IV.3.

537 Cass., 6.8.1979, n. 4558.

Gesellschaftserstellung sei.[538] Dem ist aber zu entgegnen, dass eine positivrechtliche Verankerung dessen schwer erkennbar ist. Sieht man diese in Art. 2265 c.c., so sollte ein Gebot der Verlustteilnahme auf ein Gebot der Beitragsleistung beschränkt bleiben müssen.[539]

3. Beschränkte Funktion der società semplice – Auffangfunktion der BGB-Gesellschaft

Bemerkenswert ist schließlich die abweichende Funktion der „Grundformen" der Gesellschaft im Gesellschaftsrecht beider Länder. Nach dem ersten Anschein der gesetzlichen Systematik nehmen società semplice einerseits (Art. 2251 c.c.) und BGB-Gesellschaft (§§ 705ff. BGB) andererseits eine vergleichbare Stellung ein: Es handelt sich jeweils um den grundlegenden Gesellschaftstypus, auf dessen Rechtsvorschriften das Recht der weiteren Personengesellschaften Bezug nimmt. Allerdings stellt das italienische Recht einige Vorschriften als allgemeine Vorschriften vor das Recht der società semplice (Art. 2247ff. c.c.), wohingegen im BGB die vergleichbaren Vorschriften im Recht der Gesellschaft bürgerlichen Rechts angesiedelt sind. Das gibt einen ersten Anhalt für eine möglicherweise abweichende Bedeutung beider Gesellschaftsformen im jeweiligen Recht der privaten Zweckverbände.
Ebenso wie die BGB-Gesellschaft kann die società semplice auch konkludent, ohne Beachtung besonderer Formvorschriften, vereinbart werden (Art. 2251 c.c), sofern sich nicht aus der Natur der Einlagen in das Gesellschaftsvermögen anderes ergibt.[540]
Abstrakt gesehen ist der Anwendungsbereich der società semplice groß: Sie nimmt grundsätzlich diejenigen Fälle gemeinsamer Zweckverfolgung auf, die nicht auf eine Handelstätigkeit i.S.v. Art. 2195 c.c. gerichtet sind. Tatsächlich ist ihr Anwendungsbereich außerhalb des Bereichs landwirtschaftlicher Gesellschaften oder der freien Berufe gering.[541] Ein Grund liegt darin, dass der verfolgte Zweck nach Art. 2247 c.c. ein wirtschaftlicher sein muss. Weiterhin wird diese Gesellschaftsform als „Erfindung" des Zivilgesetzbuches von 1942 angesehen, ohne eigentlichen Vorläufer im italienischen Recht der Personengesellschaften.[542] Möglicherweise schlägt dieser Rechtsform deshalb Skepsis in der Praxis entgegen. Es stellt sich die grundsätzliche Frage, ob die Einordnung der società semplice ins Handelsrecht systematisch zutreffend erfolgt ist.
Auch die società semplice ist theoretisch als faktische sowie als reine Innengesellschaft (società occulta), Gelegenheitsgesellschaft (società occasionale[543])

538 Vgl. z.B. Buonocore, S. 124.
539 Vgl. oben, unter C.II.
540 Galgano, S. 686; Buonocore, S. 117, zu den Ausnahmen bei Einlagen von Immobilien oder Immobiliarrechten.
541 Nach Kindler, HWiR, S. 207, gibt es Überlegungen, diesen Typus deshalb abzuschaffen.
542 Galgano, S. 685f.
543 Buonocore, S. 98.

oder Scheingesellschaft (società apparente) bekannt.[544] Es ist aber nicht bekannt, dass Abreden von Gesellschaftern einer anderen Gesellschaft neben dem eigentlichen Gesellschaftsvertrag unter dem Gesichtspunkt einer società semplice erörtert werden würden. Das überrascht, da hierbei regelmäßig die Voraussetzungen zumindest einer faktischen Gesellschaft vorliegen sollten. Allerdings können hier die Voraussetzungen eines patto parasociale vorliegen.[545]
Nur zum Teil kann dieser Befund damit erklärt werden, dass nach herrschender Ansicht ein (konkludenter) Gesellschaftsvertrag nach Art. 2265 c.c. zwingend die Beteiligung eines jeden Gesellschafters am Ergebnis der Gesellschaft erfordert. Eine Erklärung hierfür sowie insgesamt für die geringe praktische Bedeutung dieser Rechtsform dürfte sein, dass die società semplice eines „informatorischen" Eintrags in das Unternehmensregister bei den Handelskammern[546] bedarf.

4. Zwischenergebnis

Es ist festzuhalten, dass sich mit der „Gesellschaft" nach nationalem Recht genau genommen zwei unterschiedliche Rechtsinstitute gegenüberstehen. Das „materialistische", dem Unternehmensrecht zuzuordnende Modell dominiert romanische Rechtsordnungen wie die italienische. Ein weiterer Gesellschaftszweck-Begriff ist hingegen im deutschen Gesellschaftsrecht anzutreffen. Hier deckt sich nach heute vorherrschendem Verständnis das Gesellschaftsrecht mit dem Recht der privaten Zweckverbände. Den Weg für diese Entwicklung hat der Gesetzgeber mit der Verankerung eines offenen Gesellschafts-Begriffs in § 705 BGB eröffnet.
Während das deutsche Kapitalgesellschaftsrecht nach bestrittener Ansicht nicht auf dem Zweck-Begriff des § 705 BGB beruht, nimmt in Italien auch das Kapitalgesellschaftsrecht die Art. 2247 c.c. in Bezug, so dass insoweit dieselben Anforderungen an den Gesellschaftszweck bei allen Gesellschaften bestehen. Im italienischen Kapitalgesellschaftsrecht werden diese konzeptionellen Vorgaben - im Hinblick auf einen erforderlichen Erwerbszweck sowie eine individuelle Absicht der Erzielung materieller Vorteile - jedoch zunehmend durch gesetzgeberische Eingriffe, die auch der Umsetzung gemeinschaftsrechtlicher Vorgaben dienen, überlagert.

V. „Abspaltbarkeit" von Gewinnrechten

Das zur Begründung des Normzwecks von Art. 2265 c.c. im italienischen Schrifttum anzutreffende Argument, die Beteiligung an Gewinn und Verlust gehöre „untrennbar" zur Gesellschafterstellung[547] erinnert an das in Deutschland geltende

544 Galgano, S. 686f.
545 Vgl. bereits unter C.IV.1.b).
546 Vgl. Art. 8 Abs. 5 des Gesetzes vom 29.12. 1993, n. 580/1993.
547 Abriani, S. 44.

Abspaltungsverbot (vgl. § 717 BGB).[548] Nach deutschem Gesellschaftsrecht sind damit wichtige Rechtspositionen aus der Mitgliedschaft nicht abspaltbar, um somit eine Einheitlichkeit der Mitgliedschaft zu gewährleisten. Ähnlich wie nach herrschendem Verständnis der Patto leonino soll das deutsche Abspaltungsgebot nicht den Gesellschafter, sondern die Gesellschaft als Rechtsinstitut schützen. Das Abspaltungsverbot betrifft nach herrschendem Verständnis jedoch in erster Linie die Verwaltungsrechte. Für den – vom Gewinnstammrecht allerdings loszulösenden - Anspruch auf einen Gewinnanteil sowie den Liquidationserlös sieht bereits das allgemeine Gesellschaftsrecht eine Nichtanwendung des Abspaltungsverbots vor (§ 717 S. 2 BGB).
Demgegenüber läuft die herrschende Interpretation der Vorschriften des Art. 2247 c.c. sowie Art. 2265 c.c. in Italien auf ein grundsätzliches „Abspaltungsverbot" der Vermögensrechte aus der Gesellschafterbeteiligung hinaus. Auch hieran wird deutlich, dass die Gesellschaft nach traditionellem italienischem Verständnis ein Institut des Unternehmensrechts (überführt aus dem früheren Handelsgesetzbuch) darstellt, ungeachtet der Existenz der società semplice. Dem entspricht die konzeptionelle und im Vergleich hohe Bedeutung der Vermögensrechte innerhalb der Rechtspositionen des Gesellschafters.

VI. Unternehmerrisiko und Leitungsmacht im Hinblick auf Gesellschafterstellung

Schließlich verdient die in der italienischen Rechtswissenschaft aufgestellte These, ein Verbot leoninischer Abmachungen diene dem Schutz vor einer „unbeschränkten Unverantwortlichkeit", besondere Aufmerksamkeit. Dieser These folgend steht jeder Gesellschafter für den Gesellschaftszweck in der Verantwortung, und nur die Ergebnisbeteiligung könne diese Verantwortungsübernahme garantieren. Das soll nur dann nicht gelten, wenn der Gesellschafter schon keine Möglichkeit hat auf die Willensbildung oder die Geschäftsführung der Gesellschaft Einfluss zu nehmen.[549]
Das entspricht nicht der in Deutschland gegebenen gesellschaftsrechtlichen Rechtslage, die nach gegenwärtig herrschender Meinung zum einen von einem weiteren Verbandszweckbegriff ausgeht, zum anderen selbst bei gewinnorientierten Gesellschaften die Teilnahme an Gewinnen oder materiellen Vorteilen nicht zur Bedingung für das Vorliegen einer Gesellschaft macht.[550] Jedoch erinnert diese These an die im deutschen Steuerrecht unter der Prämisse wirtschaftlicher Betrachtung stehende Definition des Mitunternehmer-Begriffs (§ 15 EStG). Der ertragsteuerliche Mitunternehmer-Begriff steht selbständig neben dem des Gesellschafters. Der Gesellschafter-Begriff wird für

548 Vgl. oben, unter D.III.1.
549 Vgl. im Einzelnen unter C.II.2.
550 Vgl. oben, unter D.II.

die ertragsteuerliche Zurechnung von Gewinnanteilen also nicht übernommen. Der Mitunternehmer zeichnet sich durch Mitunternehmer-Initiative und Mitunternehmer-Risko aus. Nur dann, wenn der nach Zivilrecht bestimmte Gesellschafter steuerlich Mitunternehmer ist, zählt sein Anteil am Gewinn der (Personen-)Gesellschaft zu den gewerblichen Einkünften nach deutschem Einkommensteuerrecht.[551]

Gestaltungen, die nach italienischem Gesellschaftsrecht keine Anerkennung als Gesellschaft verdienen, können damit nach deutschem Gesellschaftsrecht sehr wohl eine Gesellschafterstellung begründen. Eher scheitern würde aber eine steuerliche Mitunternehmer-Stellung. Das gilt beispielsweise im Zusammenhang mit Familiengesellschaften. Ist ein Gesellschafter von der Gewinnverteilung zugunsten eines minderjährigen, in die Gesellschaft zivilrechtlich wirksam aufgenommen Kindes ausgeschlossen, so kann dem Kind trotz Gesellschafterstellung die Anerkennung als Mitunternehmer versagt bleiben und dessen zivilrechtliche Gewinnbeteiligung dem oder den anderen Gesellschafter(n) aufgrund der steuerrechtlich gebotenen wirtschaftlichen Betrachtung zuzurechnen sein. Voraussetzung ist die wirtschaftlich zu bestimmende Unangemessenheit der zivilrechtlich wirksamen Gewinnverteilungsabrede, die vorliegen kann, wenn die Gewinnverteilungsabrede unter fremden Dritten so nicht vereinbart worden wäre.[552]

Deutlicher noch wird die vom Zivilrecht abweichende wirtschaftliche Betrachtungsweise im deutschen Steuerrecht anhand des für die Mitunternehmerstellung erforderlichen weiteren Kriteriums des Mitunternehmer-risikos: (Mit-)Unternehmerrisiko trägt derjenige, der am Erfolg und Misserfolg eines Unternehmens teilhat.[553] Die Risikotragung ist nicht nach formellen Vereinbarungen, sondern nach wirtschaftlichen Gesichtspunkten zu beurteilen.[554] Sie kommt in der Regel in der Haftung für die Schulden der Gesellschaft sowie der Beteiligung an Gewinn und Verlust und an den stillen Reserven zum Ausdruck.[555] Fehlender Einfluss auf die Geschäftsführung sei bei Beteiligung an Gewinn und Verlust und den stillen Reserven ohne Bedeutung[556] Schließlich liegt mangels Mitunternehmerinitiative auch keine Mitunternehmerschaft vor, wenn lediglich die Erzielung von Verlusten beabsichtigt ist.[557]

Hier wird deutlich, dass die italienische Konzeption von einer Gesellschafterstellung nur bei Ergebnisbeteiligung durchaus Parallelen im deutschen Recht hat. Diese liegen aber im Einkommensteuerrecht. Am Erfolg eines Unternehmens hat im Sinne eines Mitunternehmerrisikos grundsätzlich Anteil, wer am Ergebnis teilhat: laufender

---

551 Blümich/Stuhrmann, § 15 Rn 342

552 Blümich/Stuhrmann, § 15 Rn 405

553 BFH, 28.1. 1982, IV R 197/79, BStBl II 82, 389; vgl. auch BFH, 15.12.92, VIII R 42/90, BStBl II 94, 702.

554 Blümich/Stuhrmann, § 15 Rn 349.

555 BFH, 29.4.1981, IV R 131/78, BStBl II 81, 663; BFH, 13.7.1993, VIII R 50/92, BStBl II 94, 282.

556 BFH, Urteil vom 24.6.1986, IV R 103/83, BStBl II 87, 55.

557 Blümich/Stuhrmann, § 15 Rn 350.

Gewinn, Verlust und stille Reserven. Der steuerliche Mitunternehmer ist ebenso wie der italienische Gesellschafter Unternehmer, der deutsche Gesellschafter nicht zwingend.
Weiterhin dient die Betonung der Korrelation von Unternehmerrisko und Gesellschafterstellung – oder: Haftung und Herrschaft - nach italienischem Zivilrecht auch der Abgrenzung der Gesellschaft von schuldrechtlichen Vertragsgestaltungen, insbesondere Darlehensvertrags-Verhältnissen. „Hybride" Gestaltungen im Grenzbereich zur Fremdkapitalfinanzierung durch Darlehen bereiten Schwierigkeiten. So soll eine Gestaltung, die die Vorteile der Gesellschafterstellung (Verwaltungs- und Vermögensrechte aus der Gesellschaftsbeteiligung) mit denen eines Kreditgläubigers verbindet (Freistellung durch einen anderen Gesellschafter von möglicher Verlustteilnahme sowie Zusicherung einer Mindest-Rendite durch eine Abrede neben dem Gesellschaftsvertrag [patto parasociale]) nach teilweise vertretener Auffassung aus wirtschaftspolitischen Gründen unzulässig sein. Es solle sich entweder für das Gesellschaftsrecht oder das Schuldrecht entschieden werden.[558] Diese Auffassung erscheint nicht zustimmungsfähig. Dem - in Art. 1322 c.c. Ausdruck findenden - Postulat der Vertragsfreiheit würde eine Lösung der Anerkennung *entweder* als Gesellschaft oder als Darlehensbeziehung eher gerecht werden, als diese Gestaltungen mit der Sanktion der Nichtigkeit zu bedrohen. Art. 1322 c.c. lässt in Absatz 2 ausdrücklich auch typengemischte Verträge zu. Eine solche Konstruktion mit zulässiger "causa mista" sollte hier vorliegen.[559]
Insgesamt sind die für die besagte Korrelation angeführten Gründe wirtschaftspolitischer Natur nicht überzeugend.[560] So sollten sie bei Kapitalgesellschaften bereits mangels hinreichendem Unternehmerrisiko aufgrund der beschränkten Außenhaftung nicht durchzugreifen. Gleichwohl erinnert die dem zugrundeliegende "wirtschaftspolitische" Wertung an die im deutschen Steuerrecht zu Personengesellschaften entwickelten Kriterien zur Anerkennung eines Gesellschafters als Mitunternehmer, die hier aber die zivilrechtliche Anerkennung der Gesellschaft nicht berührt.

VII. Zwischenergebnis

Die Vorschrift des Art. 2265 c.c. und die Diskussion um ihre Bedeutung muss Grundannahmen des italienischen Gesellschaftsrechts einbeziehen. Dabei wird die „materialistische" Grundausrichtung des kodifizierten Gesellschaftsrechts als Teilgebiet des Unternehmensrechts erkennbar. Vor diesem Hintergrund erscheint die in der italienischen Rechtswissenschaft anzutreffende Grundaussage, dass sowohl Gewinn- als auch Verlustbeteiligung für die Gesellschafterstellung essentiell seien,

558 Abriani, S. 137f.
559 Zutreffend daher Piazza, Contratto e impresa 1987, 805, 808.
560 Zutreffend Barcellona, S. 26f.

plausibel. Sie ähnelt der Konzeption der Mitunternehmerschaft nach deutschem Einkommensteuerrecht, ohne dieser ganz zu entsprechen. Gleichwohl kann auch vor diesem Hintergrund ein eigenständiger Bedeutungsgehalt des Art. 2265 c.c. jedenfalls aus rechtsvergleichender Sicht nicht völlig überzeugend hergeleitet werden.
Bei der Diskussion um die Bedeutung des Verbots leoninischer Abmachungen geht es auch um die Frage, inwieweit eine Gesellschaftsrechtsordnung eine ausgeprägt starke beziehungsweise schwache Stellung eines Gesellschafters zulässt. Die Norm des Art. 2265 c.c. greift diese Problematik jedoch nur im Hinblick auf die vermögensrechtliche Stellung auf. Folgt man einem neueren Ansatz im italienischen Schrifttum, lässt sich aus der bloßen Existenz des Art. 2265 c.c. – ungeachtet anderer Vorschriften und Rechtsgrundsätze der italienischen Rechtsordnung – mangels eigenen Bedeutungsgehalts zumindest im Kapitalgesellschaftsrecht kein praktisch relevanter Unterschied des deutschen vom italienischen Recht folgern. Ein wirtschaftspolitisches Erfordernis für ein Gebot der Gewinn- oder Verlustbeteiligung lässt sich nach deutschem Recht nicht nachweisen. Die Auffassung, dass Art. 2265 nur eingeschränkten Regelungsgehalt hat, ist auch im Personengesellschaft nich ganz von der Hand zu weisen. Denn auch wenn sich das italienische Haftungsregime der Personengesellschaft und ihrer Gesellschafter gegenüber Dritten durch eine unbeschränkte und „solidarische" Haftung auszeichnet[561] sollte es in Ansehung der Vertragsfreiheit den Gesellschaftern im Innenverhältnis doch unbenommen bleiben, eine andere Abrede zu Beteiligung an Gewinnen und Verlusten zu treffen. Letztlich sollten die Haftungsverhältnisse gegenüber Dritten damit keinen ausreichenden Unterschied darstellen, um Personengesellschaften von der für das Kapitalgesellschaftsrecht entwickelten These des eingeschränkten Bedeutungsgehalts von Art. 2265 c.c. auszunehmen.
Dabei ist jedoch zu beachten, dass die Klarheit, die aus dem Erfordernis einer Ergebnisbeteiligung des Gesellschafters für die Anerkennung der Gesellschafterstellung folgen kann und an die auch das italienische Einkommensteuerrecht anknüpfen kann,[562] verwischt werden könnte, wenn man Art. 2265 c.c. tatsächlich als Vorschrift ohne Gehalt ansehen würde.
Ungeachtet dessen birgt Art. 2265 c.c. Risiken für die Praxis der Vertragsgestaltung, zumal auch Rechtsgeschäfte mit dem Ziel der Übertragung von Gesellschaftsanteilen als potentielles Umgehungsgeschäft an Art. 2265 c.c. gemessen werden können.[563]

561 Barcellona, S. 78.
562 Vgl. hierzu noch unter G.III.
563 Vgl. unter C.IV.4.e).

F. Die Pflicht zur Ergebnisbeteiligung nach deutschem Recht im Spiegel des italienischen Gesellschaftsrechts

Die bisherigen Ausführungen lassen den Schluss zu, dass bei der Frage der Ergebnisbeteiligung - verkürzt gesagt - in Deutschland mangels gesetzlicher Vorgaben ein großer rechtlicher Gestaltungsspielraum besteht, wohingegen in Italien aufgrund der Vorschrift des Art. 2265 c.c., aber auch aufgrund des Art. 2247 c.c. und der damit jeweils einhergehenden Auslegungszweifel ein höheres Maß an Rechtsunsicherheit besteht. Im Folgenden soll versucht werden, Leitlinien zur rechtlichen Notwendigkeit der Ergebnisbeteiligung des Gesellschafters in beiden Rechtsordnungen aufzuzeigen.

I. Grundaussagen des italienischen Rechts

Die Aussagen in Bezug auf das italienische Recht konzentrieren sich diesbezüglich auf die Reichweite der Vorschrift des Art. 2265 c.c. Eine abschließende Würdigung der weiteren Schranken muss der italienischen Rechtswissenschaft vorbehalten bleiben.

1. Gesellschaftszweck – Gesetzliche Vorgaben (Art. 2247 c.c.)

Die Vorschrift ist im Hinblick auf die Gewinnbeteiligung relevant, da sie ausdrücklich bestimmt, dass der Zweck einer Gesellschaft darin bestehe, die aus ihr erwachsenen Gewinne - oder möglicherweise nur (materiellen) Vorteile (utili) - zu teilen. Nach herkömmlichem Verständnis wird daraus das Erfordernis sowohl einer gesellschaftsbezogenen als auch einer gesellschafterbezogenen Gewinnerzielungsabsicht gefolgert (scopo lucrativo oggetivo bzw. scopo lucrativo soggetivo). Dem folgend würde eine Gesellschaft stets die Beteiligung eines jeden Gesellschafters am Gewinn erfordern.
Dieser Grundsatz wird jedoch zum einen vom Gesetzesrecht selbst nicht konsequent durchgehalten und ist auch in der Rechtsprechung nicht mehr unumstritten:

a) Gesetzlich zugelassene Gesellschaften ohne Gewinnerzielungsabsicht

Zunächst wurde den Konsortien ausdrücklich erlaubt, sich in Form einer der durch das Gesetz bereitgestellten Gesellschafts-Formen zu organisieren. An anderer Stelle wurde diesen Konsortien jedoch, soweit es sich dabei um Verbindungen kleinerer oder mittlerer Unternehmen handelte, vorgeschrieben, nach ihrer Satzung Gewinne nicht an ihre Gesellschafter auszuschütten.[564] Weiterhin wurde professionellen Fussballvereinen durch das Nationale Olympische Kommitee Italiens (CONI) verordnet, sich als Aktiengesellschaft zu organisieren, aber gleichzeitig vorgeschrieben, erwirtschaftete Gewinne nicht auszuschütten, sondern zu Gunsten des verfolgten sportlichen Zwecks

564 Näher Di Sabato, S. 28.

für die Gesellschaft zu reinvestieren..[565] Ein etwaiger Liquidationsgewinn soll dabei dem CONI gebühren.[566]
Damit stellt sich die Frage, ob es sich bei diesen Verbänden tatsächlich noch um Gesellschaften im Sinne des Art. 2247 c.c. handelt.[567] Diese Frage stellt sich auch bei den öffentlichen Unternehmen, die in der Rechtsform einer Aktiengesellschaft gegründet werden (müssen).[568] In beiden Fällen handelt es sich um Gesellschaften „kraft Rechtsform" die aber nicht dem durch Art. 2247 c.c. vorgeschrieben Zweck zu entsprechen haben. Die Anwendung des Aktienrechts ist hier durch den Gesetzgeber wegen der damit verbundenen Publizitätspflichten und Rechtssicherheit gewählt worden.[569] Das für die Fussballvereine geschaffene Gesetz war maßgeblich dadurch motiviert, diese Zweckverbände dem aktienrechtlichen Bilanzrecht zu unterwerfen.
Zuletzt sind nunmehr auch Gesellschaften mit „altruistischem", gemeinnützigem Zweck durch Rechtsänderungen 2006/2007 anerkannt.[570] Auch diesen Zweckverbänden ist damit das Privileg der Haftungsbegrenzung eröffnet.
Es stellt sich somit die Frage, ob der Grundsatz der Gewinnerzielung damit noch als generell konstitutiv für das Vorliegen einer Gesellschaft anzusehen ist. Es könnte auch sein, dass der scopo di lucro, wie er dem Wortlaut des Art. 2247 c.c. zu entnehmen ist, nur noch *ein* möglicher Gesellschaftszweck neben anderen, gesellschaftsrechtlich zugelassenen, Verbandszwecken sei.
Mithin lassen sich Ansätze einer Tendenz hin zu einem Recht der privaten Zweckverbände im weiteren Sinne, welches über die im Abschnitt „Gesellschaftsrecht" des Codice civile geregelten Gesellschaften im herkömmlichen Sinne des italienischen Zivilrechts hinausgeht, im Gesetzesrecht erkennen. Diese Entwicklung steht maßgeblich vor dem Hintergrund von legislatorische Eingriffen, mit denen die Organisationsform der (Kapital-)Gesellschaft ungeachtet des Erfordernisses einer subjektiven und objektiven Gewinnerzielungsabsicht gemäß Art. 2247 c.c. dem Personenverband aufgezwungen wird. Subsumierbar unter die Definition der Gesellschaft unter Heranziehung von Art. 2247 c.c. sind diese Verbandsformen nur, wenn man zu einer offeneren Auslegung der Tatbestandsmerkmale der Gesellschaft – einschließlich des scopo lucrativo – gelangt.

b) Gebot der Gewinnerzielungsabsicht in Rechtsprechung und Schrifttum

Die legislatorischen, dem herkömmlichen Verständnis von der causa einer Gesellschaft möglicherweise widersprechenden, Eingriffe werden flankiert von Rechtsprechungstendenzen, die ebenfalls als Indizien für eine Aufweichung des herkömmlichen Verständnisses vom auf kollektive und individuelle

565 Gesetz vom 23.3.1981, n.91, Art. 10.
566 Gesetz vom 23.3.1981, n.91, Art. 13.
567 Vgl. nur Jaeger/Denozza, S. 118.
568 Vgl. Buonocore, S. 122f.
569 Vgl. nur Jaeger/Denozza, S. 119.
570 Vgl. Gesetz vom 13.6.2005, n.118.

Gewinnerzielungsabsicht abzielenden Gesellschaftszweck angesehen werden können. Rechtsprechung als auch Gestaltungspraxis müssen den aus der strikten gesetzlichen Trennung zwischen gewinnorientierten und nicht-gewinnorientierten Verbänden erwachsenden Problemen Rechnung tragen. Im Schrifttum wird es auch daher als ausreichend erachtet, dass eine wirtschaftliche Tätigkeit ausgeübt wird, die nur potenziell zur Gewinnerzielung geeignet ist, sofern der Gesellschaftsvertrag die Gewinnerzielungsabsicht nicht eigens ausschließt.[571]
Eine Entwicklung, die möglicherweise ebenfalls einen Ansatz für eine Erweiterung des Gesellschaftsbegriffs bietet, könnte die Einführung der Einpersonen-Kapitalgesellschaft durch die Reform 2003/04 darstellen. Diese Gesellschaft ist - unter den Voraussetzungen des Art. 2342 c.c. beziehungsweise Art. 2463 Abs. 1 c.c. und weiterer Vorschriften[572] - Gesellschaft, obwohl sich nicht, wie es der Wortlaut des Art. 2247 c.c. an sich verlangt, „zwei oder mehr" Personen zur Gründung zusammenfinden. Über den Wortlaut des Art. 2247 c.c. wird hinausgegangen. Damit sollte eine Überwindung der Wortlautgrenze möglicherweise auch in Bezug auf die engen Vorgaben des Gesellschaftszwecks möglich sein.
Es bleibt jedoch abzuwarten, ob sich eine Tendenz zum Gesellschaftsrecht als privates Verbandsrecht durchsetzen wird. Konsequenz eines weiten Verständnisses des Gesellschaftsbegriffs wäre aber, dass die Vorschrift des Art. 2265 c.c. neue Bedeutung gewinnen könnte. Denn wenn sich ein Erfordernis zur Gewinnbeteiligung nicht mehr (bereits) aus Art. 2247 c.c. als konstitutivem Merkmal der Gesellschaft ableiten ließe, würde sich die Frage neu stellen, ob das wegen Art. 2265 c.c. erforderlich wäre. Dann wiederum wäre von Relevanz, ob der Begriff der „utili" in Art. 2265 c.c. (gegebenenfalls ebenso wie in Art. 2247 c.c.) weiter, als „wirtschaftlicher Vorteil", verstanden werden kann.

2. Gesetzliche Vorgaben nach Art. 2265 c.c.

Die Möglichkeit, in Ausübung der Vertragsfreiheit (Art. 1322 c.c.) die Ergebnisverteilung frei zu gestalten, wird durch die Vorschrift des Art. 2265 c.c. beschränkt. Eine Analyse der Vorschrift führt jedoch zu dem Ergebnis, dass ihr normativer Gehalt strittig ist. Die in der italienischen Rechtswissenschaft zur Begründung eines eigenständigen Normzwecks des Art. 2265 c.c. angeführten Ansätze lassen sich wie folgt darstellen:

a) (Noch) dominierende Theorie vom einheitlichen Normzweck

Nach der im italienischen Schrifttum stark vertretenen sowie in der Rechtsprechung vorherrschenden „Einheitstheorie" liegt sowohl dem Verbot des Gewinnausschlusses als auch dem Gebot der Verlustbeteiligung ein einheitlicher Normzweck zugrunde.[573]

---

571 Nach Di Sabato, S. 30.

572 Vgl. hierzu Magrini, S. 181f (Einpersonen-s.p.a.) sowie S. 201f. (Einpersonen-s.r.l.).

573 Vgl. unter C.II.2.

Für diese These spricht zwar die systematische Stellung (einheitliche Nennung) beider normativen Vorgaben. Außerdem ist der Wille des historischen Gesetzgebers bei Schaffung des Zivilgesetzbuches von 1942 zu beachten.
Es lassen sich jedoch auch mehrere Argumente gegen diese Theorie finden.

aa) Einwände aufgrund Entstehungsgeschichte

Die dogmengeschichtliche Auslegung der Vorschrift[574] zeigt die beiden unterschiedlichen Wurzeln des Art. 2265 c.c. Nur das Verbot des Gewinnausschlusses wurzelt in der societas leonina. Das Gebot der Verlustbeteiligung hingegen gründet auf durch Rechtsgelehrte des Mittelalters ausgeformten Gerechtigkeitspostulaten. Auf der anderen Seite hingegen steht der Wille des historischen Gesetzgebers von 1942, wonach die Vorschrift insgesamt wegen der Unvereinbarkeit leononischer Abreden mit dem Wesen der Gesellschaft bestehe.[575] Das mag den Gesetzgeber zur Zusammenfassung der beiden Absätze des Vorgänger-Zivilgesetzbuches zu einer Vorschrift bewogen haben. Demgegenüber verblieb es gleichwohl aber bei einer Formulierung des Gesetzestextes, die eine unterschiedliche Auslegung beider Vorgaben für die Ergebnisbeteiligung zulässt.
Damit liegt eine Situation vor, die an die Rolle der societa leonina in der Entstehungsgeschichte von § 705 BGB im deutschen Recht erinnert. Zwar ging ausweislich der Materialien der deutsche Gesetzgeber bei Verabschiedung des Bürgerlichen Gesetzbuchs im Grunde von der Unzulässigkeit einer societas leonina aus,[576] doch fand diese Rechtsansicht im Gesetzestext keinen Niederschlag. In der heutigen Diskussion über die Frage der Zulässigkeit einer societas leonina im deutschen Recht spielt dieser Standpunkt des historischen Gesetzgebers (fast) keine Rolle mehr.
Vergleichbares könnte im italienischen Recht zur Frage des Normzwecks gelten: Die Ansicht des historischen Gesetzgebers hat zwar in der Zusammenfassung von zwei Absätzen zu einem, nicht aber im Wortlaut des Gesetzestextes Niederschlag gefunden. Somit steht das Ergebnis der historischen Auslegung neben den Ergebnissen der anderen Auslegungsmethoden.

bb) Sinn und Zweck eines einheitlichen Gebots der Gewinn- und Verlustbeteiligung

Zentrales teleologisches Argument der Befürworter einer einheitlichen Auslegung ist dasjenige von der notwendigen Inpflichtnahme des Gesellschafters für den Gesellschaftszweck über die Ergebnisbeteiligung als Grundsatz des wirtschaftspolitischen „Ordre Public“. Jedoch begegnet die Annahme eines systemtragenden Grundsatzes des Gleichlaufs von Unternehmerrisiko und

574 Vgl. unter C.I.
575 Abriani, S. 38f.
576 Vgl. unter B.VI.

Unternehmenskontrolle (beziehungsweise, nach deutscher Terminologie, Haftung und Herrschaft[577]) Einwänden. Dasselbe gilt für die wirtschaftspolitische Notwendigkeit eines solchen Grundsatzes.

aaa) Gleichlauf von Haftung und Herrschaft als systemtragender Grundsatz?

Im jüngeren Schrifttum wird überzeugend ausgeführt, dass der Grundsatz einer solchen Korrelation an zahlreichen Stellen des italienischen Kapitalgesellschaftsrechts durchbrochen wird und mithin spätestens nach der Gesellschaftsrechtsreform 2003/2004 nicht mehr als systemtragend anzuerkennen ist.[578] Zum einen wird darauf verwiesen, dass nunmehr ausweislich der Art. 2346 Abs 6 c.c. nicht nur Vermögens-, sondern auch Verwaltungsrechte auf Nichtgesellschafter – mithin auf jemanden, der kein Unternehmensrisiko trägt – übertragen werden können.[579] Weiterhin bestünden Fallgruppen, in denen der Inhaber der Verwaltungsrechte – mithin der Inhaber der Einflussnahmemöglichkeit auf die Willensbildung der Gesellschaft – diese nicht im Interesse eines Unternehmers, sondern vielmehr eines Kreditgläubigers wahrnimmt. So seien sowohl Stimmrechtsvereinbarungen nunmehr einhellig und auch der Verkauf von Stimmrechten jedenfalls zunehmend von der Rechtswissenschaft anerkannt.[580] Schließlich zeige die in Art. 2352 Abs. 1 c.c. geregelte Stimmrechtsmacht bei Verpfändung und Nießbrauch von Aktien die Möglichkeit des Auseinanderfallen von Gesellschafterstellung und –interessen einerseits sowie Einflussnahmemöglichkeit und auf Substanzwahrung abzielende Interessen des Mitberechtigten andererseits. Der Pfandrechtsgläubiger neige dazu, die Verwaltungsrechte des Gesellschafters vorsichtig und risikoavers auszuüben.[581] Gleiches gelte für den Sequester, für den ebenfalls die Bewahrung der Vermögenssubstanz im Vordergrund stehe.[582] Hingegen sei der Nießbrauchsberechtigte tendenziell zu einer höheren Inkaufnahme von Risiken bereit, um seinen Profit zu maximieren. Hier werde deutlich, dass die Rechtsordnung das Auseinanderfallen von Unternehmerstellung und Inhaberschaft von Kontrollrechten akzeptiere: Es sei hier nicht der Gesellschafter, der unternehmerisch denke, sondern ein anderer, der Nießbrauchsberechtigte.[583]

Zu diesen Fallgruppen träten schließlich die stimmrechtslosen Aktiengattungen hinzu.[584]

Die Folgerung, dass demnach dem italienischen Gesellschaftsrecht ein Grundsatz der Korrelation Unternehmerrisiko/Unternehmenskontrolle nicht zu entnehmen sei, betrifft

577 Wiedemann, S. 312/544/547f.
578 Barcellona, S. 29ff.
579 Barcellona, S. 30.
580 Barcellona, S. 34.
581 Barcellona, S. 37.
582 Barcellona, S. 38.
583 Barcellona, S.41.
584 Vgl. hierzu unter C.III.3.a).

zunächst das Kapitalgesellschaftsrecht, dessen Grundkonzeptionen sich vielfach mit einem solchen Grundsatz im Ansatz nicht vertragen (Fremdorganschaft, Möglichkeit stimmrechtsloser Aktien, ferner die oben genannten Beispiele). Dasselbe sollte aber auch im Personengesellschaftsrecht gelten dürfen, zumal die Möglichkeit einer Grundtypenvermischung (Personengesellschaft mit Kapitalgesellschaft als Komplementär) nunmehr Gesetz ist.[585] So weit geht das Schrifttum allerdings (noch) nicht: Im Personengesellschaftsrecht sei – namentlich was den gestreckten Anteilserwerb unter Verwendung von Put-/Call-Optionen angehe – weiterhin zu beachten, dass das Unternehmerrisiko (Haftung) nicht auf andere überwälzt werden könne.[586]

bbb) Wirtschaftspolitische Erwägungen

Aus rechtsvergleichender Sicht von Interesse erscheint, ob und inwieweit sich ein solcher Grundsatz und die damit einhergehende Forderung der Notwendigkeit einer Ergebnisbeteiligung aus einem wirtschaftspolitischen „Ordre Public" heraus herleiten lassen.

Eine Ergebnisbeteiligung ist der gemeinsamen Zweckverfolgung förderlich. Nicht erwiesen ist, dass sie hierfür notwendig ist. In der Personengesellschaft betrifft die Freistellung von den Gesellschaftsverlusten nur das Innenverhältnis. Die akzessorische Haftung des Gesellschafters gegenüber den Gesellschaftsgläubigern bleibt hiervon unberührt. Auch der Gesellschafter, der im Innenverhältnis am Ergebnis nicht teil hat, steht gegenüber Dritten für den (Miss-)Erfolg der Gesellschaft in der Haftung. Dieses Haftungsrisiko lässt an der Annahme zweifeln, dass der Gesellschafter einer Personengesellschaft bei intern vereinbartem Ausschluss von der Ergebnisbeteiligung sich dem Gesellschaftszweck nicht mehr verpflichtet fühlt.

Allerdings ist im italienischen Recht die Möglichkeit der Einrede der Vorausklage (Art. 2268, 2304, 2315 c.c.) zu beachten, die der unmittelbaren Inanspruchnahme des Gesellschafters für Gesellschaftsverbindlichkeiten entgegensteht.[587]

Im Kapitalgesellschaftsrecht – ungeachtet der Frage der Anwendbarkeit von Art. 2265 c.c. für Kapitalgesellschaften[588] - besteht ein solches (Außen-)Haftungsrisiko abgesehen von Fallgruppen der ausnahmsweisen Durchgriffshaftung nicht. Hier zeigt das Aktienrecht,[589] dass die Ergebnisbeteiligung nicht unabdingbar ist. Zudem ist eine Pflicht zur Risikotragung als Korrelat der Möglichkeit zur Einflussnahme auf die Geschäfte der Gesellschaft hier wenig überzeugend, weil Fremdorganschaft originär möglich ist.

---

585 Vgl. Art. 2361 Abs. 2 c.c.

586 Barcellona, S.65ff.

587 Kindler, § 18 Rn 9f.

588 Vgl. unter C.III.3.

589 Vgl. Art. 2348 c.c. sowie unter C.III.3.

b) Theorie der getrennten Betrachtung von Gewinn- und Verlustbeteiligungs-Gebot

Die Dogmengeschichte sowie die eingeschränkte Überzeugungskraft der für die Einheitsthese vorgebrachten Argumente sprechen für eine getrennte Betrachtung von Verlustteilnahme- und Gewinnbeteiligungsgebot.

Was das Gebot der Gewinnbeteiligung angeht, würde Art. 2265 c.c. demnach die Aussage des Art. 2247 c.c., dass der Ausschluss eines Gesellschafters von der Möglichkeit, am materiellen Ergebnis der Gesellschaft zu partizipieren, mit dem Wesen der Gesellschaft unvereinbar sei, wiederholen. Damit wäre Art. 2265 c.c. insoweit deklaratorisch.[590] Die klärungsbedürftige Frage wäre damit die, inwieweit Art. 2247 c.c – und nicht Art. 2265 c.c. - tatsächlich eine „Gewinnbeteiligung“ verlangt oder ob die Beteiligung am wirtschaftlichen Vorteil ausreicht.[591] Die Frage ist als offen zu bezeichnen.

Zu klären bliebe der Zweck des Verlustbeteiligungsgebots.

Dagegen, dieses separat zu betrachtende Gebot als Billigkeitsvorschrift anzusehen, spricht die systematische Verortung der Vorschrift im Gesellschaftsrecht. Derartige Vorschriften sind regelmäßig im allgemeinen Schuldrecht - sowie im Verbraucherschutzrecht - zu finden.[592]

Damit sollte es sich beim Gebot der Verlustbeteiligung um eine Norm handeln, die zusätzlich zu den Voraussetzungen des Art. 2247 c.c. die Verlustbeteiligung zum Grundsatz für eine Beteiligung im Sinne einer Gesellschafter-Stellung erhebt. Ihr Anwendungsbereich ist eng: Der Wortlaut erfasst den „völligen“ Ausschluss von der Verlustbeteiligung. Nur ein - jedenfalls wirtschaftlich gesehen - vollständiger Ausschluss wäre mithin von der Vorschrift erfasst. Bedenken begegnet damit eine Anwendung auf die Übertragung der gesellschaftsvertraglichen Verpflichtung zur Verlustdeckung durch schuldrechtliche Abrede auf einen Dritten. Hiergegen spricht die systematische Stellung der Vorschrift (im Gesellschaftsrecht). Normtragender Grundsatz der Vorschrift wäre dann, dass eine „Verlustübernahme“ – verstanden als Verpflichtung zur Beitragsleistung - konstitutiv für eine Gesellschafterstellung in Abgrenzung von der rein schuldrechtlichen Position des Darlehensgläubigers ist. Sich hingegen gegen Risiken aus Geschäften mit Dritten abzusichern wäre Ausfluss der Vertragsfreiheit und von Art. 2265 c.c. nicht erfasst.

Im Kapitalgesellschaftsrecht bleibt aber auch dieser Versuch, einen Normzweck des Art. 2265 c.c. zumindest für die Verlustbeteiligungspflicht zu begründen, nicht unangefochten: Es wird zu bedenken gegeben, dass ein eigenständiges Gebot der Verlustbeteiligung bei Kapitalgesellschaften überflüssig sei, da nach gesellschaftsrechtlichen Grundsätzen ein Versprechen der Einlagenrückgewähr den

590 Vgl. auch Barcellona, S. 18f.
591 Vgl. bereits unter F.I.1.b).
592 So Barcellona, S. 63, mit Verweis auf das Verbraucherschutzrecht.

Gesellschaftsgläubigern nicht entgegengehalten werden könne.[593] Daran ist richtig, dass die Haftung des Gesellschafters der Kapitalgesellschaft auf die Einlage beschränkt ist. Eine „Verlustfreistellung" kann im Kapitalgesellschaftsrecht somit im Regelfall nur als Versprechen der Einlagenrückgewähr oder des –ersatzes durch den Dritten aufgefasst werden. Es wird deutlich, dass der Sinn einer Anwendbarkeit im Kapitalgesellschaftsrecht – die ohnehin nur im Wege der Analogie oder des Rechtsgedankens erfolgen kann – nicht eindeutig ist.
Erneut zu bedenken gegeben werden muss, dass die Anwendbarkeit von Art. 2265 c.c. im Kapitalgesellschaftsrecht vom Kassationsgerichtshof positiv beantwortet wird.[594]

c) Diskussion

Der Normzweck des Art. 2265 c.c. ist nach vorzugswürdiger Ansicht demzufolge der, die – auf höchstens die Beitragsleistung zu beschränkende - Verlustübernahme als konstitutiv für die Gesellschafterstellung festzuschreiben. Zweifelhaft ist damit, ob eine Beitragsleistung auf eine reine Dienstleistung beschränkt werden kann.
Das Gcbot der Gewinnbeteiligung nach der ersten Alternative der Norm ist hingegen als deklaratorische Wiedergabe eines in Zusammenhang mit Art. 2247 c.c. zu betrachtenden Grundprinzips des italienischen Personengesellschaftsrechts anzusehen. Abzuwarten bleibt aber, ob das Erfordernis der individuellen Gewinnerzielungsabsicht nach Art. 2247 c.c. in Zukunft eine Abschwächung erfährt und auch die Verfolgung eines anderen (wirtschaftlichen) Motivs den Anforderungen an den affectio societatis beziehungsweise Gesellschaftszweck genügen kann. In diesem Fall würde das Gewinnbeteiligungsgebot nach Art. 2265 c.c. neue Bedeutung erlangen.
Davon unabhängig ist konsequenterweise von der Anwendung des Verlustbeteiligungsgebots auch auf Abreden unter den Gesellschaftern neben dem Gesellschaftsvertrag (patti extrastatuari) auszugehen, sofern diese jedenfalls auf eine Umgehung des Verbots leoninischer Abmachungen abzielen.
Die Anwendbarkeit im Kapitalgesellschaftsrecht ist methodisch nicht ganz überzeugend, entspricht aber der Rechtsprechung des Kassationsgerichtshofs. Andererseits ist festzuhalten, dass dann, wenn von vornherein keine Verantwortung des Gesellschafters für das Unternehmensergebnis bestehen kann, Art. 2247 c.c. nach Sinn und Zweck keine Anwendung findet. Das gilt namentlich im Aktienrecht bei stimmrechtslosen (Vorzugs)-Aktien und ähnlichen Gattungen.
Gegen die Konzeption des Verlustbeteiligungsgebots als Schutzvorschrift zugunsten eines wirtschaftlich schwächeren Gesellschafters spricht, dass der Gesetzeswortlaut keine subjektive Komponente verlangt. Damit unterscheidet sich die Vorschrift von anderen Schutzvorschriften des – allgemeinen - Zivilrechts. Zu nennen sind hierbei die Aufhebungsvorschriften der Art. 1447f. c.c. Im Schrifttum wird weiter argumentiert, dass auch die von Art. 2265 c.c. angeordnete Rechtsfolge (Nichtigkeit) dafür spreche,

---

593 Barcellona, S. 62.
594 Cass. Civ., n. 8927, 29.10.1994, Società 1995, 178, 178.

dass die Norm im öffentlichen und nicht im Interesse eines schutzwürdigen Einzelnen bestehe. Die Nichtigkeit eines Rechtsgeschäfts kann nach Art. 1421 c.c. durch jeden, der in seinen Interessen berührt ist, als auch von Amts wegen geltend gemacht werden. Zudem ist ein nichtiges Rechtsgeschäft nicht durch Bestätigung heilbar. Verwiesen wird auf die Äußerung des Justizministeriums, welches sich im Zuge des Gesetzgebungsverfahrens gegen eine bloße Vernichtbarkeit (annullabilità, Art. 1425ff. c.c.) mit dem Argument ausgesprochen hatte, jeder Patto leonino widerspreche der causa einer Gesellschaft. Art. 2265 c.c. ist somit kein Schutzvorschrift zugunsten schwacher Gesellschafter.

Wenig überzeugen kann die Aussage, die Norm bezwecke auch den Schutz des gesamten wirtschaftlichen Systems. Die Existenz der Norm für die Funktionsfähigkeit des Wirtschafts- oder Gesellschaftsrechtsssystems erscheint nicht zwingend.

Damit kommt dem Patto leonino insgesamt eine Bedeutung zu, die im Hinblick auf die societas leonina in Deutschland nicht (mehr) diskutiert wird. Der Patto leonino ist keinesfalls eine Billigkeitsvorschrift oder eine Schutznorm zugunsten von Individualinteressen. Während die Bedeutung des Gewinnbeteiligungsgebots hinter Art. 2247 c.c. zurücktritt, erscheint das Verlustbeteiligungsgebot innerlich besser gerechtfertigt. Hier verbleiben jedoch letzte Zweifel zum einen wegen der engen Anwendungsvoraussetzungen der Vorschrift, zum anderen in Bezug auf die Anwendbarkeit im Kapitalgesellschaftsrecht.

3. Allgemeiner gesellschaftsrechtlicher Grundsatz der Verlustbeteiligung?

Die Frage, inwieweit nach italienischem Gesellschaftsrecht die Beteiligung des Gesellschafters im Innenverhältnis an Verlusten aus der Tätigkeit der Gesellschaft konstitutiv für seine Gesellschafterstellung ist, soll daher einer gesonderten Betrachtung unter Einbeziehung sowohl von Art. 2247 als auch von Art. 2265 c.c unterzogen werden.

Aus rechtsvergleichender Sicht ist anzumerken, dass das heutige deutsche Gesellschaftsrecht einen solchen Grundsatz nicht kennt, eingeschränkt aber das Ertragsteuerrecht beim Begriff des (Mit-)Unternehmers.[595]

Zur Frage, ob dem italienischen Zivilrecht ein allgemeines Gebot der Verlustteilnahme des Gesellschafters im Innenverhältnis gegenüber der Gesellschaft innewohnt, wird vertreten, dass jedenfalls während der „gewöhnlichen Lebensdauer" der Gesellschaft die Gesellschafter entsprechend ihrer Kapitalbeteiligung am Verlust teilzunehmen hätten.[596] Nach dieser Ansicht wäre nicht nur eine Verlustteilnahme, sondern sogar eine Verlustteilnahme entsprechend den Beteiligungsquoten geboten. Auch in anderen Zusammenhängen findet sich der Gedanke wieder, dass durch das Merkmal der Verlustbeteiligung die Gesellschaft von rein schuldrechtlichen – z.B. partiarischen Rechtsverhältnissen – abgegrenzt werden könne. Deshalb sei etwa der Inhaber von

595 Vgl. zu letzterem Aspekt unter E.VI.

596 Guglielmucci, GC 1982 II, 884, 890.

durch börsennotierte Gesellschaften ausgegebenen „Sparaktien" (Art. 145 T.U.F.) nicht als Gesellschafter, sondern als Beteiligter eines partiarischen Rechtsverhältnisses anzusehen, weil diese Wertpapiere nur nachrangig, nach vollständiger Haftung der regulären Aktien, an einer Verlusthaftung der Gesellschaft teilnähmen.[597] Derartige nachrangige Verlusthaftungskonstellationen wiesen die Eigenart auf, dass eine Verlustbeteiligung auf diese Gesellschaftsanteile erst entfiele, wenn die regulären Gesellschaftsanteile bereits aufgezehrt und mithin „wertlos" geworden seien, also „posthum".[598] Unter dieser Prämisse wäre nach italienischem Verständnis die Verlustbeteiligung des Gesellschafters Voraussetzung für die Anerkennung als Gesellschaft.

Zweifeln begegnet jedoch, Art. 2265 c.c. hierzu als normative Grundlage heranzuziehen. Zum einen setzt das deren Anwendbarkeit im Recht der Kapitalgesellschaften voraus. Zum anderen ist sie nach ihrem Wortlaut nur einschlägig, wenn ein völliger Ausschluss vom Gewinn vorliegt, nicht aber, wenn der Gesellschafter nur irgendwie (minimal) am Ergebnis beteiligt wird. Allerdings greifen diese Einwände unter Zugrundelegung der Rechtsprechung des Kassationsgerichtshofs nicht durch.[599]

Ganz allgemein lässt sich demnach ein allgemeiner Grundsatz der Verlustbeteiligung nicht außerhalb von Art. 2265 c.c. nachweisen.

Ein durch die Existenz des Art. 2265 c.c. normativ abgesichertes Gebot der Verlustbeteiligung sollte im Personengesellschaftsrecht dem Umfang nach auf die Beitragsleistung beschränkt sein. Die Beitragsleistung wäre hierdurch gegen Rückgewähr durch einen anderen Gesellschafter oder Dritten abgesichert. Allerdings würde die Absicherung nicht greifen, wenn der Gesellschafter anteilig auf seine Beteiligung entfallende Verluste zu tragen hätte, da nur der Ausschluss von „jeder" Verlustbeteiligung durch Art. 2265 c.c. erfasst ist.

4. Sonstige Vorgaben für die Ausgestaltung der Ergebnisbeteiligung im Überblick

Andererseits lassen sich dem italienischen (Gesellschafts-)Recht weitere Vorgaben für die Ausgestaltung der Ergebnisbeteiligung entnehmen, die zum Teil aus Deutschland bekannten rechtlichen Vorgaben ähneln. Damit zeigen die nachfolgend anzudeutenden Ansätze, dass auch außerhalb von Art. 2247 c.c. und Art.2265 c.c. relevante Schranken bestehen können.

a) Verlustfreistellung und Bestimmtheitsgrundsatz

Teilweise wird die Unzulässigkeit einer Verlustfreistellung bei Personengesellschaften aus dem Bestimmtheitsgrundsatz hergeleitet: Der Vertrag, der die Übertragung eines

597 Spada, Riv. dir. civ. 1974, I, 596.

598 Dalmartello, GC 1979 I, 369, 372; Jaeger, GC 1979 I, S. 372.

599 Cass. Civ., n. 8927, 29.10.1994, Società 1995, 178ff.

unbestimmten Risikos zum Inhalt habe, sei mangels Bestimmtheit bzw. Bestimmbarkeit des Vertragsgegenstands nichtig.[600] Damit wird an die in Schrifttum und Rechtsprechung lange umstrittene Frage der Zulässigkeit von Globalsicherheiten angeknüpft,[601] die durch einen gesetzgeberischen Eingriff entschieden wurde.[602] Seitdem ist nach Art. 1938 c.c. eine Bürgschaft für eine zukünftige Verbindlichkeit nur (noch) dann zulässig, wenn ein Haftungshöchstbetrag festgelegt ist.
Weiter wird darauf verwiesen, dass auch im Versicherungsvertragsrecht ein Höchstbetrag für die Einstandspflicht vorgesehen ist (Art. 1882 c.c. sowie Art. 1905 c.c.).[603] Aus der Gesamtschau dieser Vorschriften ergebe sich auch für das Innenrecht der Personengesellschaft, dass ein unbeschränktes Haftungsrisiko nicht vollständig abgewälzt werden könne.[604]

b) Minderheitenschutz bei Gesellschafterbeschlüssen

Das italienische Personengesellschaftsrecht geht vom Grundsatz der Einstimmigkeit von gesellschaftsvertragsändernden Beschlüssen aus (Art. 2252 c.c.) Es ist jedoch auch in Italien anerkannt, dass Mehrheitsentscheidungen vorgesehen werden können. Ähnlich wie in Deutschland bestehen unterschiedliche Ansätze im Hinblick auf die Frage, wie das Mehrheitsprinzip im Interesse des Minderheitenschutzes eingegrenzt werden kann.[605]

c) Art. 2348 c.c. - Gleichbehandlungsgrundsatz

Auch das italienische Aktienrecht kennt einen Grundsatz der Gleichbehandlung der Aktionäre. Die italienische s.p.a. ist historisch bedingt die dominante Form der Kapitalgesellschaft, so dass die Bedeutung des Aktienrechts für das Kapitalgesellschaftsrecht tendenziell größer als in Deutschland ist.
Nach Art. 2348 Abs. 1 c.c. müssen Aktien grundsätzlich den gleichen Nominalwert aufweisen sowie die gleichen Rechte vermitteln. Das wird jedoch durch Art. 2348 Abs. 2 c.c. eingeschränkt, wonach besondere Aktiengattungen mit Sonderrechten, seit der Gesellschaftsrechtsreform 2004 ausdrücklich auch im Hinblick auf die Verlustteilnahme, geschaffen werden können. Hiervon hat der italienische Gesetzgeber ausgiebig Gebrauch gemacht.[606]
Eine besondere Rolle kommt dem Gleichbehandlungsgrundsatz im Hinblick auf die nach dem italienischen Aktienrecht zulässigen Aktien mit nachrangiger Verlusthaftung zu. Hier kann der Fall eintreten, dass aufgrund einer Kapitalherabsetzung die vor-

600 Barcellona, S. 69.
601 Barcellona, S. 69 mit weiteren Nachweisen.
602 Art. 10 des Gesetzes vom 17.2.1992, n. 154.
603 Barcellona, S. 71.
604 Barcellona, S. 71.
605 Galgano, S. 687; Grundmann/Massari, in: Grundmann/Zaccaria, S. 397 mit Nachweisen aus der Rechtsprechung.
606 Vgl. im Einzelnen unter C.III.3.a).

rangig haftenden ordentlichen Aktionäre aus der Gesellschaft gedrängt werden.[607] In jedem Fall stehen die Beteiligungsverhältnisse zwischen beiden Aktionärsgruppen (ordentliche einerseits und nachrangig an Verlusten teilnehmende andererseits) auf dem Spiel. Ein Ausweg besteht darin, den ordentlichen Aktionären ein vorrangiges Bezugsrecht bei einer nachfolgenden Kapitalerhöhung zuzugestehen.[608]

d) Art. 2351 c.c.

Vergleichbar dem deutschen Aktienrecht dürfen die Aktien mit eingeschränktem Stimmrecht maximal die Hälfte des Stammkapitals ausmachen, Art. 2321 Abs. 2 c.c. Die Anwendung dieser Vorschrift auf Gestaltungen, wo eine Aktiengattung nachrangig an den Verlusten teilnimmt, ansonsten aber alle Aktien die gleichen Rechte haben, auch und gerade im Hinblick auf die Verwaltungsrechte, erscheint fraglich. Nur, wenn als Ausgleich für die Privilegierung bei der Verlusthaftung eine Stimmrechtsbeschränkung dieser Aktien vereinbart ist, soll die Vorschrift Anwendung finden können.[609]

e) Kompensationsgebot bei Beschneidung von Vermögensrechten?

Da das Gesellschaftsrecht Anteile mit unterschiedlicher Teilnahme an Gewinn oder Verlusten grundsätzlich zulässt wird im kapitalgesellschaftsrechtlichen Schrifttum diskutiert, ob eine entsprechende Behandlung durch eine gegenläufige Ausgestaltung von anderen Gesellschafterrechten, insbesondere Verwaltungsrechten, kompensiert werden müsse.[610] Nach einer Auffassung dürfe nachrangig haftenden Gesellschaftsanteilen ein Stimmrecht nur in außerordentlichen Hauptversammlungen zustehen.[611] Dem Recht der Sparaktien würde es entsprechen, diesen Anteilen selbst in außerordentlichen Hauptversammlungen kein Stimmrecht zuteil werden zu lassen (vgl. Art. 145ff. T.U.F..) Die vorgenannte Auffassung will hieraus einen allgemeingültigen Grundsatz für die abweichende Ausgestaltung der Ergebnisbeteiligung ableiten.
Von der Gegenansicht wird vorgebracht, dass eine solche Pflicht zur Kompensation der Besserstellung bei den Vermögensrechten durch Beschneidung der Verwaltungsrechte ein nicht gerechtfertigter und nicht gebotener Eingriff in die Freiheit bei der Ausgestaltung der Rechtspositionen der Gesellschafter bedeute.[612] Für diese Ansicht spricht der Wortlaut von Art. 2351 c.c., der keine Kompensation für eine Besserstellung bei den Vermögensrechten bei diesen Aktiengattungen vorsieht.

---

607 Vgl. Guglielmucci, GC 1982 II, 884, 889.
608 Vgl. Abriani, S. 133.
609 So jedenfalls Abriani, S. 132.
610 Gambino, GC 1979 I, 378, 380.
611 Gambino, GC 1979 I, 378, 380.
612 Abriani, S. 128.

f) Bezugsrechtsausschluss im Kapitalgesellschaftsrecht

Das italienische Recht sieht die Möglichkeit eines Bezugsrechtsausschlusses in Zusammenhang mit einer Kapitalerhöhung vor. Im Aktienrecht müssen bei einer Kapitalerhöhung den Aktionären entsprechend ihrer Beteiligungsquoten Bezugsrechte an den neuen Aktien gewährt werden (Art. 2441 Abs. 1 c.c.). Der Vorschrift des Art. 2441 c.c. lassen sich detailliert die Anforderungen an einen Bezugsrechtsausschluss entnehmen: Ein Bezugsrechtsausschluss oder dessen Einschränkung setzt insbesondere voraus, dass das im Interesse der Gesellschaft liegt und mit den Stimmrechten von der Mehrheit des Grundkapitals mit der Kapitalerhöhung beschlossen wird. Dabei muss die Beschlussvorlage die Gründe für Bezugsrechtsausschluss beziehungsweise – beschränkung und in jedem Fall die Kritierien für die Preisbestimmung der neuen Aktien darlegen (Art. 2441 Abs. 6 c.c.).

Mithin lässt sich konstatieren, dass insoweit eine Beschneidung der Vermögensrechtspositionen strengen Anforderungen unterliegt.[613]

g) Ansätze nach allgemeinem Zivilrecht

Zuletzt hält das allgemeine Zivilrecht Rechtsinstitute bereit, die bei unausgewogener Ausgestaltung der Ergebnisbeteiligung zur Anwendung gelangen können.

Dem Schutz vor Störung der Vertragsimparität dient das Rechtsinstitut der rescissione (Art. 1447-1452 c.c.). Es handelt sich hierbei um ein Gestaltungsrecht, welches den „Schutz vor Ausbeutung“ bezweckt.[614] Tatbestandliche Voraussetzung ist das Vorliegen eines unter Ausnutzung einer Gefahrenlage abgeschlossenen Vertrages (Art. 1447 c.c.) oder das Vorliegen eines groben Missverhältnisses von Leistung und Gegenleistung (Art. 1448 c.c.). Das grobe Missverhältnis ist nach der gesetzlichen Regel bei dem Doppelten des Wertes der Leistung bei Vertragsschluss gegeben (Art. 1448 c.c.) oder wenn ansonsten eine unbillige Ausgestaltung (condizioni inique) vorliegt. Zudem muss die Ausnutzung einer Situation der Schwäche oder Beeinflussbarkeit der benachteiligten Seite vorliegen (vgl. Art. 1447f. c.c), wobei die Ausnutzung bei Vorliegen der anderen Tatbestandsvoraussetzungen vermutet wird.

Unter dieser Grundvoraussetzung ist der verletzten Partei ein Gestaltungsrecht gegeben, welches allerdings nur binnen Jahresfrist ausübbar ist. Zudem kann der Geltendmachung dadurch der Boden entzogen werden, dass die andere Seite nunmehr ein angemessenes Vertragsangebot unterbreitet, Art. 1450 c.c.

Ohne dass die Frage der Anwendbarkeit dieser allgemeinen vertragsrechtlichen Vorschriften im Gesellschaftsrecht hier zu vertiefen ist, zeigen diese Regeln, dass der Schutz vor Übervorteilung durch das Institut der rescissione kürzer greift als die „Generalklausel“ des § 138 Abs. 1 BGB im deutschen Recht.

---

613 Im Recht der s.r.l. ist ferner insbesondere Art. 2481bis c.c. zu beachten.

614 Kindler, § 9 Rn 32.

Als Instrument der ergänzenden Vertragsauslegung ist ferner die equità beziehungsweise „Vertragsstimmigkeit“ (Art. 1374 c.c.) zu nennen.[615]
Schließlich spielt der Grundsatz von Treu und Glauben (Art. 1366 c.c.) auch im italienischen Recht zunehmend eine Rolle, wenngleich dessen Bedeutung gegenwärtig nicht an die Bedeutung der Generalklauseln im deutschen Recht heranreichen soll.[616]

h) Zusammenfassung

Die aufgezeigten sonstigen Ansätze betreffen entweder ausschließlich das Kapitalgesellschaftsrecht oder Situationen der zu Lasten eines „schwächeren“ Gesellschafters unausgewogenen Ausgestaltung der Ergebnisbeteiligung. Damit unterscheiden sie sich strukturell von den Vorschriften der Art. 2247, 2265 c.c., denen im mutmaßlichen Interesse der Gesellschaft und Gesellschaftsrechtsordnung liegende „objektive“ Anforderungen an die Ausgestaltung der Ergebnisbeteiligung zu entnehmen seien sollen.
Sollte sich eine Tendenz zur Aufweichung dieser „objektiven“ Vorgaben an die Ausgestaltung der Ergebnisbeteiligung durchsetzen, könnte sich die Diskussion um die Grenzen der Ausgestaltung der Ergebnisbeteiligung auf die vorstehend aufgezeigten Ansätze zur Begrenzung der Gestaltungsfreiheit verlagern.

II. Deutsche Rechtslage im Spiegel der italienischen Dogmatik

Die Rechtslage in Deutschland ist demgegenüber vor allem durch das Fehlen einer dem Art. 2265 c.c. vergleichbaren Vorschrift sowie eine andere Konzeption des Gesellschaftszwecks gekennzeichnet.

1. Gesellschaftszweck

Aus der Konzeption des Gesellschaftszwecks selbst folgen keine Vorgaben für die Ausgestaltung der Ergebnisbeteiligung. Die gegenteilige Auffassung kann in Rechtsprechung und Schrifttum als überwunden gelten. Eine Vorschrift wie die des Art. 2247 c.c. fehlt. Zu beachten bleibt, dass der historische Gesetzgeber eine Verfolgung des Gesellschaftszwecks jedoch „insbesondere“ durch eine Gewinnbeteiligung als gewährleistete ansah.
Eine andere Gesetzeslage besteht lediglich im Recht der stillen Gesellschaft, wo der stille Gesellschafter nicht von der Gewinnbeteiligung ausgeschlossen werden darf (§ 231 Abs. 2, 2. HS HGB).

---

615 Grundmann, in: Grundmann/Zaccaria, S. 218.
616 Näher: Zaccaria, in: Cian/Trabucchi, Art. 1366 Rn 1f; Kindler, § 10 Rn 47.

2. Abspaltungsverbot

Im Schrifttum wird die Vereinbarkeit einer „Abspaltung“ des Gewinnstammrechts mit dem Abspaltungsverbot (vgl. § 717 BGB), soweit ersichtlich, nicht näher problematisiert. Zur Begründung wird darauf verwiesen, dass diese sich regelmäßig als die Abtretung eines (zukünftigen) Gewinnanspruchs auslegen lasse, welche ausdrücklich zulässig sei (§ 717 S. 2 BGB).[617] Es erscheint aber nicht als ausgeschlossen, dass diese Auslegung scheitert und ein Verstoß gegen das Abspaltungsverbot anzunehmen ist, wenn die Übertragung des Gewinnstammrechts auf einen Dritten vereinbart wird. Die Diskussion dieser Problematik innerhalb der deutschen Rechtswissenschaft nimmt einen überraschend geringen Raum ein. Andererseits ist zu bedenken, dass wenn es der Gesellschaftszweck nicht voraussetzt, dem Gesellschafter Vermögensrechte zu gewähren, diese erst recht keinem Abspaltungsverbot unterfallen können.

3. Ergebnisbeteiligungspflicht des Mitunternehmers im Ertragsteuerrecht?

Davon unabhängig ist die Frage zu sehen, inwieweit eine gesellschaftsvertragliche Gewinnverteilungsabrede einkommensteuerlich Anerkennung findet. Das Einkommensteuerrecht rechnet die Gewinnanteile des Gesellschafters aus seiner Beteiligung an einer Personengesellschaft gegebenenfalls abweichend vom Zivilrecht und unter Verwendung der einkommensteuerlichen Kategorie des „Mitunternehmers“ zu.[618] Hier wird einer Parallele zur verpflichtenden Ergebnisbeteiligung des italienischen Gesellschaftsrechts erkennbar. Doch auch insoweit ist die Pflicht zur Ergebnisbeteiligung aufgrund des Erfordernisses des „Mitunternehmerrisikos“ nicht absolut. Es gibt auch im deutschen Steuerrecht keine zwingenden gesetzlichen Vorgaben.

4. Notwendigkeit einer Verlustbeteiligung des Gesellschafters?

Das heutige deutsche Zivilrecht lässt es grundsätzlich bei der Zweckförderungspflicht bewenden. Allerdings verlangt das deutsche Einkommensteuerrecht für die Anerkennung des (Personen-)Gesellschafters als Mitunternehmer für Zwecke des § 15 EStG regelmäßig – aber nicht immer – eine Verlustbeteiligung.

Gleichwohl könnte ein Erfordernis der Verlustbeteiligung insoweit angenommen werden, wie eine Inkaufnahme unwiderbringlicher Verluste von (materiellen) Beiträgen zur Gesellschaft für die Gesellschafterstellung erforderlich wäre. Das setzte aber voraus, dass die Leistung materieller Beiträge konstitutives Merkmal der Gesellschaft im deutschen Recht ist. Diese Frage wurde bereits durch das Reichsgericht verneint.[619] Es wird auch heute davon ausgegangen, dass nur eine Zweckförderungspflicht, nicht jedoch im engeren Sinne eine Pflicht zur Bei-

---

617 Vgl. unter D.III.1.

618 Vgl. unter E.VI.

619 RG 25.10.1912, Rep. II 326/12, RGZ 80, 268, 271.

tragsleistung bestehe.[620] Hierfür spricht auch der Wortlaut von § 706 BGB. Es besteht danach zwar eine Beitragspflicht, die Beitragsleistung kann nach § 706 Abs. 3 BGB aber auch in der Leistung von Diensten bestehen. Die Beitragsleistungen können mithin materieller oder immaterieller, realer oder ideeller Art sein. Selbst die durch den Beitritt eines Gesellschafters erwartete Stärkung des Rufs oder der Kreditfähigkeit der Gesellschaft bilden mögliche, der Förderung des gemeinsamen Zwecks dienende Beitragsgegenstände.[621]

Folglich ist nach deutschem Zivilrecht ein Gebot der Verlustteilnahme nur insofern für die Gesellschafterstellung erforderlich, als das Risiko einer „frustrierten" – vergeblichen - Zweckförderung durch die wie auch immer geartete Beitragsleistung in Kauf zu nehmen ist.

5. Inhaltskontrolle

Zuletzt unterliegt der Gesellschaftsvertrag einer Inhaltskontrolle im Hinblick auf eine möglicherweise unzulässige Benachteiligung eines Gesellschafters oder der Interessen der Gesellschaft. Maßstab hierfür ist bei Beteiligung „unerfahrener Gesellschafter" (Beitritt zu Publikumsgesellschaften) die zivilrechtliche Generalklausel des § 138 BGB, ansonsten die jedem Gesellschafter obliegende gesellschaftsrechtliche Treupflicht, die zur Rücksichtnahme auf die berechtigten Interessen der Mitgesellschafter als auch der Gesellschaft verpflichtet.

Soll die Ergebnisbeteiligung durch einen satzungsändernden Beschluss modifiziert werden ist grundsätzlich Einstimmigkeit erforderlich. Nur wenn der Gesellschaftsvertrag ausdrücklich eine Befugnis zur Änderung der Ergebnisbeteiligung beinhaltet kann auch gegen den Willen eines Gesellschafters die Ergebnisbeteiligung später abgeändert werden.[622]

G. Zusammenfassung wesentlicher Erkenntnisse

Die italienische und die deutsche Gesellschaftsrechtsordnung weisen trotz ihrer Gemeinsamkeiten markante Unterschiede auf. Hierzu zählen die abweichenden Vorgaben für die gesellschaftsvertragliche Regelung der Gewinn- und Verlustbeteiligung. Deshalb ist es beispielsweise problematisch, eine der deutschen GmbH & Co. KG mit Komplementär ohne Kapitalanteil oder Gewinnbeteiligung [623] vergleichbare Struktur in Italien zu errichten. Selbst wenn eine Grundtypenvermischung nunmehr gesetzlich ausdrücklich zugelassen ist[624] sind bei

620 MüKo/Ulmer, § 706 Rn 17; Soergel/Hadding, § 706 Rn 6; Erman/Westermann, § 706 Rn 3.
621 MüKo/Ulmer, § 706 Rn 2, 10.
622 Vgl. im Einzelnen bereits unter D.III.6.a).
623 Vgl. Ermann/Westermann, § 705 Rn 32.
624 Vgl. Art. 2361 Abs. 2 c.c.; für eine analoge Anwendbarkeit auf die s.r.l. als Komplementärin Lorenzetti/Strnad, GmbHR 2004, 731, 733; zur früheren Rechtslage Cass., 17.10.1988, n.

Ausgestaltung der Ergebnisbeteiligung insbesondere die Vorgaben der Art. 2247 c.c. und Art. 2265 c.c. zu beachten. Darüber hinaus können sich aber auch andere abweichende Grundkonzeptionen auswirken.

I. Art. 2265 c.c. und ein mögliches Gebot der Ergebnisbeteiligung im italienischen Recht

In Italien lebt die römische Rechtsfigur der societas leonina in abgewandelter Form durch den Patto leonino des Art. 2265 c.c. fort. Dabei ist entscheidend, dass neben das ursprüngliche Gebot der Gewinnbeteiligung seit dem Spätmittelalter ein Gebot der Verlustbeteiligung getreten ist. Dieses hat sich zu einem eigenständigen, heute kodifizierten, Grundsatz des Gesellschaftsrechts fortentwickelt. Der Patto leonino lehnt sich auch insoweit an sein Vorbild im französischen Zivilrecht, das Verbot leoninischer Klauseln nach Art. 1844-1 Abs. 2 Code civil, an.
Die Vorschrift des Art. 2265 c.c. weist vielfältige Auslegungs- und Anwendungsschwierigkeiten auf. Umstritten ist, ob Art. 2265 c.c. einen einheitlichen Regelungszweck verfolgt oder ob Gewinnbeteiligungsgebot einerseits und Verlustbeteiligungsgebot andererseits voneinander unabhängige Vorgaben darstellen. Für letzteres spricht die Entstehungsgeschichte.
Die praktische Bedeutung von Art. 2265 c.c. war jahrzehntelang eher gering. Allerdings ist die Vorschrift vor dem Hintergrund neuer Varianten der Unternehmensfinanzierung sowie des Unternehmenskaufs in Rechtsprechung und Schrifttum wieder zu größerer Bedeutung gelangt. Selbst eine Anwendung der Vorschrift auf rein schuldrechtliche Geschäfte (Beteiligungskauf) wird diskutiert. Das betrifft namentlich den Fall des gestreckten Übergangs einer Beteiligung, bei dem mindestens eine der Parteien durch eine Verkaufs-Option für den Übergangszeitraum gegen eine Verlustteilnahme abgesichert ist und gegebenenfalls der Käufer durch eine Kauf-Option in Bezug auf verbleibende Anteile insoweit den Anteilsinhaber und Verkäufer von einer Gewinnbeteiligung ausschließen kann. Gerechtfertigt wird eine solche Erstreckung der im Abschnitt über die Gesellschaften angesiedelten Vorschrift des Art. 2265 c.c. insbesondere mit dem Gedanken einer unzulässigen Umgehung der als Pflicht zur Ergebnisbeteiligung verstandenen Vorschrift des Patto leonino.

II. Verlustteilnahmegebot nach Art. 2265 c.c. und Beitragspflicht

Den unterschiedlichen Wurzeln nicht gerecht wird die – wohl immer noch als herrschend anzusehende - Auffassung, wonach der Vorschrift des Art. 2265 c.c. ein

5636, GC 1989 II, 5ff.; Barbiera GC 1989 II, 708ff.; Grundmann/Massari, in: Grundmann/Zaccaria, S. 391f.; Kindler § 18 Rn 10.

einheitlicher Normzweck zugrunde liege: Nur über die Ergebnisbeteiligung werde danach der Gesellschafter zu einer verantwortungsvollen Verfolgung des Gesellschaftszwecks befähigt und nur dadurch könne das Funktionieren der Gesellschaft als Rechtsinstitut gewährleistet werden. Vorzugswürdig erscheint die abweichende Auffassung, wonach Art. 2265 c.c. die „Verlustbeteiligung" des Gesellschafters im Innenverhältnis zum Merkmal der Gesellschafterstellung in Abgrenzung zu rein schuldrechtlichen Vertragsbeziehungen (Darlehen) erhebt. Damit könnte das Verlustbeteiligungsgebot eine positivrechtliche Verstärkung der Beitragsverpflichtung des Gesellschafters darstellen. Zu beachten bleibt jedoch, dass nach dem Wortlaut nur *jeder* Ausschluss von der Verlustteilnahme gegen Art. 2265 c.c. verstößt. Zutreffend reicht nach Auffassung des Kassationsgerichtshofs jedoch auch der fast vollständige Ausschluss von der Verlustteilnahme aus. Eine darüber hinausgehende, erweiternde Auslegung des Begriffs „ausgeschlossen" (esclusi) bereit Schwierigkeiten
Offen ist, ob es eines Verbots der Verlustbeteiligung wie nach Art. 2265 c.c. tatsächlich bedarf, wenn das „Verlustrisiko" im Hinblick auf die für die Gesellschaft erbrachten Beitragsleistungen dem Rechtsinstitut der Gesellschaft nach italienischem Recht auch unabhängig von Art. 2265 c.c. aus gesellschaftsrechtlichen Gründen immanent sein sollte. In jedem Fall gibt die Vorschrift jedoch ein klares Kriterium zur Bestimmung einer Gesellschaftserstellung in Abgrenzung zur Position eines Darlehensgläubigers an die Hand.

III. Gesellschaftsrecht als Handelsrecht? Zum Erfordernis persönlicher Haftung

Ein Gebot der Verlustteilnahme, welches über die Pflicht zu Beitragsleistung und Zweckförderung hinausgeht, entspricht nicht den im deutschen Gesellschaftsrecht herrschenden Anforderungen an die Gesellschafterstellung. Andererseits erinnert das Gebot an die Definition der Mitunternehmerschaft nach deutschem Einkommensteuerrecht. Unternehmer beziehungsweise Mitunternehmer im Sinne des § 15 Abs. 1 Nr. 2 EStG ist grundsätzlich nur derjenige Gesellschafter der Personengesellschaft, der neben einer Mitunternehmerinitiative auch ein Mitunternehmerrisiko trägt. Hierfür ist grundsätzlich die Teilhabe am Erfolg oder Misserfolg des Gewerbetriebs erforderlich, die in der Regel durch Beteiligung an Gewinn und Verlust sowie an den stillen Reserven erfolgt.[625] Es ist folgerichtig, dass die italienische Gesellschafter-Konzeption enger mit der Mitunternehmer-Konzeption als mit der Gesellschafter-Konzeption verwandt ist: § 15 EStG erfasst unternehmerische Tätigkeit, der deutsche Gesellschafter-Begriff auch die Verfolgung ideeller Zwecke durch die Gesellschaft oder den Gesellschafter. Diese Parallele verdeutlicht die wirtschaftliche Betrachtungsweise, die für das durch Art. 2247ff. c.c. geregelte italienische Gesellschaftsrecht charakteristisch

625 Schmidt/Wacker, § 15 Rn 264.

ist. Dabei rührt diese Betrachtungsweise des italienischen Gesellschaftsrechts aus der Konzeption als Teilgebiet des Handelsrechts. Allerdings ist dieses ursprüngliche Verständnis durch gesetzgeberische Eingriffe sowie Rechtsprechung und Lehre gelockert.
Demgegenüber ist die Klarheit der Konzeption des Gesellschaftsrechts als Handels- (und Unternehmens-)recht geeignet, auch dem italienischen Einkommensteuerrecht eine klare Anknüpfung zu bieten. Die als Personengesellschafter erwirtschafteten Gewinne unterliegen nach Art. 5 TUIR[626] der Einkommens-Besteuerung. Auf eine einkommensteuerliche Definition des (Mit-)Unternehmers wird verzichtet. Sämtliche den Gesellschaftern zurechenbare Einkünfte der s.n.c. sowie der s.a.s. gelten als Unternehmensgewinne (Art. 6 Abs. 3 TUIR).
In Deutschland hingegen wird die Liberalität des (Personen-)Gesellschaftsrechts im Einkommensteuerrecht korrigiert: Nur die unternehmerischen Gewinne eines Gesellschafters werden als „gewerbliche Gewinne" bei dem Mitunternehmer erfasst. Derjenige Gesellschafter, der nicht die Kriterien des (Mit-)Unternehmers erfüllt, erzielt nach § 15 Abs. 1 Nr. 3 EStG keine gewerblichen – oder bei abweichender wirtschftlicher Zurordnung derselben gar keine - Einkünfte. Ist die Personengesellschaft insgesamt nicht als Mitunternehmerschaft anzusehen, fehlt es unter den Voraussetzungen von § 15 Abs. 2 und 3 EStG auch an einer Gewerbesteuerpflicht nach § 2 GewStG. Eine Besonderheit gilt, wenn eine Kapitalgesellschaft an der Personengesellschaft beteiligt ist. In diesem Fall (Grundtypenvermischung) wird unter der Voraussetzung von § 15 Abs. 3 Nr. 2 EStG von einer Gewerblichkeit der Gesellschaft ausgegangen, ohne dass es auf das Vorliegen von Mitunternehmerinitiative und Mitunternehmerrisiko ankommt.[627]
Es erscheint rechtspolitisch angreifbar, dass das deutsche Gesellschaftsrecht Konstruktionen zivilrechtlich zulässt und als Gesellschaft anerkennt, die das Einkommensteuerrecht für ertragsteuerliche Zwecke korrigiert. Deutlich wird das am Beispiel einer Familien-KG, bei welcher ein minderjähriges Kind schenkweise in die Gesellschaft als Kommanditist aufgenommen wird. Hier ist die Mitunternehmerstellung problematisch. Es fehlt bereits an der Mitunternehmerinitiative,[628] wenn keine Teilhabe an unternehmerischen Entscheidungen vorliegt. Vor allem aber kann es am Mitunternehmer-Risiko fehlen, wenn keine Teilhabe an den stillen Reserven erfolgt.[629] Es kann dann zwar eine Gesellschaft vorliegen, aber steuerlich keine Mitunternehmerschaft aller Gesellschafter. Hier wird deutlich, dass die streng wirtschaftliche Betrachtung des deutschen Ertragsteuerrechts an die Kriterien des italienischen Gesellschaftsrechts

626 Einkommensteuergesetz - Testo Unico delle imposte sui redditi (TUIR) vom 22.12. 1986, n. 917, in der Fassung des Gesetzes 252/2005.
627 Einzelheiten bei Schmidt/Wacker, § 15 Rn 231.
628 Zu diesem Kriterium Schmidt/Wacker, § 15 Rn 270.
629 Vgl. Schmidt/Wacker, § 15 Rn 263.

erinnert. Das italienische Recht zeigt demgegenüber, dass es möglich ist, die Begriffe des Unternehmers sowie des Gesellschafters – jedenfalls im Bereich der Personenhandelsgesellschaften – in Gesellschafts- und Steuerrecht zusammenzuführen.

IV. Gewinnbeteiligung oder Beteiligung an sonstigem materiellem Vorteil gemäß Art 2265 c.c. sowie 2247 c.c.

Das Gebot einer „Gewinnbeteiligung" nach Art. 2265 c.c. hat wegen der Grundkonzeption des italienischen Gesellschaftsrechts einen eingeschränkten eigenen Bedeutungsgehalt. Die Anerkennung nicht-gewinnorientierter Personenverbände als Gesellschaft ist nach geltender Gesetzeslage unzulässig, sofern die Rechtsform als (Kapital-)Gesellschaft nicht durch Hoheitsakt ausnahmsweise ermöglicht oder angeordnet ist. Die Gründe hierfür liegen auch insoweit in der Entstehung des Gesellschaftsrechts aus dem Handelsrecht heraus. Diese hat sowohl in der gesetzlichen Systematik des Gesellschaftsrechts (Art. 2247ff. c.c.) als Recht der unternehmenstragenden Gesellschaften – mit Ausnahme der historisch gesehen einen „Fremdkörper" darstellenden società semplice – als auch in der Definition der Gesellschaft nach Art. 2247 c.c. ihren Niederschlag gefunden. Die Diskussion, ob eine Gesellschaft die Gewinnbeteiligung eines jeden Gesellschafters erfordert, ist demnach mit Art. 2247 c.c. verknüpft. Diese Vorschrift gibt den Gesellschafts(zweck)-Begriff sowohl für das Personengesellschafts- als auch das Kapitalgesellschaftsrecht vor. Hier könnte der Gesetzeswortlaut dahingehend ausgelegt werden, dass bereits die Beteiligung an einem sonstigen wirtschaftlichen Vorteil zur Begründung einer Gesellschaft ausreicht. Unter dieser Prämisse würde Art. 2265 c.c. in Bezug auf das Vorliegen eines Ausschlusses von „jeder Gewinnbeteiligung" (wieder) ein eigener Bedeutungsgehalt zukommen. Allerdings könnte dann argumentiert werden, dass auch im Rahmen des Art. 2265 c.c. die Beteiligung an einem sonstigen wirtschaftlichen Vorteil als „Gewinnbeteiligung" ausreichend sein müsse. Dass der Gesetzeswortlaut keine Grenze der Auslegung sein muss, zeigt die Zulässigkeit der Einpersonen-Kapitalgesellschaft ungeachtet der Vorgabe des Art. 2247 c.c., der von zwei oder mehr Personen spricht.
Die weitere Entwicklung der italienischen Rechtswissenschaft zu den vielfältigen Auslegungsfragen in Zusammenhang mit Art. 2265 c.c. sowie Art. 2247 c.c. bleibt abzuwarten. Jedenfalls muss die Rechtspraxis ungeachtet des zum Teil umstrittenen Normzwecks die Existenz beider Vorschriften beachten.

V. Societas leonina kein feststehender Rechtsbegriff in Deutschland

Ausgehend von der Vorschrift zum italienischen Patto leonino ist im Verlauf dieser Arbeit auch die Bedeutung der societas leonina als Rechtsbegriff in Deutschland gewürdigt worden. Die römisch-rechtliche Figur der societas leonina ist in Deutschland mangels gesetzlicher Fixierung und unter dem Primat der Vertragsfreiheit in der gegenwärtigen Rechtswirklichkeit zu einer „Fußnote" geschrumpft, mit der unterschiedliche Sachprobleme bezeichnet werden. Auch ein durch die Rechtsprechung gewonnene einheitliche Definition einer Löwengesellschaft oder societas leonina besteht nicht. Im Vordergrund bei der Befassung mit diesen Termini durch Rechtsprechung und Lehre stehen dabei grundsätzlich unbillige Gestaltungen bei der Ergebnisbeteiligung zu Lasten eines Gesellschafters. Anders als in Italien (Art. 2265 c.c.) handelt es sich jedenfalls nicht um Ansätze, um die Gesellschafterstellung als solche zu bestimmen oder von anderen Rechtskonstrukten abzugrenzen. Jedenfalls bei Erwerbspersonengesellschaften ist allerdings der italienische Ansatz, mithilfe des Patto leonino die Gesellschaft auch „über die Ergebnisteilnahme" zu definieren, nicht völlig von der Hand zu weisen und im Ergebnis dem deutschen Rechtssystem nicht fremd, wie der steuerliche Mitunternehmer-Begriff des § 15 EStG zeigt. Zu bedenken zu geben ist, dass auch der historische BGB-Gesetzgeber daran dachte, dass die gemeinsame Zweckverfolgung *insbesondere* durch eine Gewinnbeteiligung herzustellen sei.

VI. Deutschland: Andere gesellschaftsrechtliche Schranken statt Verbot leoninischer Abreden

Zur Bestimmung der Grenzen der Gestaltungsfreiheit bei der Ergebnisbeteiligung greifen nach deutschem Zivilrecht andere Grundsätze als ein eigenständiges Verbot leoninischer Absprachen. Im Gesellschaftsrecht sind das insbesondere die Grundsätze des Minderheitenschutzes und das Abspaltungsgebot, im allgemeinen Zivilrecht – auch im Recht der Publikums-Personengesellschaften – neben den gesellschaftsrechtlichen Treupflichten die Generalklauseln der §§ 138, 242 BGB.
Lediglich im Recht der Stillen Gesellschaft wird die Gesellschafterstellung durch § 231 Abs. 2, 2. Halbsatz HGB an eine Gewinnbeteiligung des stillen Gesellschafters geknüpft. In diesem Sonderfall wäre ein Gewinnausschluss – „leoninisch" – unzulässig, wobei die Vereinbarung regelmäßig gleichwohl als anderes Rechtskonstrukt (z.B als Darlehen) Wirksamkeit behalten kann. Davon abgesehen ist das deutsche Gesellschaftsrecht ein Recht der privaten - auch ideellen – Zweckverbände, an dessen Spitze mit der Gesellschaft bürgerlichen Rechts ein zivilrechtliches – kein handelsrechtliches – Konstrukt steht.
Eine „wirtschaftliche Betrachtungsweise" ist dem deutschen Gesellschaftsrecht somit weniger immanent als dem deutschen Ertragsteuerrecht. Das deutsche Einkommensteuerrecht der Personengesellschafter knüpft zur Korrektur dessen nicht an den Begriff des Gesellschafters an, sondern bedient sich des eigenständigen Begriffs des (Mit-)Unternehmers, um Einkünfte der unternehmerischen Tätigkeit eines Gesellschafters zuzuordnen.

VII. Verlustbeteiligungsgebot als Merkmal der Gesellschafterstellung auch im deutschen Recht?

Die deutsche Gesellschaftsrechtsordnung kommt ohne ein generelles Gebot der Verlustbeteiligung aus.[630] Dem verwandt wird allein auf die gemeinsame Verfolgung eines Verbandszwecks, die über die reine Verfolgung von Eigeninteressen hinausgeht, abgestellt.[631] Die Abgrenzung zu (partiarischen) Darlehensverhältnissen erweist sich dabei im Einzelfall als schwierig. Insgesamt ist dadurch zwar eine flexible Würdigung der Interessenlage des Einzelfalls möglich. Demgegenüber erweist sich das Anknüpfen an ein „formales" Kriterium wie das der Verlustbeteiligung als problematisch, wenn sich diese – wie nach dem Wortlaut von Art. 2265 c.c. - bereits durch irgendeine Verlustbeteiligung herstellen lässt. Der Vorteil eines solchen Anknüpfens an das Vorliegen einer Verlustbeteiligung besteht aus pragmatischer Sicht allerdings darin, dass sich die Verlustbeteiligung – z.B. durch den Gesellschaftsvertrag – leichter feststellen lässt als das Vorliegen der gemeinsamen Verfolgung des Verbandszwecks.

H. Schlussbemerkungen

Die italienische sowie die deutsche Gesellschaftsrechtsordnung stehen in Bezug auf die Gestaltungsfreiheit bei der Regelung der Ergebnisbeteiligung mit unterschiedlichen Regelungen nebeneinander. Beide Modelle folgen ihrer eigenen Logik, die insbesondere im Recht der Personengesellschaften deutlich wird: Das italienische Recht verlangt im Grundsatz mit Art. 2247 und Art. 2265 c.c. eine Beteiligung des Gesellschafters sowohl am Gewinn als auch am Verlust der Gesellschaft. Der Vorteil dieser Regelung liegt darin, dass klare Kriterien für das Vorliegen einer Gesellschaft gewonnen werden, an die auch das Einkommensteuerrecht anknüpfen kann. Die Verwurzelung des Gesellschaftsrechts im Handelsrecht wird deutlich und strahlt – insoweit aus deutscher Sicht überraschend - auch auf das Recht der einfachen Personengesellschaft (società semplice) aus. Im Ergebnis besteht das Erfordernis der Ergebnisbeteiligung aufgrund der systematischen Stellung von Art. 2247 und Art. 2265 c.c. auch im Recht der einfachen Personengesellschaft. Zu beachten ist, dass es nach der Grundkonzeption des italienischen Rechts anders als in Deutschland nicht möglich sein soll, durch eine Personengesellschaft einen ideellen (nichtwirtschaftlichen) Zweck zu verfolgen. Art. 2265 c.c wird nach Rechtsprechung und herrschender Meinung auch im Recht der Kapitalgesellschaften angewendet. Insbesondere im Kapitalgesellschaftsrecht hat der Gesetzgeber jedoch aus unterschiedlichen Gründen zahlreiche Ausnahmetatbestände geschaffen. Damit sollte

630 Vgl. aber G.III., S. 172f.
631 Jauernig/Stürner, § 705 Rn 10.

die Relevanz des Patto leonio im Kapitalgesellschaftsrecht gering sein. Allerdings erfasst Art. 2265 c.c. nach bestrittener Auffassung auch bestimmte schuldrechtliche Geschäfte, bei welchen ein Gesellschafter – vorübergehend – von einer Beteiligung an Gewinn und/oder Verlust ausgeschlossen wird. Auch Nachfolgeklauseln können im Hinblick auf Art. 2265 c.c. problematisch sein. Ungeklärt ist, ob sich eine solche Auslegung mit den EG-Grundfreiheiten verträgt, wenn ein Beteiligungserwerber aus dem EU-Ausland stammt.

Das deutsche Gesellschaftsrecht folgt demgegenüber einer liberaleren Logik. Anders als in Italien, wo die societas leonina zu einem Verbot leoninischer Vereinbarungen erstarkt ist, ist das Verbot der Löwengesellschaft nicht Gesetz geworden. Nur im Recht der stillen Gesellschaft ist die Ergebnisbeteiligung eines Gesellschafters konstitutiv für das Vorliegen einer Gesellschaft (Gewinnausschluss des stillen Gesellschafters nach § 231 Abs. 2, 2. Halbsatz HGB). Damit ist es auch ideellen Zweckverbänden möglich, als Gesellschaft anerkannt zu werden. Andererseits unterscheidet sich der Begriff des Gesellschafters dadurch deutlich von dem eines (Mit-)Unternehmers, welcher das Einkommensteuerrecht der Personengesellschafter beherrscht. Zumindest im Recht der Personenhandelsgesellschaften erscheint es lohnenswert, wie im italienischen Recht über die Vermittlung der Gesellschafterstellung „über das Ergebnis" als alternatives Kriterium grundsätzlich nachzudenken. Dieses Kriterium hätte den Vorteil leichterer Nachweisbarkeit als das der gemeinsamen Zweckverfolgung und stünde im Einklang mit Rechtgrundsätzen der italienischen und weiterer romanischer Rechtsordnungen. Zudem könnten systematische Lücken zum Begriff des Mitunternehmers überbrückt werden. Als dogmatischer Ansatz für eine Pflicht zur Ergebnisbeteiligung nach geltendem deutschen Gesellschaftsrecht könnte das Abspaltungsverbot nach § 717 S. 2 BGB in Betracht kommen. Hiernach sollte – jedenfalls bei Erwerbsgesellschaften - eine Gesellschafterstellung ohne jegliche vermögensrechtliche Beteiligung nicht zweifelsfrei aufgrund eines Mehrs an sonstigen Gesellschafterrechten anzuerkennen sein.

Während sich das italienische und deutsche Kapitalgesellschaftsrecht – insbesondere das Aktienrecht - durch europarechtliche Einflüsse einander angenähert haben, bleiben grundlegend abweichende Charakteristika auf dem Gebiet des Personengesellschaftsrechts klar erkennbar und bieten in der Rechtswirklichkeit ausreichend Fallstricke.

* * *

Literatur

Abriani, Niccolo
Il divieto di Patto Leonino;
Mailand 1994

Bader, Klaus
Die Bildung von Sondervermögen als rechtspolitische Alternative zu Spartenaktien;
München 2005

Ballerstedt, Kurt
Der gemeinsame Zweck als Grundbegriff des Rechts der Personengesellschaften;
in: JuS 1963, S. 253ff.

Barbiera, Lelio
Partecipazione di s.p.a. a società commerciali di persone: una nuova motivazione dell' ammissibilità nel confronto con le ridimensionate obiezioni della guirisprudenza di leggitimittà;
in: GC 1989 II, S. 708ff.

Barcellona, Eugenio
Clausole di Put & Call a prezzo predefinito. Fra divieto di Patto Leonino e principio di corrispettività;
Mailand 2004

Batti, Daniele
Anmerkung zu Cass. Civ. I sez, n. 8927;
in: Le Società 1995, S. 183ff.

Baumbach, Adolf/
Hopt, Klaus
Handelsgesetzbuch – Kommentar;
33. Auflage München 2008
(zitiert: Baumbach/Hopt/*Bearbeiter*)

Baumbach, Adolf/
Hueck, Alfred
GmbH-Gesetz - Kommentar;
18. Auflage München 2006
(zitiert: Baumbach/Hueck/*Bearbeiter*)

Behrends, Okko/
Knütel, Rolf/
Kupisch, Berthold/
Seiler, Hans Hermann
Corpus Iuris Civilis Text und Übersetzung;
- Band 1 - Institutionen;
Heidelberg 1990
- Band 3 - Digesten 11-20;
Heidelberg 1999

Blümich, Walter
Einkommensteuergesetz, Körperschaftsteuergesetz, Gewerbesteuergesetz – Kommentar;
Stand 98. Ergänzungslieferung;
München 2008
(zitiert: Blümich/Bearbeiter)

Bock, Volker
Steuerliche und bilanzielle Aspekte mezzaniner Nachrang-Darlehen;
in: DStR 2005, S. 1067ff.

Böhmer, Martin
Die Vereinbarung des gemeinsamen Zwecks bei der Gesellschaft bürgerlichen Rechts;
in: JZ 1994, S. 982ff.

Brockhaus
Brockhaus-Enzyklopädie in 24 Bänden. 12. Band;
19. Auflage, Leipzig - Mannheim 1990

Buonocore, Vicenzo
Manuale di diritto commerciale;
5. Auflage Turin 2004

Burgard, Ulrich
Das Wettbewerbsverbot des herrschenden Aktionärs;
in: Festschrift für Marcus Lutter zum 70. Geburtstag; Köln 2000, S. 1033ff.

Campobasso, Gianfranco
Diritto Commerciale II;
Turin 2003

Cian, Giorgio
Fünfzig Jahre italienischer Codice civile;
in: ZEuP 1993, S. 50ff.

Cian, Giorgio/
Trabucchi, Aberto
Commentario Breve al Codice Civile. Complemento Giurisprudenziale;
7. Auflage Padua 2005
(zitiert: Bearbeiter, in: Cian/Trabucchi)

Coing, Helmut
Europäisches Privatrecht II;
Frankfurt am Main 1989

Cremer, Hans-Joachim/
Steinberger, Helmut/
Giegerich, Thomas/
Richter, Dagmar/
Zimmermann, Andreas
Tradition und Weltoffenheit des Rechts – Festschrift für Helmut Steinberger;
Berlin 2002
(zitiert: *Bearbeiter*, in: FS-Steinberger)

Dalmartello, Arturo
Azioni privilegiate e partecipazione alle perdite;
in: GC 1979 I, S.369ff.

David, Rene/
Grasmann, Günther
Einführung in die großen Rechtssysteme der Gegenwart;
2. Auflage München 1988
(zitiert: *Bearbeiter*, in: David/Grasmann)

Dernburg, Heinrich
Pandekten – Zweiter Band;
Berlin 1886

Di Sabato, Franco
Diritto delle società;
Mailand 2003

Eisenhardt, Ulrich
Deutsche Rechtsgeschichte;
2. Auflage München 1995

Ermann, Walter
BGB-Handkommentar;
12. Auflage 2008
(zitiert: Ermann/*Bearbeiter*)

Ferid, Murad/
Sonnenberger, Hans Jürgen
Das Französische Zivilrecht, Band 2 – Schuldrecht; Die einzelnen Schuldverhältnisse, Sachenrecht;
2. Auflage Heidelberg 1986
(zitiert: *Bearbeiter*, in: Ferid/Sonnenberger)

Ferri, Giuseppe
Manuale di Diritto Commerciale;
2. Auflage Turin 1962

Flume, Werner
Die Personengesellschaft – Erster Band, Erster Teil; Berlin 1977

Galgano, Francesco
Diritto privato;
10. Auflage Padua 1999

Gambino, Agostino
Azioni privilegiate e partecipazione alle perdite;
in: GC 1979 I, S.378ff.

Geitmann, Roland
Bibel, Kirchen und Zinswirtschaft,
in: Zeitschrift für Sozalökonomie 1989, S. 17ff.

Giedinghagen, Jan/
Fahl, Holger
Alles (noch) bestimmt genug?;
in: DStR 2007, S. 1965ff.

Goette, Wulf
Anmerkung zu BGH, Beschluß vom 22.01.1996 - II ZR 191/94;
in: DStR 1996, S. 714f.

Grabau, Fritz-Rene
Die gemeinnützige GmbH im Steuerrecht;
in: DStR 1994, S. 1032ff.

Graziani, Alessandro
Diritto delle società;
5. Auflage Neapel 1963
(zitiert: *Graziani*)

Graziani, Alessandro
Patto Leonino e contratto di garanzia;
in: Studi di diritto civile e commerciale;
Neapel 1953
(zitiert: *Graziani*, Patto leonino)

Greco, Paolo
Le società nel sistema legislativo italiano,
Turin 1959

Grotius, Hugo
Vom Recht des Friedens und des Krieges – Drei Bücher vom Recht des Krieges und des Friedens. Paris 1625 nebst einer Vorrede zur ersten deutschen Ausgabe 1707;
Tübingen 1950

Grundmann, Stefan/
Zaccaria, Alessio
Einführung in das italienische Recht;
Frankfurt am Main 2007

Grunewald, Barbara
Gesellschaftsrecht;
6. Auflage 2005

Guglielmucci, Lino
Lo smobilizzo delle partecipazioni nei patti parasociali delle finanziarie regionali private;
in: Riv. Soc. 1980, S. 1196ff.

Guglielmucci, Lino
Le azioni postergate nelle perdite;
in: GC 1982 II, S. 884ff.

Gummert, Hans/
Riegger, Bodo/
Weippert, Lutz
Münchner Handbuch des Gesellschaftsrechts Band 1 - BGB-Gesellschaft, Offene Handelsgesellschaft, Partnerschaftsgesellschaft. Partenreederei. EWIV;
2. Auflage München 2004

Hachenburg, Max
GmbH-Gesetz, Kommentar -
Band I, §§ 1-34;
8. Auflage Berlin 1992
(zitiert: Hachenburg/*Bearbeiter*)

Hattenhauer, Hans
Europäische Rechtsgeschichte;
4. Auflage München 2004

Heckschen, Heribert
Agio und Bezugsrechtsausschluss bei der GmbH;
in: DStR 2001, S. 1437ff.

Heidel, Thomas
Aktienrecht und Kapitalmarktrecht;
2. Auflage Baden-Baden 2007
(zitiert: Heidel/Bearbeiter)

Henze, Hartwig
Die Treupflicht im Aktienrecht -
Gedanken zur Rechtsprechung des Bundesgerichtshofes von "Kali und Salz" über "Linotype" und "Kochs Adler" bis zu "Girmes";
in: BB 1996, S. 489ff.

Henze, Hartwig
Materiellrechtliche Grenzen für Mehrheitsentscheidungen im Aktienrecht (Teil I);
in: DStR 1993, S. 1823ff.

Hingst, Kai-Michael
Die societas leonina in der europäischen Privatrechtsgeschichte;
Berlin 2003

Horbach, Matthias
Der Gewinnverzicht des Großaktionärs;
in: AG 2001, S. 78ff.

Hueck, Götz/
Windbichler, Christine
Gesellschaftsrecht;
20. Auflage München 2003

Hüffer, Uwe
Aktiengesetz;
8. Auflage München 2008
(zitiert Hüffer/*Bearbeiter*)

Jaeger, Pier Giusto
Azioni privilegiate e partecipazione alle perdite;
in: GC 1979 I, S.381ff.

Jaeger, Pier Giusto/
Denozza, Francesco
Appunti di Diritto Commerciale -
I – Impresa e società;
3. Auflage Mailand 1994

Jauernig, Othmar
Bürgerliches Gesetzbuch (BGB). Kommentar;
12. Auflage München 2007
(zitiert: Jauernig/*Bearbeiter*)

Jörs, Paul/
Kunkel, Wolfgang/
Wenger, Leopold
Römisches Privatrecht;
3. Auflage Berlin – Göttingen – Heidelberg 1949

Jhering, Rudolph von
Der Zweck im Recht, Erster Band;
Hildesheim/New York/Wiesbaden 1970

Joussen, Edgar
Gesellschafterabsprachen neben Satzung und Gesellschaftsvertrag;
Köln 1995

Kaser, Max
Römische Rechtsgeschichte;
2. Auflage Göttingen 1967

Kaser, Max/
Knütel, Rolf
Römisches Privatrecht;
18. Auflage München 2005

Kindler, Peter
Einführung in das italienische Recht;
2. Auflage München 2008
(zitiert: *Kindler*)

Kindler, Peter
Italienisches Handels- und Wirtschaftsrecht;
Heidelberg 2002
(zitiert: *Kindler* HWiR)

Kindler, Peter
Bezugsrechtsausschluss und unternehmerisches Ermessen nach deutschem und europäischem Recht;
in: ZGR 1998, S. 35ff.

Kindler, Peter
Grundzüge des neuen Kapitalgesellschaftsrechts;
in: NJW 2008, S. 3249ff.

Kindler, Peter/
Libbertz, Simone
Die EuGH-Vorlage zur Auslegung der Haustürgeschäfte-Richtlinie: Verbraucherschutz gegen Gesellschaftsrecht?;
in: DStR 2008, S. 1335

Kreutz, Peter
Romidee und Rechtsbild in der Spätantike – Untersuchungen zur Ideen- und Mentalitätsgeschichte;
Berlin 2008

Kropff, Bruno/
Semler, Johannes
Münchener Kommentar zum Aktiengesetz -
Band 6: §§ 179-221 AktG;
2. Auflage München 2005
(zitiert: MüKo-AktG/*Bearbeiter*)

Lange, Hermann
Römisches Recht im Mittelalter,
Band I - Die Glossatoren,
München 1997

Lasa, Franziska
Der Gewinnanteil des stillen Gesellschafters;
Berlin 2007

Laufs, Adolf
Rechtsentwicklungen in Deutschland,
6. Auflage Berlin 2006

Lorenzetti, Diego/
Strnad, Oliver
Umfassende Reform des GmbH-Rechts in Italien;
in: GmbHR 2004, S. 731ff.

Magrini, Pier Paolo
Italienisches Gesellschaftsrecht – Das neue Gesellschaftsrecht und seine erweiterten Aufbau- und Finanzierungsformen;
München 2004

Manke, Michael
Das Recht zur Ausschließung aus der Personengesellschaft kraft Vertrages;
Frankfurt a.M./Bern/Las Vegas 1978

Meder, Stephan
Rechtsgeschichte – Eine Einführung;
2. Auflage Stuttgart 2005

Minervini, Gustavo
Partecipazioni a scopo di finanziamento e
patto leonino;
in: Contratto e impresa 1988, S. 771ff.

Mugdan, Benno
Die gesamten Materialien zum BGB, Band II – Recht der Schuldverhältnisse;
Berlin 1899

Müller-Gugenberger, Christian
Bemerkungen zur societas leonina: Fabelhaftes im Gesellschaftsrecht;
in: Gedächtnisschrift für Jürgen Rödig S. 274ff.;
Berlin/Heidelberg/New York 1978

Nanz, Klaus-Peter
Die Entstehung des allgemeinen Vertragsbegriffs im 16. bis 18. Jahrhundert;
München 1985
Noonan, John T. Jr.

The Scholastic Analysis of Usury;
Cambridge 1957

Oberman, Heiko Augustinus
Werden und Wertung der Reformation;
Tübingen 1989

Palandt, Otto
Bürgerliches Gesetzbuch;
67. Auflage München 2008
(zitiert: Palandt/*Bearbeiter*)

Pandolfelli/Scarpello/Stella Richter/Dallari
Codice civile lib. I illustrato con i lavori preparatori;
Mailand 1939

Partikel, Andrea
Gesellschafter minderen Rechts im Recht der Personenhandelsgesellschaften;
Berlin 1993

Patti, Salvatore
Codice Civile Italiano – Das italienische Zivilgesetzbuch;
München 2007

Piazza, Gabriello
La causa mista credito-società;
in: Contratto e impresa 1987, S. 803ff.

Piazza, Nicola
Patto leonino;
in: Enciclopedia del diritto XXXII, S. 526f.;
Mailand 1982

Pluskat, Sorika
Nicht missbräuchliche Gestaltungen zur Erlangung der Beteiligungshöhe beim Squeeze-out;
in: NZG 2007, S. 725ff.

Posch, Willibald
Grundzüge fremder Privatrechtssysteme;
Wien/Köln/Graz 1995

Pothier, Robert Joseph
Traité du contrat de societé;
Paris 1807

Priester, Hans-Joachim
Jahresabschlussfeststellung bei Personengesellschaften - Grundlagengeschäft? - Mehrheitsregeln - Thesaurierung im Konzern;
In: DStR 2007, S. 28ff.

Raiser, Thomas/
Veil, Rüdiger
Recht der Kapitalgesellschaften;
4. Auflage München 2006

Reiff, Gunter/
Ettinger, Jochen
Gesellschaftsrechtliche Treuepflichten im Zusammenhang mit der Heilung von verdeckten Sacheinlagen bei der GmbH;
in: DStR 2004, S.1258ff.

Rheinstein, Max
Einführung in die Rechtsvergleichung;
2. Auflage München 1987

Rodière, René/
Oppetit, Bruno
Droit Commercial: Groupements Commerciaux;
9. Auflage Paris 1977

Sacco, Rodolfo
Einführung in die Rechtsvergleichung;
Baden-Baden 2001

Sbisà, Giuseppe
Circolazione delle azioni e patto leonino;
in: Contratto e impresa 1987, S. 816ff.

Schäfer, Carsten
Anmerkung zu OLG Schleswig, Urteil vom 13.06.2002 – 5 U 78/01;
in: BKR 2002, S. 1010f.

Schmidt, Karsten
Gesellschaftsrecht;
4. Auflage Köln/Berlin/Bonn/München 2002

Schmidt, Karsten
Mehrheitsbeschlüsse in Personengesellschaften – Stand und Fortbildung des Innenrechts der Personengesellschaften nach dem „Otto"-Urteil des Bundes-gerichtshofs;
in: ZGR 2008, S. 1ff.

Schmidt, Karsten/
Lutter, Marcus
Aktiengesetz – Kommentar;
1. Band - §§ 1-149;
Köln 2008
(zitiert: Schmidt/Lutter/*Bearbeiter*)

Scholz, Franz
GmbH-Gesetz, Kommentar in drei Bänden;
Band 1 - §§ 1-34;
10. Auflage Köln 2006
(zitiert: Scholz/*Bearbeiter*)

Schön, Wolfgang
Gibt es das partiarische Darlehen?;
in: ZGR 1993, S. 210ff.

Schulze-Osterloh, Joachim
Der gemeinsame Zweck der Personengesellschaften;
Berlin/New York 1973

Soergel, Fritz
Bürgerliches Gesetzbuch nebst Einführungsgesetz; Band 2;
8. Auflage Stuttgart – Köln 1952
(zitiert: Soergel (8. Auflage)/Bearbeiter)
Spada, Paolo
Diritto commerciale I – Parte Generale: Storia, lessico e istituti;
Padua 2004

Spindler, Gerald/
Stiltz, Eberhard
Kommentar zum Aktiengesetz –
Band 1: §§ 1-178, Band 2: §§ 179-410, IntGesR, SpruchG, SE-VO;
München 2007
(zitiert: Spindler/Stiltz/*Bearbeiter*)

Sraffa, Angelo
Patto leonino e nullità del contratto sociale;
in: Riv. Dir. Comm. 1915, I, S. 956ff.

Staudinger, Julius von
J. von Staudingers Kommentar zum Bürgerlichen Gesetzbuch
Und dem Einführungsgesetze; Zweites Buch: Recht der Schuldverhältnisse, 3. Teil: §§ 657-822;
10. Auflage München – Berlin – Leipzig 1937
(zitiert: Staudinger (10.Auflage)/*Bearbeiter*)

Staudinger, Julius von
J. von Staudingers Kommentar zum Bürgerlichen Gesetzbuch
mit Einführungsgesetz und Nebengesetzen;
Neubearbeitung; Berlin 2003
(zitiert: Staudinger /*Bearbeiter*)

Steuer, Günther
Studien über die theoretischen Grundlagen der Zinslehre bei Thomas v. Aquin;
Stuttgart 1936

Tedeschi, Claudia
Nota di commento: Sul divieto di patto leonino – Anmerkung zu Cass., 29.10.1994, n. 8927;
in: NCGC 1995, S. 1169ff.

Teichmann, Arndt
Gestaltungsfreiheit in Gesellschaftsverträgen;
München 1970

Tipke, Klaus/
Lang, Joachim
Steuerrecht; 19. Auflage Köln 2008
(zitiert: Tipke/Lang/Bearbeiter)

von Aquin, Thomas
Summa Theologica – Tomus Secundus; Pars Prima: LXXXV- CXIX; Prima Secundae: I – XXXIX;
Editio Decima Quarta;
Paris u.a. 1885

Waldmann, Helmut
Das Zinsverbot in Antike und Christentum;
Tübingen 2004

Wandtke, Artur-Axel,/
Bullinger, Winfried
Praxiskommentar zum Urheberrecht;

2. Auflage München 2006
(zitiert: *Bearbeiter*, in: Wandtke/Bullinger)

Weber, Max
Die protestantische Ethik und der Geist des Kapitalismus,
Tübingen 1934

Westermann, Harm Peter
Buchbesprechung: Schulze-Osterloh, Der gemeinsame Zweck der Personengesellschaften;
in: JR 1977, S. 38

Westermann, Harry
Personengesellschaftsrecht;
5. Auflage Köln 1993
(zitiert: Westermann, *Personengesellschaftsrecht*)

Westhoff, Andre
Die Verbreitung der englischen Limited mit Verwaltungssitz in Deutschland;
in: GmbHR 2007, S. 474ff.

Wieacker, Franz
Privatrechtsgeschichte der Neuzeit unter besonderer Berücksichtigung der deutschen Entwicklung;
2. Auflage Göttingen 1967

Wieacker, Franz
Römische Rechtsgeschichte; Band 1 Abschnitt 1 – Quellenkunde, Rechtsbildung, Jurisprudenz und Rechtsliteratur;
München 1988

Wiedemann, Herbert
Die Übertragung und Vererbung von Mitgliedschaftsrechten bei Handelsgesellschaften; München 1965

Wiedemann, Herbert/
Frey, Kasper
Gesellschaftsrecht;
7. Auflage München 2007

Windscheid, Bernhard
Lehrbuch des Pandektenrechts, unter vergleichender Darstellung des deutschen bürgerlichen Rechts bearbeitet von Theodor Kipp, Band 2;
8. Auflage Frankfurt a.M. 1900

Winter, Gerrit
Grenzlinien der Lebensversicherung: "insurable interest", biometrisches Risiko und Kapitalisierungsgeschäfte;
in: VersR 2004, S. 8ff.

Zöllner, Wolfgang/
Mertens, Hans-Joachim/
Claussen, Carsten Peter
Kölner Kommentar zum Aktiengesetz;
3. Auflage Köln u.a. 1986 ff.
(zitiert: Kölner Kommentar/*Bearbeiter*)

Zweigert, Konrad/
Kötz, Hein
Einführung in die Rechtsvergleichung;
3. Auflage Tübingen 1996

STUDIEN ZUM VERGLEICHENDEN UND INTERNATIONALEN RECHT

Herausgeber: Bernd von Hoffmann, Erik Jayme und Heinz-Peter Mansel

Band 1 Ferdinand Henke: Die Datenschutzkonvention des Europarates. 1986.

Band 2 Peter Czermak: Der express trust im internationalen Privatrecht. 1986.

Band 3 Peter Kindler: Der Ausgleichsanspruch des Handelsvertreters im deutsch-italienischen Warenverkehr. Eine rechtsvergleichende und kollisionsrechtliche Untersuchung. 1987.

Band 4 Wilhelm Denzer: Stellung und Bedeutung des Engineers in den FIDIC-Bauvertragsbedingungen. 1988.

Band 5 Marijan-Maximilian Lederer: Die internationale Enteignung von Mitgliedschaftsrechten unter besonderer Berücksichtigung der französischen Enteignungen 1982. 1989.

Band 6 Rainer Esser: Klagen gegen ausländische Staaten. 1990.

Band 7 Chang Jae-Ok: Auf dem Weg zu einer Materialisierung des Immateriellen? Personen-, Persönlichkeitsschutz und Geldersatz des immateriellen Schadens in rechtsvergleichender Hinsicht am Beispiel des koreanischen und japanischen Zivilrechts unter besonderer Berücksichtigung des deutschen Rechts. 1990.

Band 8 Paul-Frank Weise: Lex mercatoria. Materielles Recht vor der internationalen Handelsschiedsgerichtbarkeit.1990.

Band 9 Werner Born: Der Auftrittsvertrag für Musikgruppen im Bereich der Rock- und Popmusik. 1990.

Band 10 Ralf Erich Jürgens: IPR und Verfassung in Italien und in der Bundesrepublik Deutschland. 1990.

Band 11 Rainer Gildeggen: Internationale Schieds- und Schiedsverfahrensvereinbarungen in Allgemeinen Geschäftsbedingungen vor deutschen Gerichten. 1991.

Band 12 Klaus Grabinski: Die kollisionsrechtliche Behandlung des Durchgriffs bei rechtlich verselbständigten Unternehmen in privater oder öffentlicher Hand. 1991.

Band 13 Dieter Stummel: Konkurs und Integration. Konventionsrechtliche Wege zur Bewältigung grenzüberschreitender Insolvenzverfahren. 1991.

Band 14 Joachim Güntzer: Die Rechtsstellung des Geschäftsführers im spanischen Aktienrecht. Die Neuregelung des spanischen Aktienrechts nach dem Beitritt Spaniens zur EG. 1991.

Band 15 Sabine Isenburg-Epple: Die Berücksichtigung ausländischer Rechtshängigkeit nach dem Europäischen Gerichtsstands- und Vollstreckungsübereinkommen vom 27.9.1968. Untersuchungen zum Anwendungsbereich von Art. 21 EuGVÜ unter schwerpunktmäßiger Behandlung der Frage nach der Bestimmung eines europäischen Streitgegenstandsbegriffs. 1992.

Band 16 Ulrich Nickl: Die Qualifikation der culpa in contrahendo im Internationalen Privatrecht. 1992.

Band 17 Theo Rauh: Leistungserschwerungen im Schuldvertrag. Eine rechtsvergleichende Untersuchung des englischen, US-amerikanischen, französischen und deutschen Rechts unter besonderer Berücksichtigung der gerichtlichen Praxis. 1992.

Band 18 Bernadette Chaussade-Klein: Vorvertragliche "obligation de renseignements" im französischen Recht. 1992.

Band 19 Josef Sievers: Verbraucherschutz gegen unlautere Vertragsbedingungen im französischen Recht. Vom Code civil zum "Code de la consommation" – die Entstehung eines Sonderprivatrechts für Verbraucher. 1993.

Band 20 Achim Schäfer: Grenzüberschreitende Kreditsicherung an Grundstücken, unter besonderer Berücksichtigung des deutschen und italienischen Rechts. 1993.

Band 21 Eugenio Hernández-Breton: Internationale Gerichtsstandsklauseln in Allgemeinen Geschäftsbedingungen. Unter besonderer Berücksichtigung des deutsch-südamerikanischen Rechtsverkehrs (dargestellt am Beispiel Argentinien, Brasilien und Venezuela). 1993.

Band 22 Ingo Reng: Unterhaltsansprüche aufgrund nichtehelicher Lebensgemeinschaft – Internationales Privatrecht und ausländisches materielles Recht. 1994.

Band 23 Stefanie Roloff: Die Geltendmachung ausländischer öffentlicher Ansprüche im Inland. 1994.

Band 24 Katharina Ludwig: Der Vertragsschluß nach UN-Kaufrecht im Spannungsverhältnis von Common Law und Civil Law. Dargestellt auf der Grundlage der Rechtsordnungen Englands und Deutschlands. 1994.

Band 25 Malte Diesselhorst: Mehrparteienschiedsverfahren. Internationale Schiedsverfahren unter Beteiligung von mehr als zwei Parteien. 1994.

Band 26 Manfred Kost: Konsensprobleme im internationalen Schuldvertragsrecht. 1995.

Band 27 Wolff-Heinrich Fleischer: Das italienische Wettbewerbsrecht und die Probleme des selektiven Parfümvertriebs unter Berücksichtigung der Rechtslage in Frankreich und Deutschland. 1995.

Band 28 Angelika Fuchs: Lateinamerikanische Devisenkontrollen in der internationalen Schuldenkrise und Art. VIII Abschn. 2 b) IWF-Abkommen. 1995.

Band 29 Jacques Matthias Aull: Der Geltungsanspruch des EuGVÜ: "Binnensachverhalte" und Internationales Zivilverfahrensrecht in der Europäischen Union. Zur Auslegung von Art. 17 Abs. 1 S. 1 EuGVÜ. 1996.

Band 30 Hartmut Ost: EVÜ und fact doctrine. Konflikte zwischen europäischer IPR-Vereinheitlichung und der Stellung ausländischen Rechts im angelsächsischen Zivilprozeß. 1996.

Band 31 Stefan Wagner: Die Testierfähigkeit im Internationalen Privatrecht. 1996.

Band 32 Wolfgang Jakob Hau: Positive Kompetenzkonflikte im Internationalen Zivilprozeßrecht. Überlegungen zur Bewältigung von *multi-fora disputes*. 1996.

Band 33 Markus Schütz: UN-Kaufrecht und *Culpa in contrahendo*. 1996.

Band 34 Volker Geyrhalter: Das Lösungsrecht des gutgläubigen Erwerbers. Ein "vergessener" Kompromiß und die Auswirkungen auf das heutige deutsche Recht unter besonderer Berücksichtigung des internationalen Sachenrechts. 1996.

Band 35 Andreas Kramer: Abwicklungsstörungen bei Kaufverträgen. Die Lieferung vertragswidriger Sachen im deutschen und italienischen Recht. 1996.

Band 36 Petra Krings: Erfüllungsmodalitäten im internationalen Schuldvertragsrecht. 1997.

Band 37 Tonja Gaibler: Der rechtsgeschäftliche Irrtum im französischen Recht. 1997.

Band 38 Dirk Otto: Rechtsspaltung im indischen Erbrecht. Bedeutung und Auswirkungen auf deutsch-indische Nachlaßfälle. 1997.

Band 39 Gregor W. Decku: Zwischen Vertrag und Delikt. Grenzfälle vertraglicher und deliktischer Haftung dargestellt am Beispiel der Berufs- und Expertenhaftung zum Schutze des Vermögens Dritter im deutschen und englischen Recht. 1997.

Band 40 Gregor W. Decku: Zwischen Vertrag und Delikt. Grenzfälle vertraglicher und deliktischer Haftung dargestellt am Beispiel der Berufs- und Expertenhaftung zum Schutze des Vermögens Dritter im deutschen und englischen Recht. 1997.

Band 41 Ulrike Höpping: Auswirkungen der Warenverkehrsfreiheit auf das IPR unter besonderer Berücksichtigung des Internationalen Produkthaftungsrechts und des Internationalen Vertragsrechts. 1997.

Band 42 Helene Boriths Müller: Die Umsetzung der europäischen Übereinkommen von Rom und Brüssel in das Recht der Mitgliedstaaten. Dargestellt am Beispiel Deutschlands und Dänemarks. 1997.

Band 43 Bernd von Hoffmann / Myong-Chang Hwang (eds.): The Public Concept of Land Ownership. Reports and Discussions of a German-Korean Symposium held in Seoul on October 7-9, 1996. 1997.

Band 44 Oliver Heeder: Fraus legis. Eine rechtsvergleichende Untersuchung über den Vorbehalt der Gesetzesumgehung in Deutschland, Österreich, der Schweiz, Frankreich und Belgien unter besonderer Berücksichtigung des Internationalen Privatrechts. 1998.

Band 45 Heinrich Schütt: Deliktstyp und Internationales Privatrecht. Dargestellt an grenzüberschreitenden Problemen der Arzthaftung. 1998.

Band 46 Axel Steiner: Die stillschweigende Rechtswahl im Prozeß im System der subjektiven Anknüpfungen im deutschen Internationalen Privatrecht. 1998.

Band 47 Martina Schulz: Der Eigentumsvorbehalt in europäischen Rechtsordnungen. Rechtsvergleichende Untersuchung des deutschen, englischen und französischen Rechts unter besonderer Berücksichtigung von Erweiterungen und Verlängerungen. 1998.

Band 48 Karin Dreher: Die Rechtswahl im internationalen Erbrecht. Unter besonderer Berücksichtigung des italienischen IPR-Reformgesetzes N. 218 vom 31. Mai 1995. 1999.

Band 49 Giuliano Gabrielli: Das Verhältnis zwischen der Anfechtung wegen Eigenschaftsirrtums und den Gewährleistungsansprüchen im deutschen, österreichischen und italienischen Recht. 1999.

Band 50 Bernd von Hoffmann / Myong-Chan Hwang (eds.): Developments in Land Law. Reports and Discussions of a German-Korean Symposium held in Berlin and Trier on July 21-24, 1997. 1999.

Band 51 Volker Heidbüchel: Das UNCITRAL-Übereinkommen über unabhängige Garantien und Standby Letters of Credit. Vergleiche mit den Richtlinien der Internationalen Handelskammer, dem deutschen, englischen und US-amerikanischen Recht. 1999.

Band 52 Jan Christoph Nordmeyer: Pflichtteilsansprüche und Wiedervereinigung. Eine systematische Analyse der Ausgleichsansprüche nach BGB-Pflichtteilsrecht unter besonderer Berücksichtigung der durch den Wiedervereinigungsprozeß eingetretenen Wertveränderungen. 1999.

Band 53 Bettina Linder: Vertragsabschluß beim grenzüberschreitenden Verbraucherleasing. 1999.

Band 54 Almontasser Fetih: Die zivilrechtliche Haftung bei Vertragsverhandlungen. Eine rechtsvergleichende Studie zum deutschen, französischen, ägyptischen und islamischen Recht. 2000.

Band 55 Sona Rajani: Die Geltung und Anwendung des Gemeinschaftsrechts im Vereinigten Königreich von Großbritannien und Nordirland. Der Grundsatz der Parlamentssouveränität im Wandel. 2000.

Band 56 Joachim Kayser: Gegenmaßnahmen im Außenwirtschaftsrecht und das System des europäischen Kollisionsrechts. Eine Analyse der EU-Abwehrverordnung gegen die Auswirkungen extraterritorialer Rechtserstreckung eines Drittlandes. 2001.

Band 57 Albrecht Conrad: Qualifikationsfragen des Trust im Europäischen Zivilprozeßrecht. 2001.

Band 58 Bernd Borgmann: Die Entsendung von Arbeitnehmern in der Europäischen Gemeinschaft. Wechselwirkungen zwischen Kollisionsrecht, Grundfreiheiten und Spezialgesetzen. 2001.

Band 59 Aleksandar Jaksic: Arbitration and Human Rights. 2002.

Band 60 Islamisches und arabisches Recht als Problem der Rechtsanwendung. Symposium zu Ehren von Professor Emeritus Dr. iur. Omaia Elwan. Veranstaltet vom Institut für ausländisches und internationales Privat- und Wirtschaftsrecht der Universität Heidelberg und der Gesellschaft für Arabisches und Islamisches Recht e.V. Herausgegeben von Herbert Kronke, Gert Reinhart und Nika Witteborg. 2001.

Band 61 Patrick Fiedler: Stabilisierungsklauseln und materielle Verweisung im internationalen Vertragsrecht. 2001.

Band 62 Werner Mangold: Die Abtretung im Europäischen Kollisionsrecht. Unter besonderer Berücksichtigung des spanischen Rechts. 2001.

Band 63 Eike Dirk Eschenfelder: Beweiserhebung im Ausland und ihre Verwertung im inländischen Zivilprozess. Zur Bedeutung des US-amerikanischen discovery-Verfahrens für das deutsche Erkenntnisverfahren. 2002.

Band 64 Bernd Ehle: Wege zu einer Kohärenz der Rechtsquellen im Europäischen Kollisionsrecht der Verbraucherverträge. 2002.

Band 65 Heiko Lehmkuhl: Das Nacherfüllungsrecht des Verkäufers im UN-Kaufrecht. 2002.

Band 66 Jochen Nikolaus Schlotter: Erbrechtliche Probleme in der Société Privée Européenne. IPR-Harmonisierung im einheitlichen Europäischen Rechtsraum. 2002.

Band 67 Konrad Ost: Doppelrelevante Tatsachen im Internationalen Zivilverfahrensrecht. Zur Prüfung der internationalen Zuständigkeit bei den Gerichtsständen des Erfüllungsortes und der unerlaubten Handlung. 2002.

Band 68 Tobias Bosch: Die Durchbrechungen des Gesamtstatuts im internationalen Ehegüterrecht. Unter besonderer Berücksichtigung deutsch-französischer Rechtsfälle. 2002.

Band 69 Ursula Philipp: Form im amerikanischen Erbrecht. Zwischen Formalismus und harmless error. 2002.

Band 70 Christian Stefan Wolf: Der Begriff der wesentlich engeren Verbindung im Internationalen Sachenrecht. 2002.

Band 71 André Fomferek: Der Schutz des Vermögens Minderjähriger. Ein Vergleich des deutschen und des englischen Rechts unter Berücksichtigung des schottischen und irischen Rechts. 2002.

Band 72 nicht erschienen

Band 73 Markus Dreißigacker: Sprachenfreiheit im Verbrauchervertragsrecht. Der Verbraucher im Spannungsfeld zwischen kultureller Identität und Privatautonomie. 2002.

Band 74 Vassiliki Myller-Igknay: Auskunftsansprüche im griechischen Zivilrecht. Auswirkungen im deutsch-griechischen Rechtsverkehr sowie im deutschen internationalen Privat- und Verfahrensrecht. 2003.

Band 75 Stefan Bruinier: Der Einfluss der Grundfreiheiten auf das Internationale Privatrecht. 2003.

Band 76 Nika Witteborg: Das gemeinsame Sorgerecht nichtverheirateter Eltern. Eine Untersuchung im soziologischen, rechtsgeschichtlichen, verfassungsrechtlichen, rechtsvergleichenden und internationalen Kontext. 2003.

Band 77 Peter Stankewitsch: Entscheidungsnormen im IPR als Wirksamkeitsvoraussetzungen der Rechtswahl. 2003.

Band 78 Jan Wilhelm Ritter: Euro-Einführung und IPR unter besonderer Berücksichtigung nachehelicher Unterhaltsverträge. Eine Untersuchung mit Blick auf das deutsche, französische und schweizerische Recht. 2003.

Band 79 Wolf Richard Herkner: Die Grenzen der Rechtswahl im internationalen Deliktsrecht. 2003.

Band 80 Ira Ditandy: Internationale Zuständigkeit. Neuregelung durch die LOPJ 1985. Vergleich mit dem europäischen Vorbild und Auswirkungen auf das spanische internationale Zivilverfahrensrecht. 2003.

Band 81 Andrea Verena Schefold: Werbung im Internet und das deutsche Internationale Privatrecht. 2004.

Band 82 Klaus Herkenrath: Die Umsetzung der Richtlinie 93/13/EWG über missbräuliche Klauseln in Verbraucherverträgen in Deutschland, dem Vereinigten Königreich, Frankreich und Italien. Auswirkungen nationaler Umsetzungstechniken auf dem Harmonisierungserfolg. 2003.

Band 83 Alexander Thünken: Das kollisionsrechtliche Herkunftslandprinzip. 2003.

Band 84 Barbara v. Daumiller: Die Rechtswahl im italienischen internationalen Erbrecht: und ihre Auswirkungen im deutsch-italienischen Rechtsverkehr. 2003.

Band 85 Robert Mödl: Macht, Verantwortlichkeit und Zurechnung im Konzern. Eine rechtsvergleichende Untersuchung auf der Grundlage des deutschen, spanischen und US-amerikanischen Rechts. 2003.

Band 86 Ursula Kerpen: Das Internationale Privatrecht der Persönlichkeitsrechtsverletzungen. Eine Untersuchung auf rechtsvergleichender Grundlage. 2003.

Band 87 Barbara Ploeckl: Umgangsrechtsstreitigkeiten im deutsch-französischen Rechtsverkehr. Bestehende internationale und nationale Regelungen und der geplante *europäische Besuchstitel*. 2003.

Band 88 Katrin Wannemacher: Die Außenkompetenzen der EG im Bereich des Internationalen Zivilverfahrensrechts. Der räumliche Anwendungsbereich des Art. 65 EGV am Beispiel der EuGVO und der EheVO. 2003.

Band 89 Maren B. Eilinghoff: Das Kollisionsrecht der ungerechtfertigten Bereicherung nach dem IPR-Reformgesetz von 1999. 2004.

Band 90 Patrick Niehr: Die zivilprozessuale Dokumentenvorlegung im deutsch-englischen Rechtshilfeverkehr nach der deutschen und der englischen Prozessrechtsreform. 2004.

Band 91 Anna Christina Gördes: Internationale Zuständigkeit, Anerkennung und Vollstreckung von Entscheidungen über die elterliche Verantwortung. Die VO(EG) Nr. 1347/2000, ihre geplanten Änderungen und das Verhältnis beider zum Minderjährigen- und Kinderschutzabkommen. 2004.

Band 92 Martin Rädler: Rechtsbehelfe des Käufers eines Unternehmens oder einer unternehmerischen Beteiligung gegen den Verkäufer im deutschen und französischen Recht. 2004.

Band 93 Marc-Yngve Dietrich: Rechtsstellung und Beteiligung der Gläubiger im französischen Insolvenzverfahren. 2004.

Band 94 Katia Niemann: Die rechtsgeschäftliche und organschaftliche Stellvertretung und deren kollisionsrechtliche Einordnung. Deutschland und England im Vergleich. 2004.

Band 95 Daniel Ludwig: Neuregelungen des deutschen Internationalen Insolvenzverfahrensrechts. Eine Untersuchung unter vergleichender Heranziehung der Europäischen Insolvenzverordnung. 2004.

Band 96 Cordelia Faulenbach: Der gemeinschaftsrechtliche Vorbehalt im europäischen Wettbewerbsrecht. Die Herkunftslandanknüpfung der E-Commerce-Richtlinie unter dem Einfluss der Grundfreiheiten. 2004.

Band 97 Ulf Dörner: Der Vertragsgerichtsstand nach dem Protokoll von Buenos Aires. 2004.

Band 98 Martin Schmidhuber: Verhaltenskodizes im nationalen und grenzüberschreitenden elektronischen Geschäftsverkehr. Zur Frage der Integration der Selbstregulierung durch Private in die staatliche Rechtsordnung. 2004.

Band 99 Florian Kienle: Die fehlerhafte Banküberweisung im internationalen Rechtsverkehr. Unter besonderer Berücksichtigung des Artikels 4A US Uniform Commercial Code. 2004.

Band 100 Thomas Alexander Brandt: Die Adoption durch eingetragene Lebenspartner im internationalen Privat- und Verfahrensrecht. 2004.

Band 101 Florian Pulkowski: Subunternehmer und Internationales Privatrecht. Der Subunternehmer als Quasi-Verbraucher im Europäischen Kollisionsrecht. 2004.

Band 102 Ulrich Becker: Grundrechtsschutz bei der Anerkennung und Vollstreckbarerklärung im europäischen Zivilverfahrensrecht. Bestimmung der Grenzen für die Einführung eines europäischen Vollstreckungstitels. 2004.

Band 103 Thomas Badelt: Aufrechnung und internationale Zuständigkeit unter besonderer Berücksichtigung des deutsch-spanischen Rechtsverkehrs. 2005.

Band 104 Florian D. Wagner: Vorvertragliche Aufklärungspflichten im internationalen Franchising. Zur Harmonisierung von Delikts- und Vertragsstatut im internationalen Privatrecht unter besonderer Berücksichtigung der Franchise-Gesetzgebung des US-Bundesstaates Kalifornien. 2005.

Band 105 Vera Heine: Die Umsetzung der *EG-Richtlinie über missbräuchliche Klauseln in Verbraucherverträgen* im englischen und deutschen Recht. 2005.

Band 106 Alexander Franz: Überregionale Effektentransaktionen und anwendbares Recht. Eine kollisionsrechtliche Untersuchung unter besonderer Berücksichtigung der Vorschrift des § 17 a DepotG. 2005.

Band 107 Hanna-Maria Uhlenbrock: Gesetzliche Regelungen für nichteheliche Lebensgemeinschaften in Deutschland und Frankreich. Ein Vergleich des Unterhaltsrechts bei der eingetragenen Lebenspartnerschaft und beim Pacte civil de Solidarité. 2005.

Band 108 Katrin Stieß: Anknüpfungen im internationalen Urheberrecht unter Berücksichtigung der neuen Informationstechnologien. 2005.

Band 109 Hendrik Otto: Der gesetzliche Abschlussprüfer im italienischen Recht. Eine rechtsvergleichende Untersuchung unter besonderer Berücksichtigung der zivilrechtlichen Haftung. 2005.

Band 110 Frauke Stuphorn: Bankhaftung für Kreditauskünfte im deutschen und französischen Recht. 2005.

Band 111 Nina Fürer: Die zivilrechtliche Haftung für Raucherschäden. 2005.

Band 112 Giovanni B. Barillà: *Contratto autonomo di garanzia* e *Garantievertrag*. Categorie civilistiche e prassi del commercio. 2005.

Band 113 Timo Torz: Gerichtsstände im Internationalen Insolvenzrecht zur Eröffnung von Partikularinsolvenzverfahren. 2005.

Band 114 Martina Schmid: Die Grenzen der Auslegungskompetenz des EuGH im Vorabentscheidungsverfahren nach Art. 234 EG. Dargestellt am Beispiel der überschießenden Richtlinienumsetzung. 2005.

Band 115 Stephan Lesage-Mathieu: Dispositives Kollisionsrecht im prozessualen Kontext. 2005.

Band 116 Jürgen Görtz: Die subjektiven Grenzen der Rechtskraft US-amerikanischer Urteile. 2005.

Band 117 Vera Hoppe: Die Einbeziehung ausländischer Beteiligter in US-amerikanische class actions. Unter Berücksichtigung des Class Action Fairness Act 2005. 2005.

Band 118 Silke Pütz: Parteiautonomie im internationalen Urhebervertragsrecht – Eine rechtsdogmatische und rechtspolitische Betrachtung der Grenzen freier Rechtswahl im internationalen Urhebervertragsrecht unter besonderer Berücksichtigung des neuen deutschen Urhebervertragsrechts. 2005.

Band 119 Alice Nieroba: Die europäische Rechtshängigkeit nach der EuGVVO (Verordnung (EG) Nr. 44/2001) an der Schnittstelle zum nationalen Zivilprozessrecht. 2006.

Band 120 Jan Kayser: Alternative Formen gerichtlicher und außergerichtlicher Streitbeilegung im deutschen und französischen Zivilprozess. Les modes alternatifs judiciaires et extrajudiciaires de résolution des conflits en procédure civile allemande et française. 2006.

Band 121 Mirko Ehrich: Der internationale Anwendungsbereich des deutschen und französischen Rechts gegen irreführende Werbung. Freie Wahl von Form und Mittel, Rom II und Herkunftslandprinzip. 2006.

Band 122 Daniel Thelen: Die Haftung des Sekundärschädigers für Gewalttaten anderer im US-amerikanischen Deliktsrecht ausgehend von dem Problem rechtsextremistisch motivierter Gewalttaten. 2006.

Band 123 Anne Winterling: Die Entscheidungszuständigkeit in Arbeitssachen im europäischen Zivilverfahrensrecht. 2006.

Band 124 Sarah Gerling: Die Gleichstellung ausländischer mit inländischen Vollstreckungstiteln durch die Verordnung zur Einführung eines Europäischen Vollstreckungstitels für unbestrittene Forderungen. Im Vergleich zum bisherigen Recht und zur Rechtslage in den USA. 2006.

Band 125 Christian Bank: Präventivmaßnahmen börsennotierter Gesellschaften zur Abwehr feindlicher Übernahmeversuche in Deutschland und Großbritannien. Eine rechtsvergleichende Untersuchung des deutschen und britischen Rechts unter Berücksichtigung der Europäischen Übernahmerichtlinie. 2006.

Band 126 Christian Weis: Kaufrechtliche Gewährleistung und Garantievergabe in Deutschland und Spanien. Unter besonderer Berücksichtigung des Unternehmenskaufs. 2006.

Band 127 Emilio Maus Ratz: Der Nacherfüllungsanspruch nach UN-Kaufrecht. Im Lichte der deutschen, spanisch-mexikanischen und US-amerikanischen Rechtswissenschaft. 2006.

Band 128 Constanze Jacobs: Die Sachmängelgewähr im deutschen und belgischen Kaufrecht nach Umsetzung der Verbrauchsgüterkauf-Richtlinie. 2006.

Band 129 Ulrike Teichert: Lückenfüllung im CISG mittels UNIDROIT-Prinzipien – Zugleich ein Beitrag zur Wählbarkeit nichtstaatlichen Rechts. 2007.

Band 130 Sascha Reichardt: Internationale Zuständigkeit im Gerichtsstand der unerlaubten Handlung bei Verletzung europäischer Patente. 2006.

Band 131 Bilgehan Cetiner: Die Sachmängelhaftung des Verkäufers im UN-Kaufrecht und im neuen deutschen Schuldrecht. Eine rechtsvergleichende Studie. 2006.

Band 132 Jan Streer: Die Umsetzung der Verbrauchsgüterkaufrichtlinie im englischen Recht durch die Sale and Supply of Goods to Consumer Regulations 2002. 2007.

Band 133 Kathrin Wannenmacher: Einstweilige Maßnahmen im Anwendungsbereich von Art. 31 EuGVVO in Frankreich und Deutschland: Eine Betrachtung ausgesuchter Verfahren des einstweiligen Rechtsschutzes im internationalen Zivilverfahrensrecht – gerichtliche Zuständigkeit, Anerkennung und Vollstreckung. 2007.

Band 134 Wim Kreytenberg: Die individuelle Schwerpunktbestimmung internationaler Schuldverträge nach der Ausweichklausel des Artikel 4 Absatz 5 Satz 2 EVÜ. Ein Beitrag zur Förderung von Rechtssicherheit und Einzelfallgerechtigkeit im europäischen Kollisionsrecht der Schuldverträge. 2007.

Band 135 Nikolaus Geiben: Der Vorvertrag im Internationalen Privatrecht. Unter besonderer Berücksichtigung des Immobilienerwerbs im portugiesischen und brasilianischen Recht. 2007.

Band 136 Predrag Maksimovic: Der Kapitalschutz im europäischen, serbischen und deutschen Recht der Gesellschaft mit beschränkter Haftung. 2007.

Band 137 Alexander Rathenau: Die Anwendung des EuGVÜ durch portugiesische Gerichte unter Berücksichtigung des autonomen internationalen Zivilverfahrensrechts. 2007.

Band 138 Matthias Creydt: Die Besicherung von Weltraumvermögenswerten. Ein neues einheitliches internationales Sicherungsrecht und dessen Vergleich zum US-amerikanischen Mobiliarsicherungsrecht. 2007.

Band 139 Oliver Borkhardt: Registerpublizität und Kollisionsrecht besitzloser Mobiliarsicherheiten nach dem neuen Art. 9 UCC. 2007.

Band 140 Jens Engelmann-Pilger: Deliktische Haftung für das Fehlverhalten Dritter im Common Law. 2007.

Band 141 Bastian Rotmann: Der Schutz des Dritten in der europäischen Mobiliarzwangsvollstreckung. Eine rechtsvergleichende Untersuchung vor dem Hintergrund der Verordnung (EG) Nr. 805/2004 zur Einführung eines Europäischen Vollstreckungstitels für unbestrittene Forderungen. 2007.

Band 142 Oliver Ratzel: Die Präklusion isolierter Unterhaltsverfahren durch den ausländischen Scheidungsverbund. Zugleich ein Beitrag zur internationalen Verbundszuständigkeit im Lichte der Quellenveränderung. 2007.

Band 143 Bettina Maria Stade: Die Konstitutionalisierung des Zivilprozessrechts in Spanien und Deutschland vor dem Hintergrund der Europäisierung des Zivilprozessrechts. 2007.

Band 144 Julia El-Bitar: Der deutsche und der französische Kulturgüterschutz nach der Umsetzung der Kulturgüterrückgaberichtlinie. Eine materiellrechtliche und kollisionsrechtliche Untersuchung. 2007.

Band 145 Aris Kaschefi: Sachmängelhaftung im französischen Kaufrecht vor und nach Umsetzung der Verbrauchsgüterkaufrichtlinie. Mit rechtsvergleichenden Hinweisen zum deutschen Recht unter besonderer Berücksichtigung von Weiterfressersachverhalten. 2007.

Band 146 Isabel Roth: Die internationale Zuständigkeit deutscher Gerichte bei Persönlichkeitsrechtsverletzungen im Internet. 2007.

Band 147 Theresa Wilhelmi: Das Weltrechtsprinzip im internationalen Privat- und Strafrecht. Zugleich eine Untersuchung zu Parallelitäten, Divergenzen und Interdependenzen von internationalem Privatrecht und internationalem Strafrecht. 2007.

Band 148 Alice Halsdorfer: Privat- und kollisionsrechtliche Folgen der Verletzung von Kulturgüterschutznormen auf der Grundlage des UNESCO-Kulturgutübereinkommens 1970. 2008.

Band 149 Thomas Müller-Froelich: Der Gerichtsstand der Niederlassung im deutsch-amerikanischen Rechtsverkehr. Eine Untersuchung zu Fragen der Entscheidungs- und Anerkennungszuständigkeit. 2008.

Band 150 Christopher Luhn: Privatautonomie und Inhaltskontrolle von Eheverträgen. Ein kritischer Vergleich des deutschen und des australischen Rechts mit Bezügen zum Internationalen Privatrecht. 2008.

Band 151 Kristin Kohler: Die grenzüberschreitende Verbraucherverbandsklage nach dem Unterlassungsklagengesetz im Binnenmarkt. 2008.

Band 152 Dorothee Maria Kaulen: Die Anerkennung von Gesellschaften unter Artikel XXV Abs. 5 S. 2 des deutsch-US-amerikanischen Freundschafts-, Handels- und Schifffahrtsvertrags von 1954. 2008.

Band 153 Birka Vanessa Stroschein: Parteizustellung im Ausland. Eine systemvergleichende Untersuchung des Gemeinschafts- und Staatsvertragsrechts unter Einbeziehung des deutschen, französischen, englischen und US-amerikanischen Zustellungsrechts. 2008.

Band 154 Nancy Gruschinkse: Das europäische Kollisionsrecht der Aufrechnung unter besonderer Beachtung des Insolvenzfalles. 2008.

Band 155 Hans-Christian Frick: Sprachrisiko im Zeitalter des Ethnomarketings. US-amerikanische Erfahrungen und europäische Rechtsentwicklung. 2009.

Band 156 Stephan Mangold: Verbraucherschutz und Kunstkauf im deutschen und europäischen Recht. 2009.

Band 157 Robert Beier: Die gesetzlichen Rechte des überlebenden Ehegatten nach dem deutschen und spanischen Kollisionsrecht. Unter besonderer Berücksichtigung der *viudedad aragonesa*. 2009.

Band 158 Julia-Marie Oppermann: Internationale Handelsschiedsgerichtsbarkeit und Verjährung. 2009.

Band 159 Stephan Boese: Strukturprinzipien im Gläubigerschutz. Eine rechtsvergleichende Untersuchung zur GmbH und zur englischen Limited Company. 2009.

Band 160 Thomas Rosa: Das Kaufrecht nach dem Zivilgesetzbuch der Tschechischen und Slowakischen Republik. Eine rechtsvergleichende Darstellung im Lichte des deutschen Bürgerlichen Gesetzbuches. 2009.

Band 161 Roland Weis: Rechnungslegungspflichten von EU-Scheinauslandsgesellschaften im Land ihrer tatsächlichen wirtschaftlichen Betätigung. Insbesondere im Hinblick auf in Deutschland tätige englische Limiteds. 2009.

Band 162 Henning Frase: "Leoninische Vereinbarungen" und Ergebnisbeteiligungspflicht im deutschen und englischen Gesellschaftsrecht. Zum *patto leonino* des italienischen Rechts und möglichen Entsprechungen im deutschen Recht. 2010.

www.peterlang.de